基本経営学

浅野清彦・小松敏弘・今田恒久・的場英行・木佐森健司
渡邊道治・鈴木康夫・阿部正喜・高野誠二 著

東海大学出版部

Basic Business Administration

Kiyohiko ASANO, Toshihiro KOMATSU, Tsunehisa IMADA, Hideyuki MATOBA, Kenji KISAMORI,
Michiharu WATANABE, Yasuo SUZUKI, Masaki ABE and Seiji TAKANO
Tokai University Press, 2018
Printed in Japan
ISBN978-4-486-02155-1

はじめに

本学において，2017 年度で経営学部は完成年度を越え，5 年目となった．経営学科および観光ビジネス学科の二学科からなっており，観光ビジネス，スポーツマネジメント，アグリビジネス等を含む経営学の広範な領域にわたり，講義が展開されている．

大学進学率の向上に伴い，伝統的な高等教育の枠組みは大きく変貌してきている．高等教育に替えて「後期中等教育」というとらえ方が大学関係者の人口に膾炙するようになって久しい．本学においても多様な対応が試行されているが，なかでも「東海大学型リベラルアーツ」の考え方がこの変化への嚆矢として位置付けられよう．

リベラルアーツの考え方には大きな幅がある．旧制高校型の教養教育のような伝統的な考え方も根強い．「東海大学型リベラルアーツ」はこれとは一線を画し，専門教育の基本を織り込んだ学問の基礎を育むものとしてリベラルアーツをとらえている．本書の書名もこれに因んで名付けられた．

専門教育は大学院でおこない学部は教養教育に徹する，というものが米国流であるが，学部・大学院の位置づけが異なる日本では馴染まないであろう．学部から社会にでることが想定されている以上，学部での専門教育のあり方が問われよう．本学部は専門教育の基本たるべき「経営学部型リベラルアーツ」の確立を目指して模索しており，これに適合したカリキュラムの構築をはかってきた．

「経営学部型リベラルアーツ」はいまだその緒についたばかりではあるが，そのための地道な取り組みは始まっている．本書は経営学部で使用されるテキストとして編まれたものであるが，各担当者の授業を通してのこの取り組みの一端を看取していただければ幸いこれに優るものはない．もちろん，これをどのように評価するかは読者の特権である．

東海大学出版部の稲　英史氏には企画段階からご支援いただいた．この場を借りて御礼申し上げたい．

浅野　清彦

小松　敏弘

渡邊　道治

目　　次

はじめに　　iii

第1章　サービス・マーケティング……………………………… 浅野　清彦　1

1. サービスとサービス・マーケティング　　2
  1-1　サービスとは　　2
  1-2　変動性　　2
  1-3　消滅性　　3
  1-4　同時性　　4
  1-5　無形性　　5
2. サービス・マーケティング・ミックス　　5
  2-1　サービス・マーケティング・ミックスとは　　5
  2-2　サービス・マーケティング戦略　　6
  2-3　4Pについての意思決定　　7
    1. 製品戦略　　7
    2. 価格戦略　　8
    3. チャネル戦略　　8
    4. プロモーション戦略　　9
3. サービス・マーケティング環境　　9
  3-1　サービス・マーケティング環境とは　　9
    1. 外部環境分析　　9
    2. 内部資源分析　　11
4. サービス・マーケティング目標　　11
  4-1　サービス・マーケティング目標とは　　11
    1. 利益額目標・利益率目標　　12
    2. 売上高目標　　12
    3. シェア目標　　13
5. ターゲット・マーケティング　　13
  5-1　市場細分化　　15
  5-2　市場細分化の基準　　16
    1. 地理的基準　　16
    2. 人口動態基準　　16
    3. 心理的基準　　17
    4. 行動変数基準　　18
  5-3　標的市場の設定　　19
    1. コトラーによる標的市場選定法　　19

目次 ● v

2．エイベルによる標的市場選定法　　20

　　3．ポジショニング　　22

　　4．マーケット・シェア　　23

　　5．マインド・シェアと知覚マップ　　24

　　6．ポジショニング構築　　25

　6．サービス・プロフィット・チェーン　　27

　7．サービス・イノベーション　　27

第2章　21世紀型経営としてのCSR ……………………… 小松　敏弘　31

　1．はじめに　　32

　2．CSRとは　　32

　3．CSRと類似のターム　　33

　4．SRI　　35

　5．環境とCSR　　37

　6．CSRとグローバル化　　41

　7．CSRとNGO　　43

　8．CSRとダイバーシティ　　45

　9．おわりに　　46

第3章　確率と統計 ……………………………………… 今田　恒久　53

　1．はじめに　　54

　2．確率　　54

　　2-1　確率の基本　　54

　　2-2　数え上げ　　55

　　2-3　確率に関する公式　　57

　　2-4　条件付確率　　58

　　2-5　反復試行に関する確率　　60

　3．データの整理　　62

　　3-1　度数分布表，累積度数分布表　　62

　　3-2　標本代表値　　63

　　（1）標本中央値　　64

　　（2）標本平均値　　64

　　（3）標本分散　　64

　　（4）標本標準偏差　　65

（5）標本相関係数　　65

　4．確率分布　　66
　　4-1　確率変数　　66
　　4-2　離散型確率分布　　66
　　4-3　連続型確率分布　　69

　5．多変数確率分布　　72
　　5-1　離散型　　72
　　5-2　連続型　　74

　6．標本分布　　75

　7．区間推定　　76

　8．仮説検定　　77
　　演習問題の解答　　82
　　標準正規分布表　　87

第4章　阿蘇の自然と農業 ……………………………… 的場　英行　89

　1．世界のなかの阿蘇地域の植物　　90
　　1-1　生物多様性からみた日本の植物　　90
　　1-2　世界のなかの阿蘇地域の植物とその現状　　90
　　1-3　野草園花咲盛　　90
　　1-4　野草園花咲盛における阿蘇地域の希少植物の調査　　91
　　　1．北方系植物　　92
　　　2．大陸系遺存植物　　93
　　　3．その他の希少種　　94

　2．阿蘇地域の希少植物の現状と絶滅危惧原因　　95
　　2-1　緒言　　95
　　2-2　結果　　96
　　2-3　まとめ　　97
　　　1．園芸採取　　97
　　　2．管理放棄，自然遷移　　97
　　　3．シカの食害　　97

　3．阿蘇地域の希少植物の遺伝汚染問題と対処法
　　（分子細胞遺伝学的視点から）　　98
　　3-1　はじめに　　98
　　3-2　ヒゴタイと近縁園芸種ルリタマアザミの細胞遺伝学的な比較　　99
　　　1．緒言　　99
　　　2．方法　　100
　　　3．結果とまとめ　　101

目次　●　vii

3-3　ハナシノブ新規個体群の雑種調査　　102
　　1．緒言　　102
　　2．材料と方法　　103
　　3．結果　　103
　　4．まとめ　　104

4．阿蘇地域の希少植物の経済的価値の検討　　105
　4-1　緒言　　105
　4-2　方法　　105
　4-3　結果　　105
　4-4　考察　　106
　4-5　まとめ　　107

5．ＮＰＯ法人花咲盛設立と阿蘇地域の希少植物の保全の
　　持続可能性について　　107
　5-1　緒言　　107
　5-2　NPO 法人と同じような活動全体の状況　　108
　5-3　NPO 法人花咲盛の運営・活動状況　　108
　5-4　放牧による持続可能性について　　109

第5章　経営組織論　………………………………　木佐森健司　115

1．組織とは何か　　116
　1-1　組織のイメージ　　116
　　1．組織のメタファー　　116
　　2．二人以上の人々と組織　　117
　　3．力の場としての組織　　118
　1-2　組織均衡　　119
　　1．組織均衡の原理　　119
　　2．有効性と能率　　121
　1-3　企業と組織　　122

2．組織の仕組み　　123
　2-1　組織構造　　124
　　1．形態としての組織構造　　124
　　2．特性としての組織構造　　125
　2-2　唯一最善の組織と管理原則　　125
　2-3　条件に依存した組織と組織の環境　　127
　　1．官僚制の逆機能　　127
　　2．組織と環境　　128
　　3．開放システム理論　　129

3．組織における個人　　130

3-1 意思決定　130
 1．行為に先立つ決定　131
 2．最適化基準に基づく経済人の意思決定　132
 3．満足化基準に基づく管理人の意思決定　133
 4．意思決定と組織　134
 5．ゴミ箱モデル　135
3-2 モチベーション　135
 1．モチベーションはなぜ大事なのか　136
 2．欲求階層理論　136
 3．E.R.G. 理論　137
 4．X 理論・Y 理論　138
 5．動機づけ－衛生理論　139
 6．内発的動機づけ　140
 7．期待理論　140
3-3 リーダーシップ　141
 1．資質論　141
 2．行動論　142
 3．行動論：ミシガン研究　142
 4．行動論：オハイオ研究　143
 5．コンティンジェンシー理論　143
4．経営組織論と組織論　144

第6章　地域の街・建物の調査 ……………………… 渡邊　道治　147

1．はじめに　148

2．街のイメージを調べる　148

3．都市空間を調べる　150

4．街の立地を調べる　153

5．街の歴史を調べる　159

6．街の構成を調べる　162

7．建物を調べる　166

第7章　観光地域づくりのマネジメント ……………… 鈴木　康夫　173

1．観光を上手く利用して地域をつくる「DMO やつしろ」　174

2．DM による着地型観光と観光地域づくりの展開　175
 2-1 DM（ディスティネーション・マネジメント）と DMO　175
 2-2 DMO やつしろによる観光地域づくりマネジメント　177

2-3　DMO やつしろの業務運営　　178

　3．DMO やつしろと八代市の観光地域づくり戦略　　181
　　3-1　地域づくりと観光戦略の整合性　　181
　　3-2　DMO による着地型旅行商品開発の背景　　183

　4．DMO やつしろの日本版 DMO 登録と観光地域づくりコンセプト　　184
　　4-1　コンセプト策定の重要性　　184
　　4-2　データに基づく明確なコンセプト・戦略（ブランディング）の策定　　185

　5．日本版 DMO 登録と今後の観光地域づくり　　189

第8章　日本の観光政策と観光資源管理 ……………… 阿部　正喜　195

　1．世界の観光動向と日本の観光政策　　196
　　1-1　世界の観光動向　　196
　　1-2　日本の観光動向と観光政策　　196

　2．観光資源管理の政策　　209
　　2-1　レジャー，レクリエーションと観光　　210
　　　（1）レジャー　　210
　　　（2）レクリエーション　　211
　　　（3）内閣総理大臣諮問第9号に対する観光政策審議会答申（1970）　　213
　　2-2　「観光資源」の定義　　216
　　　（1）ツーリズムと観光の定義　　216
　　　（2）観光資源・観光対象の定義　　217
　　　（3）観光地の定義　　218
　　2-3　観光資源の種類と分類　　219
　　　（1）日本の法律・条約で保護されている観光対象　　219
　　　（2）観光資源の種類と分類　　220
　　2-4　地方博物館による観光資源管理の可能性　　229

第9章　アーバン・ツーリズム ……………………… 高野　誠二　233

　1．観光における都市の役割　　234
　　1-1　観光の目的地としての都市　　234
　　1-2　都市における交通のもつ意味　　234
　　1-3　賑わいの場所としての都市　　236
　　1-4　観光客がもたらす都市発展の可能性　　238

　2．都市における賑わいの場所をつくるために　　239
　　2-1　都市中心部を整備するための公共事業　　239
　　2-2　都市をとりまく環境の変化　　241

2-3 コンパクトシティ実現に向けた取り組みと観光面での期待　243

3. 熊本市の都市中心部の変化とその将来　249

　3-1 熊本市のおかれた状況　250
　3-2 熊本市における都市の中心の移動　251
　3-3 熊本市の中心部における今後の変化　252

4. おわりに　255

索引　257

第1章

サービス・マーケティング

浅野　清彦

1. サービスとサービス・マーケティング

1-1 サービスとは

サービス業におけるマーケティングにはモノと異なるサービスの特性が反映する。サービスだけでなく，モノであってもそれが流通している段階，つまり卸売，小売のそれぞれの段階でおこなわれるマーケティングもサービス・マーケティングである。サービスの全体経済に占める割合が増えるにつれてサービス・マーケティングもその重要性を増しているといえる。サービス・マーケティングといっても通常のマーケティングとその本質が異なるわけではない。マーケティング論でいう「製品」にはモノとサービスの両方が含まれる。しかし，サービス特有の属性があること，すなわち形がないこと，生産と消費が同時に発生すること，品質を標準化することが困難であること，保存ができないことなどがモノのマーケティング展開とは異なっていることに注意する必要がある。

ホテルでの宿泊というサービスには形がなく，ホテルが客室提供するというサービスの生産は顧客が宿泊するというサービスの消費と同時におこなわれている。両者を分けることはできないので，これを不可分性という。顧客により宿泊ニーズは異なり，ホテルスタッフの対応を標準化することは困難であろう。サービスの異質性は不可避となる。宿泊客がいなければ，ホテルの客室準備は無駄になってしまう。客室は宿泊客が利用する時点でのみ製品価値をもっている。客室準備の保存はできない，サービスのもつ消滅性のためである。

ホテルに限らずサービス業では，フロントやドアマンのような，ホテルと顧客との間を結ぶスタッフの対応がサービス・マーケティングを展開する上でのポイントとなる。これはいわゆる B to B（Business to Business）[1] であっても基本的には同じであろう。顧客満足向上をはかるためには，顧客対応のマーケティングに加え，スタッフに向けたインターナル・マーケティングによって従業員満足を向上させることがとくに米国では指摘されている[2]。

それでは，サービスの特性である 4 要因についてみていきたい。

1-2 変動性

サービス・マーケティングにおいては製品（サービス）の提供にバラツキが

でてしまうことをいう．QC（Quality Control）[3] はいまや日本のお家芸といってよいが，サービスの QC については決定的進展がみられない．モノについては緻密な統計学の適用がはかられているが，サービスについてはまだまだである．これはサービスの提供が属人的であることによる．製品（サービス）の提供者によって，サービスの内容が変動してしまうのである．モノのような標準化が難しい．教育・訓練によって一定程度の標準化がなされるとしても，その異質性が完全に克服されるわけではない．

　航空会社の「旅客輸送」というサービスは，同じ機種，同じ空港施設を用いるとしても，パイロットや客室乗務員の違いによってサービス・マーケティングの成果が大きく異なってくる．また，旅行代理店のサービスは，扱い旅行商品が類似しているとしても，扱うスタッフの対応いかんによってその販売成果は大きく変わってくると考えられる．同じスタッフの対応であっても，対応日時が異なれば，提供されるサービス品質が変わることもあり得る．

　サービス・マーケティングの成果を高めるためには，変動性を減少させるような工夫がなされる必要がある．サービス品質ができるだけ標準化されるように従業員研修・教育の充実をはかるべきであろう．またサービスの標準化をもたらすマニュアルも重要である．サービスの質が一定しないと，最終的には顧客満足度を引き下げることにもなるためである．

1-3　消滅性

　サービスは供給と消費が同時点でおこなわれる．したがってあらかじめ作り置きすることができないし，在庫にすることもできない．あくまでもサービスが供給される「一瞬しかない」といえる．次に述べるサービスの同時性と密接に関連しており，サービス・マーケティング展開上の困難要因の一つとなっている．

　在庫は需給ギャップへの対応上，不可欠であるが，サービス・マーケティングにおいてはこの保有ができない．需要予測が完全にできれば在庫の問題は解消するかもしれないが，AI（人工知能：Artifical intelligence）の高度化がはかられたとしても解消にはいたらないであろう．したがってサービス・マーケターにとって，需要予測がモノのマーケティング以上に重要課題となることを意味する．

　ある航空便において大きな需要があるときにパイロットや整備スタッフが確

保できなければ，飛行機は飛ばずビジネス・チャンスを失うことになる．LCC（格安の航空会社：Low-Cost-Carrier）がパイロットを確保できずに運休便がよくでることはこの典型であろう．需要がないにもかかわらず，パイロット等余剰スタッフを多く抱えればコスト増の要因となろう．サービス業においては「真実の瞬間」が決定的である以上，そこに合わせたサービス・マーケティング管理が求められる．需給ギャップの予測は，サービス・マーケティングにおいてはより重要視される所以である．

　サービスの消滅性は，サービスの再利用が不可能であることを示すが，一定程度の再利用を可能としている事例もある．予備校や専門学校では授業をDVD化して教室授業に出席できない場合にこれで対応するという試みである．ただ，授業は講師と受講生のコミュニケーションないし相互依存のもとに作られるものであり，一方的に受講するかたちとなるDVDがその意味では製品としてのサービスたり得ないかもしれない．そうなるとライブ授業とは別物ということになろう．

1-4　同時性

　サービスの供給者による生産と利用者による消費が，同時に同一の場所で実行されることをいう．モノと異なり，生産と消費の分離ができないので，不可分性ともいわれる．

　生産と消費が同時に同じ場所で生じるということは，時間と場所の同期をはからなければならないことになる．モノの生産においては両者が分離しているので，とくに生産拠点について経済合理性を優先した立地が可能となるが，サービスの場合にはそれが消費される場所が最優先とならざるを得ない．航空輸送というサービスは，航空会社が利用者の望む便を望む空港に機材・要員を配置すること，によって成立している．航空輸送に限らず，サービスの供給側と消費側の時間と場所を一致させなければサービス供給は果たされず，サービス・マーケティングは完結しないのである．

　近年では，IT（情報技術：Information Technology）化が進み，立地の制約が緩和される傾向が生じている．一部のサービスにおいては「同じ場所」という制約から解き放たれつつある．離島等の遠隔地の患者に対して大都市の病院から医師がIT機器を通じて医療行為をおこなえる環境が整備されつつある．また，米国百貨店の苦情処理対応が海外居住の外国人によって既に担われてい

4

ることも事例としてあげられよう.

1-5 無形性

サービスはモノのように手に触れることができない. このことは QC 等の対象になりにくいことも示している.

もちろん, サービスそのもの, つまりコア・プロダクトについては無形であるが, その周辺たる実態的製品の部分については, モノに準じた見方が可能である. 視覚・触覚の対象となる部分がある場合もある. 航空輸送それ自体は無形であるが, 使用する航空機等の機材, 空港等の施設は見ることも触れることもできる. ホテルは客室やダイニングの快適さを訴えることによって集客をはかるが, そこでは外見からの判断が大きな要素となろう. 有形である外形から無形であるサービスを推測させることになる. そこからある程度サービスのレベルを推定することが可能である. しかし, それはあくまで間接的な推測であり, サービスそのものに対して判断できるわけではない.

サービスの無形性にどのように対処するかは, サービス・マーケティングにおいてきわめて重要な課題である. 無形であるということにより, 購買前に顧客がその価値を認識することが困難になるからである. モノであれば手に取って確かめることができ, 品質についてはデータを確認することが可能である. サービスについてはこのようなことができず, プロモーションが難しくなる. 無形である, 未経験のサービスをいかにコミュニケートしていくのかは, サービス・マーケティングの成否を左右するものと考えられる.

2. サービス・マーケティング・ミックス

2-1 サービス・マーケティング・ミックスとは

マーケティング・ミックスの4Pはマーケティング論の定番であろう. 製品戦略, 価格戦略, チャネル戦略, 販売促進（プロモーション）戦略の4つとなる. このマーケティングの4基本要素は, サービス・マーケティングにおいても同様である. しかし, この4つに加え, サービス・マーケティングの特性を反映したサービス・マーケティング・ミックスも試行されている. 4基本要素は同様であるが, これに3つのPを加えている. 新たな3Pは, 参加者, 物的

第1章 サービス・マーケティング ● 5

環境，サービス組み立てプロセスである．これらを加えて7Pとし，サービス・マーケティング・ミックスとする論者もいる[4]．

　ホテルは宿泊サービスを供給するが，ザ・リッツ・カールトンやマンダリンオリエンタルでは，参加者としての他の顧客，物的環境としての豪華なロビーや客室，そして予約時から来館，入室までのサービス組立プロセスが緻密に設計されている．これらの3Pがサービス・マーケティング全体に大きな影響を及ぼすという考え方である．とくに顧客満足についてこの3Pの影響が大きいとされる．

　この7Pからなるサービス・マーケティング・ミックスは，4Pのように通説化したものではない．論者によってはPの要素が若干変化している．今後これらが定着するのか，それとも新たな立論によって別のものに変わっていくのか，は定かではない．サービスを主体と考えれば，その無形性を反映させることによって，モノのマーケティングでは意識されない要素に着目することに意味があると考えられる．

　以下本章ではあくまで4Pを中心に検討し，サービス領域で展開されるマーケティングをサービス・マーケティングととらえることにする．

2-2　サービス・マーケティング戦略

　マーケティング戦略とは，企業の対市場政策全般について対象とするものである．サービス・マーケティング戦略という場合は，サービス領域にマーケティング戦略を発動することになる．マーケティングは市場創出と既存市場でのシェア獲得を意味するが，米国での起源を考えても後者のための方策であることは明らかである．つまり，既存市場において，他社のシェアを奪うことによって自社シェアを拡大することがその目標となる．

　航空市場は成長しているといわれるが，もしそれが本当であるとしても，既存市場の拡大を意味している．そうだとすれば，既存市場のなかで自社シェアを高めていくことがマーケティング戦略発動の目標となる．日本の航空市場が成長市場か否かは別として，そのなかで自社シェアを伸ばすということは，JALにとってはANAのシェアを切り崩すことであり，逆にANAにとってはJALのシェアを切り崩すことになる．この他社のシェアを奪う体系的方法がマーケティング戦略ということになる．

　マーケティング戦略同様，サービス・マーケティングにおいても4Pといわ

れる4要素の展開がはかられることを意味する。4Pとは，製品戦略 Product，価格戦略 Price，チャネル戦略 Place，販売促進戦略 Promotion の4戦略領域の頭文字である。対市場戦略遂行のため，この4領域に相対的に希少な経営資源をどのように配分するかがトップ・マネジメントの仕事となる。目標が売り上げか，シェアか，利益かによってその組み合わせ方は異なる。戦略目標のあり方によって経営資源の配分と投下を決定し，その目標を達成できるようにはかることに注力することになる。

　サービス・マーケティング戦略発動にあたっては，一定の手順をふむ必要がある。これをサービス・マーケティング・マネジメント・プロセスという。まずサービス・マーケティング環境の分析であるが，これは従来市場調査とよばれてきた。市場の客観的状況を把握するということである。この市場把握を前提として，自社の経営資源を考慮してサービス・マーケティング目標を設定する。市場全体を対象とすることはあまりにも過大な資源が必要となるので，市場をいくつかの細片つまり市場セグメントに分け，目標を達成できそうな市場セグメントを選択する。つまり標的市場の設定である。この標的市場のなかで自社製品のポジショニングをおこなう。この市場ポジショニングによって自社製品と競合他社製品の相対的位置関係を割り出し，優位性を築くためのサービス・マーケティング・ミックスを開発していく。繰り返しになるが，サービス・マーケティング・ミックスとは4Pの適切な組み合わせをいう。適切な，ということは売り上げか，シェアか，利益のいずれかの目標を達成できること，を意味している。

2-3　4Pについての意思決定

　標的市場において，いかなるポジションを占めるかが決定されれば，それを達成するためにサービス・マーケティング・ミックスが策定される。サービス・マーケティング・ミックスの要素は4Pであるが，標的市場における目標ポジションを得るために，その方策として設定される。4Pの検討すべき内容については以下の通りである。

1．製品戦略
　標的市場の消費者に対して提供する製品，つまりモノとサービスについて決めていく。マーケティング全体のなかで製品自体が占める比重は大きい。ただ

し，モノやサービスそのものは実態的製品で，マーケティングでいう製品とは，コア・プロダクトのことである．よく「ドリルの穴」の例がマーケティング・テキストでは取り上げられるが，消費者が求めているのは「ドリルの穴」であって，ドリルそのものではない，ということである．ホテルの客室そのものは実態的製品であって，コア・プロダクトは宿泊という機能なのである．この消費者ニーズを体現したものがコア・プロダクトであるということになる．モノあるいはサービスを企画・開発するということは，標的市場の消費者ニーズに合致するようなものをコア・プロダクトとして設定するということである．競合他社製品との比較が機能や品質などにおいてなされる．

　まず，モノ・サービスの実態を規定していくのが製品戦略である．製品の物的性質および特徴が決定される．モノについては QC を通じて品質の維持が確認されるが，サービスにおいても顧客満足度の測定などを通じてその品質管理が試行されている．ブランドは対象市場セグメントによっては新たなものを設定するか否かが検討される．コーポレート・ブランドと製品ブランドの関係性についても課題となる．コア・プロダクト，実態的製品のさらに外側になるが，近年は保証がかなり重みをもってきている．また同様の位置づけになるが，パッケージ，アフターサービスにも詳細な検討が必要である．以上をふまえた上で販売するモノ・サービスのカテゴリー設定が欠かせない．

2. 価格戦略

　価格政策としては，価格の設定と価格の維持が主要要素である．とくに価格の維持が課題であり，サービス・マーケティング全体のなかでもここに大きな比重がある．値崩れはサービス・マーケティング戦略全体を掘り崩す危険があるからである．このため，価格変更の理由と時期については詳細な検討が必要である．チャネル・メンバーとの交渉により，値入，値下げについては慎重に検討することになる．割引など政策的施策についても同様である．

3. チャネル戦略

　国単位あるいは地域単位の流通に対して，企業単位の流通経路をチャネルという．いかに自社製品の販売に注力してくれる流通業者，つまり卸売業者と小売業者を選定することになる．選定には流通業者の評価が前提となる．モノについては物流環境の整備が求められる．倉庫の数や立地が検討されるとともに，

倉庫自体の設備も製品に適合している必要がある．また，輸送手段はトラック輸送へのシフトが顕著であるが，条件によっては内航海運，鉄道，航空機によることも考慮される．コンビニの配送が典型的であるが，運送頻度，在庫量について最適解を求めていくことになる．なお，倉庫および輸送については専門業者に外注することが一般的である．

4．プロモーション戦略

　広告とセールスマンが主なものとなる．広告目的，広告予算の設定は基本であるが，広告予算については広告の効果測定が難しい（売上が上がったとしても4Pのなかで広告に起因するか否か判別不可のため）ので決定的な算定方法はない．広告媒体を決定し，広告表現の選択が必要となる．パブリシティについても，その目的，対象，実施方法について検討する．セールスマンについては，まず人数の確定をした後，その教育訓練の方法を考える．またセールスマンの業績評価についてもその基準・方法を決定する．店頭などでおこなう狭義の販売促進についても，その種類と展開方法を決定することになる．

3．サービス・マーケティング環境

3-1　サービス・マーケティング環境とは

　サービス・マーケティング環境とは，企業の外部環境と内部環境においてどのような強みあるいは機会が存在し，逆に弱みや脅威が存在するのかをつぶさに検討していく必要がある．この外部環境と内部環境の検討・分析により取り得るサービス・マーケティング戦略の方向性が明らかとなる．

1．外部環境分析

　外部環境は大きくマクロ外部環境とミクロ外部環境に分かたれる．ミクロ外部環境は消費者や競合企業など企業が直面する市場を構成する要素からなる．その外側にマクロ外部環境があり，景気動向や人口動態，法環境など市場を取り巻く状況が展開する．

　マクロ外部環境には，経済，人口動態，文化，技術，法・政治，自然等が含まれる．経済環境は具体的にはGDP国内総生産や，経済成長率，景気動向，

失業率，可処分所得といったものになる．このマクロ外部環境については既に述べているので，ここでは省略する．

とくにサービス・マーケティングを考える上では直接対象市場に関係するミクロ外部環境が重要である．まず消費者であるが，消費者市場の構造を把握し，その購買行動を分析することが考えられる．対象市場についてその消費者の動態を正確に把握できるか否かは，成果を左右するといっても過言ではない．航空会社はマイレージの蓄積によってロイヤリティの高い顧客を分離し，特定のカード会員とすることにより差別化をはかっている．ホテルも会員化を進めリピーターの増加につなげようとしている．次に競合企業の分析が重要である．

日本の航空市場においてはJAL，ANAの二社体制が築かれているが，両社により提供されるサービスは差別性に乏しい．国土交通省による行政の影響力が大きいこともあって管理された競争ともいえる．厳しい同質的市場においてはほぼ同様の企業行動が観察される．しかしそのような競合下にあっても差別的優位性を追求しなければならないホテルは多数の競合関係がみられるように感じるが，同一市場セグメントにおいては，地域的制約もあり，航空会社同様の少数での競合となっていることが多い．さらに企業を巡るステークホルダー（利害関係者）の動向も無視できない．さらに産業状況も重要である．日本の航空市場が実質的に二社で構成されているのに対し，ホテル業界や旅行代理店業界は多数の企業からなっている．しかし後者の業界もその構成は大きく相違している．ホテル業界の大手でも業界の中での絶対的なシェアは大きくないが，旅行代理店業界でのJTBやHIS，近畿日本ツーリストの占める割合は大きい．供給構造や流通構造もそれぞれの業界でかなり相違する．これらのミクロ外部環境について精査し，客観的な把握をおこなうことになる．

マクロ外部環境およびミクロ外部環境を把握した上で，自社にとっての機会と脅威を探っていく．マクロ外部環境とミクロ外部環境の把握は市場調査あるいはマーケット・リサーチといえ，市場についての客観的なとらえ方を意味する．それでは自社にとって主観的な市場状況はどうなのか．これを検討するためにマーケティング・リサーチをおこなう．マーケット・リサーチはどの企業にとっても前提とされるべきものであるが，それはあくまでも客観的な市場分析にとどまる．自社にとって有利な要素や不利な要素を検討しているわけではない．この自社にとってのメリット，デメリットを明らかにしていく必要がある．これに応えるかたちでマーケティング・リサーチが実施される．

2．内部資源分析

ヒト，モノ，カネ，情報の4つがいわゆる経営資源といわれる．この企業内部の経営資源の分析が内部資源分析である．いわゆる経営資源論では，同じ産業において企業によって異なる成果が示されることから，経営資源の用い方が着目されるようになった．その当否はともかく，コントロール可能な経営資源の検討は不可欠である．

人的資源は企業組織を構成する要素であり，経営者，中間管理職層，各職能担当者の能力，人数等がある．サービス・マーケティングにおいては顧客対応面においてとくにヒトの問題が重要である．カネについては財務要素の洗い出しが求められる．経営の安定性，ファイナンスの方法，キャッシュフローの水準などが対象となる．観光産業は装置産業ともいわれるが，テーマパークや飛行場，ホテルなどには巨額の資金が固定されている．これら保有資産の価値が，モノつまり物的資源として把握される．以上の3要素については流動性があるといってよい．日本では，労働市場が欧米に比べ流動性に乏しいことが指摘されているが，これとてグローバル化の流れのなかで従来よりは緩和されている．カネやモノについての市場調達はとくに大企業にとってさほど難しいことではない．市場から入手可能である．しかし，情報については3要素とは根本的に異なる．独自開発した技術や多年にわたり構築したチャネルや顧客データベースなどは市場では調達できないからである．これらの独自に築いたものを基盤として形成されるブランドや組織文化にも代替性はない．

技術や取引は日々の業務遂行のなかで着実に蓄積されていき，差別的優位性を築く前提となる．

4．サービス・マーケティング目標

4-1　サービス・マーケティング目標とは

企業行動は目標達成を目指しておこなわれる．主な目標は，利益，売上高，シェアなどの向上であるが，これらは組み合わせで設定されることが多い．たとえばある航空市場でJALがサービス・マーケティング目標を設定するとしよう．その市場規模が500億円でマーケット・シェア50％をめざすものとする．そうだとすれば売上高は250億円となる．機材などの製品原価が100億円，

第1章　サービス・マーケティング ● 11

マーケティング費用が100億円と仮定すれば，50億円が利益となり，利益率は20％となる．以上のようにシェア，売上，利益など複数の目標が同時に設定されて追求されることになる．

サービス・マーケティング目標は企業もしくは事業部，カンパニーなどの全体を通じた数値目標となる．マーケティングの位置づけは論者あるいは企業によって相違することもあるが，本章では全社的なものとして考えている．

1．利益額目標・利益率目標

企業は各機能（職能）別に組織され，それぞれの機能ごとに管理される．生産管理，労務管理，財務管理などである．しかし管理にはもう一つの側面がある．それが利益管理で，これによって各機能は全社的・統合的に管理されることになる．各機能部門においてそれぞれの機能に即した立派な成果を上げたとしても，利益管理に抵触するようでは企業活動として評価に値しない．営利追求体である企業にとっては利益が唯一絶対の尺度として機能している．

このように重要な利益が目標として設定されることは当然であろう．利益と売上は相反することが多い．売上を拡大しようとすれば低価格化が必要となり，売上の拡大にもかかわらず利益が減少することもある．売上拡大のために低価格化を余儀なくされた場合，それによるコストを見込んだ上で利益額目標が設定される．

利益額と同様に利益率も重要である．売上高利益率は売上高に対する利益の割合を示し，ROI（資本利益率：Return on Investment)[5]は企業が調達した資金に対しての利益の比率を示している．ROIは資金調達にあたっては決定的に重要な数値である．これによって投資家や銀行はその企業を判断し投融資をおこなうからである．

2．売上高目標

売上高を伸ばすことはもっとも一般的に想定されることであろう．サービス・マーケティング目標としても妥当かつ普遍的な指標設定であるといえる．しかし，上で述べたように，あくまでも利益の確保に影響しないことが要件となる．やみくもな売上高の追求によって利益が阻害されるようなことがあっては本末転倒だからである．ただし，規模の経済が見込まれ，一定の売上高確保が大幅なコスト低下をもたらすことが予見されるような場合はこの限りではない．

3．シェア目標

市場のなかで自社製品がどのくらいの割合を占めているかをあらわすのが，シェアである．マーケット・シェアあるいは市場占有率ともいう．規模の経済実現のためには一定のシェアがどうしても必要である．とくに観光市場，とりわけ航空市場のような成熟市場においては，シェアの向上なしに売上高を増やすことはほとんど不可能といってよい．市場の成長を見込めない場合には，他社のシェアを奪い，自社のシェアを拡大することが至上命題となる．この状況はマーケティングが創出されたフロンティア消失以後の19世紀末米国市場の状況と本質的には変わらない．

シェアの向上こそマーケティングがもっとも適合的に機能し得る局面であるといえる．競合他社に対して差別的優位性を築くことにより，競争を勝ち抜きシェア向上をはかることが求められる．たとえばポーターの示す競争戦略のなかで差別化戦略が適当なのか，それとも低コスト戦略がもとめられているのかを判断した上でシェア目標が設定されることになる．この際，自社のポジション，つまりリーダーなのかチャレンジャーなのかフォロワーなのかといった，競争上の位置をふまえることが求められる．

5．ターゲット・マーケティング

サービス・マーケティング目標を達成するためには，市場の選定をおこなうことになる．あらゆる市場を対象とすることは相対的に希少な経営資源から考えれば非現実的であるし，非効率である．小学生向け媒体に航空会社が広告を載せることは無意味ではないが，費用対効果を考えれば妥当とはいえないだろう．そうだとすれば，そのような効果がもっとも期待できる市場を選択することが必要である．そのような部分市場を市場セグメントとよぶ．

かつての高度成長期においては，市場のニーズを極度に単純化し，一つの製品を大量投下するマス・マーケティングがおこなわれた．T型フォード[6] にみられるようなやり方である．

専門家がベストのものを提供するのだから，素人たる消費者は選ぶことなくこれを購入するべきだというものである．これはプロダクト・アウトといわれ，ニーズではなくシーズを基盤とするやり方をとるものだ．マーケティングでよくいわれるマーケット・インの対極であり，マーケティング・テキストでは否

第1章　サービス・マーケティング ● 13

定されるべきものとして扱われてきた．生産者の意向を反映したプロダクト・アウトから消費者ニーズを満たしたマーケット・インへというすこぶる単純な図式である．こういわれれば否定すべくもないが，それではなぜ今にいたるもなおプロダクト・アウトがおこなわれているのだろうか．既に述べたように規模の経済をはかることによってコストを低下させ利益を拡大できる．できるだけ供給するモノ・サービスを単一化して規模の経済が動くようにしているのである．自動車ではシャーシなど基幹部分は変わらない．変わるのは色やオプションでつける付加的なデバイスである．旅客機でも事情は同様で，座席のレイアウトは２種類ないし３種類から構成されている．LCC では座席種別は単一であることがほとんどであろう．

　しかし，消費者の価値観，方向性が多様化している現状ではマス・マーケティングがそぐわないことは明らかである．同じモノ・サービスを大量に市場に投入するやり方には限界がある．そこで市場を細分化し，市場セグメント（細分化された市場の一部）の集合体とする．そのような市場セグメントのなかで自社の製品（モノ・サービス）にもっとも適合するものを選択し，標的市場（ターゲット・マーケット）とするのである．選択された標的市場に対してマーケティング方策をおこなっていく．このような方法はターゲット・マーケティングとよばれ，多くの企業が実施している．

　ターゲット・マーケティングは大きく分けて３つの段階からなる．市場細分化，市場ターゲティング，市場ポジショニングの各段階である．

　市場細分化においては，細分化の基準を明確化し，その結果生じる市場セグメントについて検証できるようにする．マーケティング実施後に問題を把握できるようにするためである．

　市場ターゲティングにおいては，標的セグメントの選択をおこなうために，セグメントの評価基準を開発することが求められる．なぜそのセグメントが標的に相応しいかということについて合理的な説明ができなければならないからである．

　市場細分化の最終段階として市場ポジショニングをおこなう．選択した標的セグメントについてポジショニングをおこなう．これに基づいて標的セグメントのマーケティング・ミックスを設定する．

5-1 市場細分化

市場細分化は，同質的な消費者のまとまりに分けていく方策である．その際，分けられたセグメントが一定の規模を保持することが必要である．

細分化された市場，つまり市場セグメントがサービス・マーケティング戦略に役立つためには4つの可能性を充足する必要がある．それらは測定可能性，到達可能性，維持可能性，実行可能性である．

測定可能性とは，対象とする市場セグメントの規模と購買力を測定できる可能性である．簡単に規模と購買力がはかれなければ，そのセグメントを評価することが困難となる．

到達可能性とは，その市場セグメントに有効に到達することができ，マーケティング諸施策を実施できることを意味している．市場セグメント自体は設定がおこなわれたとしても，そこで自社のマーケティング活動ができなければ意味がないためである．

維持可能性では，継続的に事業維持が可能な市場セグメントであるか否かを考えている．

利益が得られるだけの規模と継続性が確認されなければマーケティング資源を投下する価値がないと判断される．

実行可能性では，サービス・マーケティング施策としてその市場セグメントを対象とした有効なプログラムの実施ができるか否かが判断される．

以上の可能性については，かならずしも客観的な判断が可能とは限らない．あくまで現状が前提となるため，可塑的な部分をどのようにみるかという点については主観的な意思決定に委ねられることになるからである．

企業の資源が相対的に希少である以上，市場を限定していく市場細分化には企業にとってメリットがある．まず，消費者の多様なニーズを市場セグメントに反映し，特定のニーズに適合した製品の供給がはかられる．また，適切なセグメント選択がおこなわれることにより，サービス・マーケティングに投下される企業資源が有効活用されることになる．さらに市場環境の変化について，セグメントごとの認識が可能なことから，より柔軟な対応ができるようになる．

もちろん適切な市場セグメントを設定するためには，費用コストや時間コストがかかるが，そのようなコストを上回る便益が設定によりもたらされるはずである．

5-2　市場細分化の基準

1．地理的基準

　諸基準のなかでも容易に分けられる基準である．地理的基準では，市場を地理の基準に細分化をおこなう．日本の地域では，地方ごとあるいは島ごとに分けていく．関東と関西では売れ筋が大きく異なることが知られている．さらにそれを細分化し，北関東，南関東というように細分化することもおこなわれる．行政区域単位での設定，つまり47都道府県や，それぞれの市区町村に細分化されることもある．選択されるセグメントは単数あるいは複数となるが，いずれでも設定できる．

　セグメントの選定そのものはターゲティングということになるが，複数地域に同じサービス・マーケティング展開をはかること，および異なるサービス・マーケティングを展開することもできる．全国展開しているコンビニであっても販売する品目がある地域に特有の商品を販売するようなケースや，同じブランドのホテルであってもシティホテルの欧米風サービスと日本旅館のような高度な和風サービスを提供することが考えられる．同一のビジネスであってもサービス・マーケティング施策を地域ごとに別のかたちで実施することにより，異質な複数のセグメントに対処することもある．地方区分に関連するが，気候区で分けることも考えられる．また，寒暖もしくは乾湿の相違は市場状況を相違させることも明らかであろう．このような地域特性の相違は様々な地理的要素から生じる．人口密度は基本的なデータであるが，サービス・マーケティング実施にあたってとくに考慮されるのは，所得の高低，学歴・職歴の区分などであるが，これらには地域の特色が強く示され，細分化基準として重要であると考えられる．たとえば，都市部は公共輸送手段が整備されているため，自家用車はかならずしも必要ではない．しかし，地方では公共輸送手段に乏しいため，自家用車は不可欠であり，一人に一台必要な場合もある．このため，地域により自家用車に対するニーズが大きく異なるのである．

　グローバル化が進む今日，とくに地理的変数は重要である．自然，文化，法規制など地域・国によって大きく異なるからにほかならない．

2．人口動態基準

　まず，年齢，世帯規模，性別，職業，所得など，アンケートのフェイス・

シートに該当する変数があげられる．宗教や人種なども人口動態基準となる．中東や中国などの宗教に起因する紛争にみられるように宗教は人口動態上の基本要因である．インバウンドの向上で，多様な宗教上の規制が観光地にも生じている．たとえばイスラム法のもとでは豚肉を食べることは禁じられているが，豚肉以外の食品でも加工や調理に関して一定の宗教上の作法が要求されている．この作法が遵守された食品がハラールであり，ムスリムを迎えるホテルやレストランでは，提供する料理はハラールでなければならない．

　人口動態基準は消費財マーケティングで多用される基準である．消費者のニーズや欲求は人口動態基準が反映していることが多い．子どもや若者対象の広告には，人口動態基準で細分化された市場が想定されている．団塊世代など特定の集団を対象とする基準としても有用である．同世代間では，経験が類似するため価値観も同質化することが多い．世代を軸として人口動態基準が有用である所以である．同じセグメントであるといっても静態的にそういえるだけであって，時間が経過すればニーズが変化するのは当然である．人口動態基準は，職業によるセグメントでも適用される．工場勤務の場合と事務・営業といった職種では業務上必要なものが異なる．工場では作業服が必要であり，事務・営業職の場合はスーツ着用が義務づけられよう．職業によるセグメント設定は有効であることが多い．世帯規模あるいは家族構成によっても異なるセグメントが設定できる．標準的な4人家族と単身者では当然購買行動が異なる．セブンイレブンの設立が企画された当時，4人家族を前提としたマーケット・リサーチは，主婦の購買行動のみを想定し，単身者市場の創出を見込めなかったため，コンビニの将来性をことごとく見誤った．通常の家族以外のセグメントを予測し得ず，その設定を外してしまったためである．

　マーケターは消費者のニーズを見極め，それを充足する製品を供給しなければならない．このマーケット・インを実効あるものとするためには，市場細分化が適切であることが前提となる．その設定基準として人口動態基準は基盤となるものである．

3．心理的基準

　心理的基準は，消費者心理やライフスタイルなどにより市場細分化をおこなう．高度大衆消費社会となって久しいが，多様化する個人ニーズは人口動態基準よりも心理的基準によるほうがより適切な市場セグメントを構成できること

第1章　サービス・マーケティング　● 17

が多い．人口動態基準によれば同所得帯に属する消費者であっても，高級ブランド志向であれば高価格品を求め，機能志向であれば機能水準を満たすものであればその限りで低価格品を求めるかもしれない．つまり，人口動態基準だけで市場セグメントを切り分けることはかならずしも妥当ではない．個人の心理を勘案する心理的基準によるセグメント設定が求められる．

　地理的基準や人口動態基準は基本となるものであり，データさえそろっていれば比較的簡単にセグメントとして切り分けられる．これに対して心理的基準は消費者個人の内面にかかわるため，セグメントの切り分けが相対的に困難となる．ハイテク志向か否かといってもそれをストレートにセグメント化することはかなり難しい．画期的な新製品に対して受容するか否かは，対象消費者の価値観によって決定される．このような価値観の相違によってセグメントを切り出し，訴求することになる．新製品に好感をもつ市場セグメントに訴求することができれば新製品の販売につなげることができる．価値観把握の難しさは，消費者個人の対応が製品によっては，価値観が相違することがあるためだ．電子機器については常に最先端のものを求める消費者が住居については古民家志向であることもある．ある消費者が電子機器について革新的なものを求めるとしても，他製品においてはきわめて守旧的である可能性もある．このように消費者の価値観は複雑なので，セグメント化にあたっては，多面的な検討が必要となる．

4．行動変数基準

　行動変数は消費者の製品に対する，態度や使用法，反応などに基づいて設定される基準である．使用率やロイヤリティなどが基準とされる．製品に対する消費者の態度は購買状況により大きく相違する．製品使用の経験がある場合とない場合では，当該製品に対しての反応が相違するのである．マーケティングは一般的に，新規顧客を獲得すること，および既存の顧客との関係を維持すること，の2つからなる．サービス・マーケティングにおいてもこのことはいささかも変わらない．新規顧客に対しては製品認知を志向することになり，既存顧客であれば，購買に向けた行動が可能である．使用率では，ライト・ユーザやヘビー・ユーザのように大きく分けることができる．ヘビー・ユーザは満足度が高いことが推測され，現行のマーケティング・プロモーションを続行することになる．ライト・ユーザの場合は認知こそしているものの，製品・サービ

スへの満足度が低いと考えられる．不満な点によっては製品戦略の変更もあり得るため，サービス・マーケティング戦略全体の再検討にも行動変数基準が影響を及ぼすことになる．

5-3　標的市場の設定

　市場細分化を取り上げた基準等によって，市場セグメントに細分化した後は，この市場セグメントのなかから標的市場を選択することになる．各市場セグメントについて，対象市場としての要件の充足度合いや，内部資源との適合性などを検討する．検討の結果については正解があるわけではなく，適合する市場セグメントであっても，まったく異なる観点からの経営判断によって，選択された市場セグメントにサービス・マーケティング・ミックスが展開されないこともあり得る．対象たり得る市場セグメントを選択した後は，標的市場を設定することになる．標的市場の選定は一様ではなく，複数の方法が考えられる．とくに対象市場セグメントの自社にとっての有用性がポイントとなる．

1．コトラーによる標的市場選定法

　コトラーは標的市場の設定パターンとして，対象市場セグメントに対応するモノとサービスの投入方法を3つに整理した．すなわち，無差別型，差別型，集中型である．

①無差別型

　市場セグメント間の相違を取り上げず，単一の製品，つまり単一のマーケティング・ミックスを，すべての市場セグメントあるいは全体市場に投入する方法である．これは規模の経済を追求する方法で，対象市場規模が大きい．このため大量生産が可能で製品単位についてコスト削減をはかることができる．消費者ニーズの最大公約数に着目することになる．この手法は高度成長期に活用されたいわゆるマス・マーケティングに相当する．

②差別型

　ニーズに適合した複数の製品，したがって複数のマーケティング・ミックスを該当する市場セグメントに投入する方法である．セグメントごとに適合したマーケティングを実施することにより，当該セグメントのニーズを充足できる．すべての市場セグメントに対応することでいわゆるフルライン戦略となる．この結果，それぞれの市場セグメントに適した製品供給をおこなうことにより，

第1章　サービス・マーケティング ● 19

最大限の売上を期待できる．しかし，市場セグメントごとにマーケティング・コストがかかる．また，規模の経済を達成できないという問題が生じる．

③集中マーケティング

　市場セグメントのなかから一つの市場セグメントを選択し，そこにマーケティング資源を集中投入する方法である．経営資源に乏しい場合に選択されることが多い．一つの市場セグメントにのみマーケティング展開得ることになり，リスクは相対的に大きくなる．

　以上についてまとめると，無差別型と集中型においては，マーケティング・ミックスおよび対応セグメントは単数であるが，差別型マーケティングにおいては双方とも複数となる．

　無差別型では，規模の経済が機能し，マーケティング・コストが低下する．しかし，製品が単一なので，すべての消費者ニーズに応えることはできない．

　差別型は，市場セグメントごとのニーズに応えることになるため，売上は最大化するが，市場セグメントごとに構築されるマーケティング・ミックスのコストがかさむことになる．

　集中型では，すべてを単一市場セグメントに対して投入するため，マーケティング資源の有効活用がはかられやすい．この資源の集中投入により，リスク分散が困難となる．

2．エイベルによる標的市場選定法

　D.F. エイベルは標的市場を5つに分類している．すなわち，単一セグメント集中型，製品専門型，市場専門型，選択的専門型，全市場浸透型の5つである．製品－市場細分化戦略として標的市場と投入する製品の2軸構成で分類枠を示している．

①単一セグメント集中型

　一つの市場セグメントのみにマーケティング資源を投入するタイプである．コトラーの標的市場選定法における集中マーケティングと基本的には同じとなる．一つの市場セグメントに集中するため，その市場セグメント内では優勢なマーケティングを展開できる．創業期のH.I.S.は格安航空券市場にほぼ特化しており，単一セグメント集中型に近い状態あったといえる．しかしこの場合，格安航空券市場の動向がH.I.S.の企業業績に直接反映することとなる．格安航空券市場が衰退した場合には，H.I.S.自体が衰退することにつながる．このリ

20

スクは大きく，多角化の必然性が理解できる．

②製品専門型

　同じ製品を複数の市場セグメントで販売するタイプである．たとえば，搭乗券を自社ホームページ，旅行代理店，生協，大学購買部などに販売するケースのように，多様なチャネルや顧客を抱えている場合に該当する．製品に特化しているわけだが，この場合，当該製品の有する商品力が大きいことが要件となる．搭乗券の場合，代理店に支払う手数料が配されたこともあり，ホームページ上の販売比が大きくなっている．IT に限らず技術革新によって変動する部分は考慮に入れなければならない．

③市場専門型

　一つの市場セグメントに複数の製品を投入するタイプである．顧客を特定化し，同じ顧客に多様な製品を販売することになる．当該市場セグメント内の顧客ニーズを充足していくような製品群を投入していく．対象顧客からは高いロイヤリティを獲得できる可能性がある．しかし，特定顧客群に過度に依存することとなり，企業業績が顧客の経済事情に左右されてしまうかもしれない．単一市場セグメントに依存している以上，リスクの分散が困難である．

④選択的専門型

　複数の市場セグメントを選択するタイプである．選択された市場セグメント相互間に共通性はなく，製品の同質性もない．経営理念，あるいは企業目的に沿った市場と製品が選択される．当然，市場セグメント間の相乗効果は生じない．したがって規模の経済も範囲の経済も機能しないことが常態であるが，市場セグメント，製品がそれぞれ相互に独立しているため，リスク分散がはかれることは明らかである．

⑤全市場浸透型（フルカバレッジ）

　コトラーの無差別型と同様に，すべての市場セグメントにフルラインの製品を供給するタイプである．全市場セグメントに対してフルラインの製品を供給できるのは，大規模なマーケティング資源展開が可能な大企業だけである．市場セグメント間の相違をマーケティングに反映させないという点では，無差別マーケティングと変わらない．もとより，市場セグメント間の相違を基礎として，個別の市場セグメントに合わせたマーケティング展開も想定される．航空会社は，すべての市場を対象としつつも，ファーストクラス，ビジネスクラス，エコノミークラスという各市場セグメント対応の座席を用意しているが，最近

第1章　サービス・マーケティング ● 21

は国際線にプレミアム・エコノミーという新たな座席により，ビジネスクラスとエコノミークラスの間に新たな市場セグメントを設定し，これに対応したマーケティングを展開している．中間的な市場セグメントに対応するため新たにプレミアム・エコノミーを設定し，市場セグメントのニーズに対応するという戦略である．このような対応により，あらゆる市場セグメントに浸透することが可能となる．

3．ポジショニング

　ポジショニングとは，標的市場の消費者の認識のなかに自社のモノあるいはサービスについて一定のポジションを形成することである．差別的優位性をもつような感覚をもってもらうための行動となる．消費者に自社製品について差別的優位性のあるポジションを認識してもらい，競合他社製品に対する差別化をはかることになる．そのような認識をもってもらうためには，マーケティングの基本である消費者の立場で発想することが前提となる．

　標的市場の消費者が考える購買決定要因を前提に，競合他社製品との差別化の方途を探ることになる．

　ポジショニングをおこなうための前提としてまず考えなければいけないのは，ポジショニングの標的市場規模である．これが適切でなければサービス・マーケティング戦略全体に影響する．マーケターの意図するポジショニングが，正確に消費者とコミュニケートできるか否かも重要である．円滑なコミュニケートができなければ，自社製品に有利な認識を得ることはできない．企業レベルのポジショニングと，製品レベルのポジショニングにずれが生じることも問題である．たとえば，コーポレート・ブランドと製品ブランドに離齬を生じさせてはならない．ポジショニングがサービス・マーケティング戦略のなかで問題なく位置づけられることが求められる．

　ポジショニングでは，まずマーケット・シェア，つまり当該標的市場での自社製品のポジションを確認した上で対応するマーケティング戦略を構築することになる．次にマインド・シェア，すなわち当該標的市場で消費者が自社製品に対して有する認識，の確認とこれに対するマーケティング戦略のあり方を検討する．この2つについてリサーチをおこない，結果について分析・評価を実施し，標的市場における自社製品のポジションを確定する．

4. マーケット・シェア

　ポーターは，マーケット・シェアを考えるにあたって，市場での地位別に企業を4分類している．すなわち，リーダー，チャレンジャー，フォロワー，ニッチャーの4つである．・リーダーは豊富な経営資源を有する業界のリーダーである．フルラインでの対応が可能であり，市場全体が対象となる．旅行代理店であればJTBがあてはまる．リーダーの地位をうかがうのがチャレンジャーである．リーダーとは差別化した上で，リーダー同様市場全体を対象とする．H.I.S.がチャレンジャーに該当するが，H.I.S.の成長に伴い，JTBとの差異性は相対的に小さくなってきている．フォロワーもリーダーあるいはチャレンジャー同様に市場全体を対象とするが，経営資源に制約が大きいため成果も限定されたものとなりがちである．日本旅行や東武観光（旧東急観光）などが相当する．最後はニッチャーであるが，多数存在する中小零細の旅行代理店のような企業である．フォロワーに比べてもさらに経営資源がポジショニング制約されるため，市場全体への対応はできない．したがって特定の市場セグメントに経営資源を集中することになる．この資源集中により，特定市場セグメントの大きな部分を掌握する方向で事業展開をはかる．

　上のような市場地位において発動する戦略について，ポーターは3つに集約して説いている．ポーター競争論のなかでも白眉とされる部分である．まず，コスト・リーダー戦略であるが，標的市場のなかで，単一の製品とマーケティング・ミックスを投入するというものである．規模の経済を追求し，低コスト化による低価格で競争優位をはかろうとする．コスト・リーダー戦略の対極をなすものとして差別化戦略がある．標的市場をさらに市場セグメントに分け，それぞれの市場セグメントごとに製品およびマーケティング・ミックスを投入するものである．コスト・リーダー戦略の低コスト・低価格化とは逆の方向になるが，高コスト・高価格化というマーケティングに沿ったかたちで消費者ニーズに応える．コストがかかるため，利益水準は低下する可能性があるが，売上は増大する．以上の2つの戦略とは方向が異なるのが，集中型戦略である．標的市場を細分化し，自社が得意とする市場セグメントに絞って経営資源を集中投入し，この市場セグメントにおいてのみ優位を確立しようとするものである．

　さて，市場での地位と上の3つの戦略を組み合わせると企業のとるべき戦略が明確となる．リーダーは既にシェア等で優位に立っているので，コスト・

第1章　サービス・マーケティング　● 23

リーダー戦略が有効である．規模の経済を生かしてさらにコストを削減し，優位性を強化するのである．製品が標準化している市場では，とくに効果が大きいと考えられる．これに対してチャレンジャー企業は供給量において劣るため，コストではリーダーに対抗できない．したがって差別化戦略をとることになる．創業期の H.I.S. が格安航空券市場創出に取り組んだのも，単なる低価格化ではなく，差別化戦略に類するものと考えられる．フォロアー企業が取り得るものもやはり差別化戦略であるが，経営資源の制約があるのでかなり厳しいといわざるを得ない．旧東急観光が外資に売却されたのも，この市場地位のままでは戦略的に展望が開けない，という経営判断があったものと思われる．ニッチャー企業が選択できるのは集中戦略のみである．リーダー企業等の大手が何らかの理由で進出を断念しているニッチ市場に経営資源を集中し，いわば小さな池の鯨のようなものをめざすことになる．

　マーケット・シェアを高めるためには，戦略に沿った企業行動が必要である．上にあげたポーターは一つの例であるが，何らかの戦略に則ることによって，自社の企業行動を精査し，いかなるポジショニングをおこなうのかを再検討することになる．

5．マインド・シェアと知覚マップ

　ポジショニングにおいては自社および自社製品が消費者に認識されていることが前提となる．競争の激しい市場，いわゆるレッド・オーシャンにおいて，自社製品が売れるか否かは，消費者の認識のなかでどのようにポジショニング（自社製品の位置づけ）を獲得するかどうかにかかっている．飛行機といったときに JAL が思い浮かべるとしたら，その瞬間に，JAL は並み居る航空会社に対して圧倒的な優位に立っているといえる．念頭に浮かんでくる企業イメージもしくは製品イメージのなかに入らなければ，その企業・製品の市場における将来は閉ざされたものとなろう．ホッチキスをステープラーという人は日本にはあまりいないかもしれない．しかしホッチキスは商標であり，それをもってよばれるということは，同製品の成功を示している．近年はキャノン等の成功によりあまりいわれなくなったかもしれないが，コピーといわずにゼロックスとしていたことと同様である．つまりある製品が認識のなかにある場合は，その製品が実際の市場においても購買対象となることが想定される．

　このマインド・シェアが購買に相関しているとすれば，市場でのポジショニ

ング同様，マインド・シェアつまり消費者の認識のなかのポジショニングが重要だということになる．つまり，マインド・シェアで上位を占めることがマーケット・シェアでも上位を占めることにつながるというのである．

ポジショニング分析において，このような消費者が意識する知覚上の位置づけは，知覚マップに反映される．

6．ポジショニング構築

知覚マップによりポジショニングを構築するには主に2つの方法がある．一つは製品コンセプトを現状でポジショニングすることであり，もう一つは，知覚マップを通じて目標とするポジションを明確にする，というものである．製品コンセプトを現状のままでポジショニングにする方法は，製品コンセプト自体がユニークであれば可能となる．H.I.S.の格安航空券が該当しよう．しかしこのような例は稀で，H.I.S.のようなユニークなコンセプトは得られないことが通常である．そこで通常は，知覚マップを構成しポジショニングをはかることになる．

知覚マップは，消費者が主観的にとらえている製品がどのようなポジションにあるのかを知るために用いられる．知覚マップにより，未開拓の領域や製品展開の偏りを見出すことが可能になる．ポジショニングにより差別化の新たな製品展開の方向を探ることになる．そもそもマーケティングとは，価格競争に陥ることなく，競合他社製品に打ち勝つことを目標としている．この点はサービス・マーケティングにあってもまったく変わらない．この非価格競争こそマーケティング競争であり，そこで重要な差別化をはかるにあたってツールとして欠かせないのが知覚マップなのである．

知覚マップを作成するには，まずポジショニングの軸となるものをあげていく．製品特性を列挙することになるが，専門家が求めるような属性をあげる必要はない．あくまで消費者の感覚重視であるので，そのような属性・機能ではなく，対象製品についての感触，製品から生じるメリットでもよい．航空会社のプレミアム・エコノミーであれば，「ゆったり感」のような軸構成も可能である．

マーケティングの基本である顧客ニーズの充足をふまえて，競合他社とは別のポジションをとることが求められる．これは客観的に別であるというよりも消費者の認識のなかで主観的に別であることを作り出すことになる．新たなポ

ジションが新しい価値を消費者にもたらすのである．あくまで消費者の認識のなかでの「別」であり，「新しさ」なのである．社内もしくは業界内での専門知識にとらわれない，消費者目線およびニーズのような切り口を活用することによって有効なポジショニングをすることができる．

　次いで購買決定要因を絞り込んでいく．製品属性を再検討することになる．あげられた多くの製品特性のなかで，購買決定要因となる軸を選択する．通常２つを選択し，知覚マップを作成する．２軸を決定した上で，自社製品と複数の競合他社製品の特性を知覚マップ上にポジショニングしていく。実際の作業は単純ではなく，多次元尺度法の活用により新たな軸を見出すことによって，特性の選択に戻って繰り返しポジショニングすることになる．

　この際，以下のことに留意する．何といっても，競合他社製品より優位にあると認識されることである．自社製品の新たなポジショニングと競合他社製品のポジションの弱体化をはかることになる．新しいポジショニングといっても，画期的新製品を投入するだけではなく，消費者に従来とは別の価値を認識させることによっても可能となる．競合他社製品のポジションの弱体化は，競合する市場とは別の市場で販売をはかることでもたらされる．同じ市場であればリーダー企業および上位企業が優位に立っている．これと同じポジションをとれば，劣位に陥るのは当然である．したがって通常，競合と同じポジションは選択されない．競合他社製品より優位と認識されるためには，競合他社製品との比較による．競合他社製品については，常に精査することが必要である．

　同質的競争を避けるという意味では，上記と同様であるが，自社製品ポジションについては，他社がそれをとらないようにすることがあげられる．競争を避けることがポイントである．

　共食いは要注意である．いわゆるカニバリゼーションであり，自社製品間で競合してしまうことを意味する．競合他社製品に対する優位性を有することと，従来の自社製品とは同じポジショニングは避けなければならない．航空会社のプレミアム・エコノミーの販売はビジネスクラスの顧客をシフトさせるかもしれない．機内食その他のサービスで差別化し，別のポジションであることを明確にすることが求められる．差別化の手法としては，新たなブランドの創出などが考えられる．

　自社製品のポジションが決定されても，競合他社製品が，同じポジションをとる動きにでることがある．その場合，当該ポジションにとどまるか，新たな

ポジションをとるかを決めることになる．自社製品が優位にある場合はとどまれるが，劣位である場合は新たなポジションを求めることになる．ポジショニング作業を再開し，ポジションを変えていく．サービス・マーケティング戦略の要素としてポジショニングは適正なものに修正される必要がある．実施段階での修正はきわめて難しいと考えられるからである．

6．サービス・プロフィット・チェーン

　サービス・マーケティングにおいては，従業員満足が成果に大きく影響するとされている．

　インターナル・マーケティング※が強調される所以である．このことに関連して，J.S. ヘスケットが提唱したサービス・プロフィット・チェーンにふれておきたい．従業員満足度（ES）と顧客満足度（CS）の関連に着目し，それらがうまく連動すれば成果の最大化につなげることができるとする考え方である．

　まず，社内サービスの質が高ければ従業員満足に正の影響を与える，とする．高くなった従業員満足は高い従業員ロイヤルティにつながる．高い従業員ロイヤルティがあれば，従業員の生産性が高まる．生産性が高くなれば，必然的にサービスの価値が高まる．高くなったサービス価値が，顧客満足を高める．顧客満足が高くなれば，顧客ロイヤルティも高くなる．顧客ロイヤルティが高くなれば，成果も向上する．

　顧客ロイヤルティが企業成果の向上につながるか否かについては議論の余地が大きい．そもそも従業員満足と顧客満足が因果づけられるか否かも不明である．従業員満足が高くなれば職務に精励して顧客満足も高くなりそうではあるが，検証されているわけではない．

　ただ，顧客ロイヤルティの維持向上がますます重要となっていることは間違いない．とくに市場の縮小すらみられる先進国市場にあってはなおさらである．サービス・マーケティングにおいては常に念頭に置いておくべきであろう．

7．サービス・イノベーション

　イノベーションは技術革新ともいわれるように，一般的には製造業やハイテクといわれる産業領域において想定されがちであるが，シュンペータ※も述べ

第1章　サービス・マーケティング ● 27

るように新たな結合がイノベーションの本質であって，単なる技術領域を超えた概念といってよい．あらゆる領域にイノベーションが想定されるのであり，もちろん，サービス領域においてもイノベーションが遂行されることによってその成長がはかられる．

　LCC は格安航空会社として，その低価格面だけが強調されがちであるが，そのビジネスモデルには多様なイノベーションが含まれている．従来の航空会社は路線によって機種を変えていた．サウスウエストやライアンエアーは機種を統一することにより，パイロット（一機種しか操縦できない）や整備員の大幅な削減を実現した．また客室乗務員が清掃や一部の機体整備まで担当することによってコスト削減をはかっている．いわば単能工の多能工化といえる．これらも立派なイノベーションといえよう．

　業務の IT 化はサービス業のあらゆる分野に浸透し，サービス・イノベーションをもたらしているといえる．旅行代理店はもはや航空券の販売によって手数料を得ることはできなくなった．航空券は航空会社の HP から購入することが一般的になったからである．その価格も IT 化により需要に合わせて細かく変動するものとなっている．

　航空券に限らず，旅行商品についても HP 上での購入・決済が一般化している．楽天トラベルの成長はオンライン決済の賜物といってよい．既存の旅行代理店でもこの流れは顕著である．カウンター業務は大幅に縮小される可能性があろう．

　JR には Suica 等が導入され，切符を逐一購入することは大幅に減少している．ここには電子マネー機能も付加され，単なる乗車券を超えたものとなっている．成長が期待できない鉄道事業分野からの JR の脱皮がこのサービス・イノベーションには託されているといえよう．

　サービス・マーケティングのなかで常にサービス・イノベーションが追求されるべきなのである．

注
1) 企業間の商取引のことである．企業が対企業におこなう事業ということになる．企業間でのモノ・サービスの提供，取引等が該当する．
2) モノのマーケティングとは異なり，サービス・マーケティングでは，顧客の参加が前提となり，従業員とのインターフェイスが重要となる．したがって，従業員満足度が，直接的に顧客満足に反映する可能性が高いと考えられている．そこで，従業員に対するマーケティングつまりインターナル・マーケティングの重要性が強調されることとなる．

3) 顧客の求める品質水準を経済的，効率的に維持し供給するために，設計から販売にいたるすべての段階で品質管理をおこなう手法である．検査や評価が繰り返される．

4) 古典的なマッカーシーの4Pに，フィリップ・コトラーがさらに3つのPの要素を加えたものである．3つのPを加えたサービス・マーケティング・ミックスを7Pとしている．

5) 投資利益率あるいは投資収益率などと訳している．投下資本に対する利益の割合を示している．経営効率を評価する場合には基本的な指標である．

6) T型フォードは大量生産の典型事例であるが，その体系化された量産技術は，あらゆるモノの大量生産におけるスタンダードとなった．現代の企業システムの基盤をなすものとなっている．

第2章

21世紀型経営としての CSR

小松　敏弘

1. はじめに

　企業は収益を上げることが第一の目的であり，そのことを主眼として企業経営をおこなってきた．しかし，1980年代より新自由主義の席巻とともに，地球環境問題が大きな問題になった．また，90年代以降，先進国の内部での格差の拡大，途上国での貧困の広がりが大きな社会問題になった．企業はこのような地球環境への配慮，社会問題への配慮という視点に重点を置きながら，企業経営活動をすることが求められるようになった．企業は何のために存在するのか，その役割の再考が求められている．21世紀型経営であるCSRについて，考察したい．

2. CSRとは

　企業は単に利益を上げればよいという考え方ではいけない．企業の責任，役割は，基本的には，収益の追求と株主配当，雇用の創出，納税，有用な製品・サービスの提供であるが，社会や環境に関心をもつべきである[1]．CSRという言葉が近年，使用されるようになったが，Corporate Social Responsibilityで，企業の社会的責任と訳すことができる．企業の本業に，社会と環境への配慮を組み込む．利益偏重だった事業に，社会，環境の視点を組み込むことが重要になってきている[2]．

　CSRという言葉が使用されるようになったのは，ごく最近である[3]．1990年代以降，経済中心に疑問が提示され，経済一辺倒からの脱却がはかられるようになった．90年代の世界的な経済発展に伴い，貧富の格差，国家間の格差が生じ，環境面では，地球温暖化，森林破壊，砂漠化，水資源の枯渇など，地球環境悪化が科学的根拠のもとに明白になった．社会，環境問題への取り組みが，企業価値の測定において重要になった[4]．

　CSRの取り組みに関する欧米と日本との違いについてである．欧米諸国では，社会問題として「環境問題」と同等，あるいはそれ以上に「労働・人権問題」を最優先に解決すべき社会問題と位置づけることが多い．日本では，CSRの取り組みを，環境問題への取り組みの延長線上にとらえようとする考え方が強く残っている．しかし，環境問題は，CSRとしての取り組みの一部にすぎない．もっとも，環境問題への取り組みも，相手（地球の生態系全体）を考えた取り

組みが求められる[5]。

　CSRについては，企業は収益を上げることが第一義的目的であり，社会面，環境面に配慮をしすぎて，企業が倒産しては元も子もない，という批判があるが，これについてはどう考えるべきかであろうか。従来は，経済に主軸を置き，環境・社会にかかわる問題は，企業の経営課題の中心にはなかった。CSRを果せば，社会から評価されるが，余裕がなければ，あるいは長期的な利益が見込めなければ無理することはない，という理解も根底にあった。しかしながら，そのような理解では，企業は現在の市場社会の変化に対応できないことになる。企業が経済活動をおこなう際，その基盤である環境や社会が崩れてしまっては，経済社会の未来はあり得ない。持続可能な発展が求められるようになる。CSRは余裕があれば対応するというものではない。社会的責任を果す企業は，ブランド力や評判も向上し，顧客を引きつけ，有能な人材が集まるというメリットがある。投資家の関心を集め，地域社会にも受け入れられる[6]。

　地球環境が悪化し，地球が壊れてしまっては，つまり地球が病気になってしまっては，企業の経済活動すらあり得ないことになる，ということである。経済，社会，環境のバランスをとるという「トリプル・ボトムライン」という考え方が重要である。イギリスのコンサルティング会社のJ・エルキントンが提唱したもので，経済的，社会的，環境的パフォーマンスの向上が求められている[7]。

3．CSRと類似のターム

　コンプライアンスは法令遵守と訳すことができるが，CSRと同義ではないが[8]，CSRのベースとなるもので，経営の基本である[9]。フィランソロピーは，社会貢献活動と訳すことができるが，CSRと同義ではないが[10]，CSRの一部である[11]。

　CSRは外来語であるが，そもそも，そうした考えは日本に存在していた。近江商人の家訓の「三方よし」である[12]。「売り手よし，買い手よし，世間よし」の「三方よし」である[13]。売り手と買い手の合意でビジネスは成立するが，それだけでは不十分で，「世間さまにもよくなければ商売ではない」と考えた。日本のビジネス界にももともとCSRという考え方が，DNAのように埋め込まれていた。しかし，1980年代のバブル経済が，多くの企業の精神構造を変え

第2章　21世紀型経営としてのCSR ● 33

てしまった[14].

　社会貢献活動の近年の事例として，最貧国の患者に対し，イギリスの製薬会社グラクソ・スミスクライン（GSK）は，「非営利価格」によって，HIV 治療薬を，NGO や国際機関に提供している．この GSK は，自社の専門知識を生かし，AIDS 問題の教育・啓発活動，感染者に対する支援も積極的に実施している．無償の社会貢献活動と，収益を得ることを前提とする社会的事業との中間領域がある．GSK の HIV 治療薬の非営利価格による提供は後者である[15].

　無償の社会貢献活動には，本業を離れた広い社会的課題の解決に向けた寄付行為とボランティア活動がある．たとえば，アメリカのリーバイ・ストラウスの活動がそれである．HIV の予防，経済的発展と教育の機会増進（社会的・経済的に差別を受けている青少年や女性を支援することによって，貧困から脱出し，経済的に自立できるようにエンパワーメント）を実施している．リーバイは，日本では，不登校児や外国籍児童や障害のある子どもたちへの支援が主たる課題で，関連する団体への助成を実施している[16].　梅津光弘氏はリーバイス社のモットーを次のように紹介している．「責任のある商業上の成功」．同社のハース社長は企業も倫理的な生き物であり，利潤を上げることとこの世界を少しでも住みやすくよりよい場所にする両方の課題を実現する能力があるものと考えてきた[17]，と述べている．

　日本では企業が製品やサービスを生産・販売することこそ，社会貢献と考えている企業人が少なくなかった[18].　しかし，円高の進行のなかで，1980 年代にアメリカに進出した日本企業は，フィランソロピー活動の本流にふれ，企業市民としての役割を学ぶ．多くの日本企業はアメリカのコミュニティ問題，マイノリティ，女性に対する基本的認識が欠けていたために，批判を受けたり，訴訟にまで発展したりすることもあった．とくに人種，性別，国籍による雇用差別，従業員の人権への配慮不足，取引契約におけるマイノリティ差別，コミュニティ再開発支援への認識不足，などが指摘された[19].

　CSR の一つとして，メセナ活動がある．芸術・文化活動への企業の支援で，日本では，企業メセナ協議会が 1990 年に発足している．

　さて，社会貢献活動の本業の技術を活用した支援の他の事例である．生命保険会社のオールスター・コーポレーションは，都市部のコミュニティ・ディベロプメント活動（レッドライニング問題，民族差別，犯罪防止など）に絞ってフィランソロピー活動を実施している．つまり，インナーシティの再活性化の

プログラムを実施している[20]．レッドライニングとは，黒人などの低所得層の住む地域を融資対象から外すことである．インナーシティとは，過疎化してスラムになった旧都市部のことである．

　収益を得ることを前提とする社会事業としては，たとえば，マイクロファイナンス事業が存在する．ドイツ銀行による「マイクロクレジット・デベロップメント・ファンド」の活動は，マイクロファイナンスをおこなっている世界各国の金融機関に資金提供することにより，低所得層，貧困層の小規模事業家をサポートしている[21]．ムハマド・ユヌスがバングラデシュに創設したグラミン銀行は，マイクロファイナンス機関であり，2006年に，ユヌスとともに，ノーベル平和賞を受賞した．

4．SRI

　SRIとは，Socially Responsible Investingのことで，社会的責任投資と訳すことができる．投資をおこなう際，普通は，その企業がどれだけ利益を上げているかに着目する[22]．しかし，1990年代以降，わが国では，財務価値だけでない非財務価値に対する評価も加えた投資であるSRIが実施されるようになった．生産過程や原材料に，環境を汚染するものを使っていないかどうか，公正な労働条件のもとで生産されているか，生態系に影響を与えていないかなどという観点からでの投資判断が重視されるようになった[23]．

　日本ではSRIが広がり始めたのは，1990年代以降であるが，アメリカでは1920年代に教会を中心に発生している．たばこ，アルコール，武器，ギャンブルの関連企業への投資を控える運動がSRIの始まりである[24]．

　SRIには二種類存在する．ネガティブ・スクリーンとポジティブ・スクリーンである．ネガティブ・スクリーンは，武器，たばこ，アルコール，ギャンブル，原子力発電の関連企業，人種問題を抱えている国と交易している企業は，投資対象から除外していくというものである[25]．これに対して，ポジティブ・スクリーンは，社会面，環境面に十分な配慮をおこない，社会的責任を果たしていると認められる企業を積極的に評価し，加点・レーティングしていくというものである[26]．レーティングとは，評価・格付けの意味である．

　日本では，ネガティブ・スクリーンは，欧米ほどは積極的に実施されておらず[27]，SRI全体の規模も，欧米ほど大きくはない．SRIファンドは，アメリカ

第2章　21世紀型経営としてのCSR ● **35**

は約274兆円（2005年），イギリスは約22.5兆円（2005年）に対して，日本は約2600億円（2006年3月末）で，SRIファンドの規模は小さい[28]．

2010年代の現在のSRI規模は，河口真理子氏によれば，次の通りである．

「世界のSRI（社会的責任投資）市場は13.6兆ドル，シェアは22％に．日本はここでも出遅れる……．13.6兆ドルのうち欧州市場8兆7580億ドル（全体の65％），米国市場3兆7400億ドル（28％），カナダ5890億ドル（4％）で全体の97％を占めている．日本は最下位の100億ドルにすぎない．世界市場に占める日本のシェアは0.1％にも満たないのである[29]．」

以上のネガティブ・スクリーンとポジティブ・スクリーンのことを，総称してソーシャル・スクリーンという．このソーシャル・スクリーン以外のSRIとしては，株主行動やコミュニティ投資などが考えられる．

株主行動とは，企業経営のあり方について株主として企業に働きかけることである．たとえば，1980年代に，南アフリカと取引をしている企業の株主になり，「人種差別をしている国とは取引をするな」と企業に働きかけていくことがあった[30]．株主が経営者に対して働きかける手法としては，対話，エンゲージメント，議決権行使という方法がある．エンゲージメントとは，改善要求のことである．

エンゲージメントの対象としては，環境問題（気象変動など），社会問題（労働基準，人権），コーポレート・ガバナンス（体制，汚職，透明性）の問題などである．アメリカにおけるSRIにかかわる議決権の行使のテーマ例としては，環境，グローバルな労働基準，取締役会の多様性，動物愛護，人権，健康である[31]．

コミュニティ投資としては，アメリカ社会は貧富の差が激しく，豊かなコミュニティとスラム化したコミュニティがあるが，荒廃したスラム地域に積極的に投資をしていこうというものである[32]．

プロジェクトファイナンスにおいて，環境や社会に対する負の影響を緩和するための考慮をする必要があるが，これもSRIの一つの種類である．この例としては赤道原則（エクエーター原則）があげられる．この原則の前文には次のように記載されている．

「大規模なインフラおよび産業に係わるプロジェクトは，人および環境に負の影響を及ぼす可能性がある．我々（金融機関）は資金の貸し手として，また資金調達に関するアドバイザーとして，継続的に顧客と協力して

環境・社会に対するリスクと影響を体系的に特定し，評価し，管理する．そのような協働は，持続可能な環境および社会の発展を促進し，より進化した金融，環境および社会的成果をもたらすであろう．

我々 EPFI は，我々が融資とアドバイスをおこなうプロジェクトが社会的責任を果たし，健全な環境管理方法に従って進行することを確実にするために EP を採択した．我々は，気候変動問題，生物多様性および人権の重要性を認識しており，プロジェクトがもたらす生態系・地域社会・気候への負の影響は，可能な限り回避されるべきであると信じる．これらへの負の影響が回避できないのであれば，それらは最小化され，緩和され，またはオフセットされるべきである [33)．」

本文書は，原文である "THE EQUATOR PRINCIPLES JUNE 2013" の日本語訳であり，ここでいう EP とは，エクエーター原則 / 赤道原則（Equator Principles）のことを指している．EPFI とは，エクエーター原則 / 赤道原則採択金融機関（Equator Principles Financial Institution）のことを指している．EP の適用範囲であるが，すべての国・地域，かつすべての産業セクターが適用対象である．

5. 環境と CSR

地球環境が悪化している．このような状況のなかで，環境が，企業や産業界にとってのステイクホルダーとして認識されなければいけない．環境はステイクホルダーの一員である．ただし，人ではないので，環境保護団体や地域社会，NGO あるいは行政などが，そのメッセージを解釈して，地球環境の代弁者（ステイクホルダー）として行動することになる [34)．

企業の持続可能性．そのためには社会の持続可能性が大事である．そのためには，地球規模の生態系の持続可能性の保障が大事である．つまり，企業からみた持続可能性ではいけない．社会全体の持続可能性，生態系をもつ地球規模での持続可能性をもみすえる必要がある．このような持続可能性という概念が注目されるようになったのは，1992 年 6 月のリオ・デジャネイロでの地球サミットである．そこで締結された「生物多様性条約」には，187 カ国が参加している．生物多様性に代表される生態系の持続可能性がうたわれたのである．1972 年にストックホルムで国連人間環境会議が開かれたが，これは世界初の

第2章 21世紀型経営としてのCSR ● 37

環境に関する会議である．その20周年を祝って，1992年に地球サミットがリオで開催されたのである[35]．

　地球環境の悪化は地球温暖化が最大の主因である．この温暖化の原因としては，化石燃料使用による二酸化炭素の増加，森林の伐採，農地の工業用地転用などによる緑地面積の減少，フロンなどの温室効果ガスの使用である．解決策としては，省エネ，再生可能エネルギーへのシフト，二酸化炭素の固定（海中での固定，植林），緑地化，代替フロンを使用しないノンフロン冷蔵庫への転換などである．いずれにしても，石油中心の経済システムからの脱却の必要性がある[36]．

　日本は2002年に京都議定書を締結し，温室効果ガスの排出量を，2008〜2012年の5年間の目標期間までに1990年比6％削減することが義務づけられた．また再生可能エネルギー（風力，太陽光，バイオマスエネルギー，小規模水力，排熱の有効活用など）への投資を進めていくべきであるが，バイオエネルギーに関しては，カナダ，ブラジル，アメリカで既に，バイオエタノールを混入したガソリンが使用されている[37]．

　京都議定書は1997年に採択され，2005年に発効している．しかし，この議定書は大きな問題点を抱えている．一つは，1999年時点で，世界最大の温室効果ガスの排出国であったアメリカが，ブッシュ政権時に，京都議定書から離脱したこと，もう一つは，先進国にしか削減義務がないということである．1999年時点で，世界第二位の排出国であり，現在，世界第一位の排出国である中国には削減義務がなかったのである．

　京都議定書に代わるパリ協定は2015年に採択された．先進国だけでなくすべての国が温室効果ガスの排出量の削減の努力をするという点で，一歩前進である．問題点は，削減の義務はなく，各国が削減の自主目標値を設定することである．また，現在，世界第二位の排出国であるアメリカ，そのトランプ政権がパリ協定からの離脱表明をおこなったことは，地球温暖化の防止に暗い影をさすことになる．

　再生可能エネルギーとして，上記に記載したが，エタノールの利用が近年注目されてきている．しかし，これも問題を抱えている．ブラジルでは，バイオエタノールの生産のために，サトウキビを使用している．広大なサトウキビ畑が必要であり，そのため，熱帯雨林の破壊が進み，地球環境悪化に拍車をかけている．

さて，生物多様性についてである．一日当たり，137種類の種が絶滅している．絶滅速度が速い．恐竜時代には，約1000年間に1種類の種しか絶滅していない．現在，生物多様性を支援する企業の先進事例として，BP（British Petroleum）社の事例がある．同社は，イギリスのロンドンに本社を置く世界三大石油会社の一つである．生物多様性行動計画作成とプログラムの実施をおこなっており，たとえば，アメリカのクーパー川の生態系保護プログラムに取り組んでいる．

イギリスの会社はCSRに熱心であり，BP社は生態系破壊の本人でもあるので，修復への義務として生態系保護に熱心に取り組んでいる側面がある．生態系を破壊する企業への投資を控える動きへの反応でもある．これに対して，日本企業は，生物多様性，生態系保護への理解が，今一つ不十分である[38]．

熱帯雨林の破壊だけでなく，農薬などの有害化学物質の使用も生物多様性の脅威となっている．1962年，レイチェル・カーソンは『沈黙の春』を出版した．DDTなど有機塩素系の農薬や殺虫剤が野生生物や野生の生態系，人間に与える影響について考察している[39]．沈黙の春とは，農薬の散布で，鳥たちが鳴かなくなった春という意味である．これが環境保護運動の始まりとなっている．有害化学物質の危険性の認識が深まるとともに，有害化学物質の規制の動きが広まることになる．現在，有害化学物質を規制する著名な指令としては，EUのRoHS指令がある．2003年に公布され，鉛やカドミウムなど6つの特定有害化学物質の使用を禁止するものである．これを受けて，ソニー，キヤノンなど電機・精密メーカー約50社が構成する「グリーン調達調査共通化協議会」では，6有害物質を取り除くための統一ガイドラインを策定し，削減に取り組んでいる[40]．この6つの特定有害化学物質とは，鉛，カドミウム以外には，水銀，六価クロム，ポリ臭化ビフェニール，ポリ臭化ジフェニルエーテルである．

昔ながらの生態系を活用した農業の取り組みが現在注目されており，たとえば，スターバックス社が，環境NGOやコンサベーションインターナショナルと協働して，シェイドグロウンコーヒー（日陰栽培）の販売を開始している．これは，熱帯雨林の生態系を維持しつつ，生えている大木の日陰にコーヒーの木を植えるという伝統的栽培方法である[41]．

さて，定常状態，持続可能性というタームをよく耳にするようになったが，その由来は，19世紀の思想家J. S. ミル（1806〜73）にある．ミルは，『経済

学原理』のなかで，停止状態（定常状態）を提唱したが，これが，地球環境保護，地球環境問題がクローズアップ化された1970年代以降，注目されるようになったのである．

　J. S. ミルの停止状態論は次の通りである．富および人口の停止状態を，経済学者は恐れる．進歩状態の終点には停止状態がある．富および人口の停止状態は，それ自身としては忌むべきものではない．むしろその停止状態を，大きな改善とみるべきである．地球の自然の人間による収奪に警告を発するべきである．富と人口の無制限の増加が，地球の自然の収奪を引き起こしている．人間のための食糧を栽培しうる土地，花の咲く未墾地，野生の灌木は，根絶され開発されている．後世の人たちのために，自ら進んで停止状態に入るべきである[42]．

　J. S. ミルの停止状態論は，地球環境保護と持続可能性の先駆的存在として，多くの研究者が注目している．彼の思想に，今日の地球環境保護につながる思想をみることができる．スティーブンズによれば，

　　　「持続可能性という言葉は，持続発展可能性の概念を広めた『環境と発展に関する世界委員会（WCED）』の報告書『われわれの共通の未来のために』における1987年世界委員会以来，環境に関する事柄において一般的となった．しかし……経済思想における持続可能性の概念の最初期の明確な事例は，『経済学原理』（1848年）の第4分冊におけるジョン・ステュアート・ミル（1806-1873）の停止状態の取扱のなかにみられる．……ミルの停止状態は，持続可能性の現代的唱道のなかで一般的となった定常状態経済（steady-state economy）の概念の先駆的存在である[43]．」

　WCEDの報告書は，元ノルウェー首相のブルントラントが中心にまとめられたもので，「ブルントラント報告書」ともよんでいる．持続可能な発展という概念が初めて登場している．その前に，72年，ストックホルムでの「国連人間環境会議」が開催され，その20周年ということで，92年にリオで環境サミットが開催された．各国の代表者だけでなく，多くのNGOの参加したことが特長である[44]．

　90年代半ば以降，持続可能な発展を考えるにあたって，環境問題にとどまらず，貧困，労働，人権問題など社会的な課題を含めて議論されるようになった[45]．また，90年代以降，NGOの影響力，役割が大きくなった．国連関係の国際会議でNGOは重要な構成メンバーとして理解されるようになった[46]．

　90年代以降，アメリカを中心にグローバル資本主義が世界を席巻していく．

これに対して，NGO による反グローバリゼーションの動きが活発化するにいたった．90 年代末以降，WTO 総会，IMF 総会，世界銀行の総会に，世界から多くの NGO が集結し，激しい批判を展開している [47]．

6．CSR とグローバル化

　80 年代，とくに 90 年代からのグローバル化は，社会，環境面に悪影響を及ぼしている．社会面では，搾取，低賃金，児童労働の問題が深刻化し，環境面では，森林開発，農薬汚染が進行している [48]．経済のグローバル化により，企業には，国際規範を守ることが求められる．影響は中小の取引先にも波及している [49]．グローバル企業は，取引先にも CSR を要請することになる．グローバル経済の中心は，巨大な多国籍企業グループである．その経済規模は一国をもしのぐほどである．10 兆円の売上規模を誇っている．これは，フィンランド，ニュージーランド，マレーシアの GDP に匹敵する．日本の大手商社，自動車メーカー，電機メーカー，通信グループがこの規模である．このような影響力をもつ巨大企業は，法規制以上の自発的で責任のある行動が求められる．仕入先にも同様の対応を要請する．仕入先の問題であっても自らの責任を問われる．中小企業にも大企業より CSR への取り組み要請がある [50]．

　グローバル化と児童労働，搾取，森林破壊，農薬汚染についてである．先進国の豊かな消費生活は，発展途上国の生産地域と人々の犠牲の上に成り立っている．たとえば，綿の T シャツの素材の綿は，農薬依存型栽培（世界中の農薬の 10％使用）で作られており，有害な農薬の使用によって，インドでは年間 500 人以上死亡している．このような実態を先進国の国民は知らない．また，5 歳から 14 歳までの児童で労働をしているのが，全世界では，2 億 5000 万人にのぼる．アジア，アフリカ，ラテンアメリカの児童で，安い賃金で働かされている．私たちは，グローバルにみていちばん安い商品をという追及をしがちであるが，児童労働の不公正な落とし穴の危険性に気付くべきである [51]．

　世界のサッカーボールの約 75％がパキスタンのシアルコートという地域で製造されている．1996 年に，ILO が調査したが，5 歳から 14 歳の子どもたち約 7000 人が，学校に行かずにサッカーボールやシューズを製造していることが判明した．いわゆる「児童労働」である．これらの工場に仕事を発注している企業の代表メーカーが，「タイム」で告発される．1998 年，全米でこのメー

第2章　21世紀型経営としてのCSR ● 41

カーに対する大規模なボイコット運動が展開された．アメリカの大学のキャンパスで，このメーカーのブランドマーク入りの帽子やシャツを身につけているだけで，神経を疑われるほど，バッシングは激しいものだった[52]．

　日本のスーパーマーケットに並ぶエビのほとんどは，ベトナムやインドネシアから輸入されている．ベトナムでは1980年代からエビの養殖がされており，海岸沿いのマングローブの森が伐採され，この20年間で54％の森が喪失した．介在する水産会社，商社の社会的責任が問われる[53]．

　日本の100円ショップの隆盛が続いている．製品の多くは，中国，ベトナム，カンボジアなど，人件費の安いアジアで製造されている．中国では，18歳から25歳くらいの若い女性が，内陸部から経済特区の工場地域に出稼ぎに来て，製品の組み立て作業に従事している．1日の労働時間は12～14時間にものぼるが，それでも月給は4500～5000円程度である．このようにアジアの人々の過酷な労働によって，日本の100円ショップの製品が支えられている．傘やかっぱ，化粧品などが信じられない値段，100円で販売されている．低価格の背景にこのような実態があることを，私たち一人ひとりは認識しておく必要がある[54]．

　グローバリゼーションが広がるなか，スウェット・ショップや児童労働問題は構造的なものになっている．ネットワーク化したNGOによる監視・批判活動に期待したい．児童労働をなくすことは簡単であるが，工場を離れた子どもたちを支援したり，学校に行けるような仕組みづくりが必要である．企業，NGO，労働組合，地元政府，国際機関などのコラボレーションに期待したい[55]．ちなみに，スウェット・ショップとは，搾取工場のことである．児童労働の監視と教育を与えるプログラムの実施には，Save the Children UK と教育NGOなどが委員会を組織し取り組んでいる．家庭生活の成立の支援（マイクロクレジットなど）との併用も必要である[56]．

　グローバル化の負の側面への対応策として，グローバル・コンパクト（GC）原則がある．1999年1月，ダボスの世界経済フォーラムの席上，アナン国連事務総長が提唱し，2000年7月に国連本部で正式決定したものである．GCを支持する各国企業・組織がGCの原則を遵守・実践することで，世界に積極的な変化をもたらすことが目的である．

　人権面では，企業は，国際的な宣言の人権保護を支持し，人権侵害に加担しないよう確保すべきである．労働面では，企業は組合結成，団体交渉の権利を

支持し，強制労働の撤廃を支持し，児童労働の廃止を支持し，雇用と職業における差別撤廃を支持すべきである．環境面では，企業は環境上の課題の予防原則のアプローチを支持し，環境に関するより大きな責任を引き受け，環境に優しい技術の開発と普及を奨励すべきである．腐敗防止面では，企業は，強要と贈収賄を含む腐敗の防止に取り組むべきである [57]．これに賛同する組織は，宣言の署名をして，国連本部に書簡を返すことになる [58]．

　また，CSR 調達も，グローバル化の負の側面に対する対応策になる．CSR の対象が自社（グループ）のみならず，国内・外の生産委託，業務請負業者，協力会社などの活動状況も問われるようになっている．この CSR 調達の一種として，グリーン調達もある．原材料，部品の購買契約を結ぶ際，品質・価格・納期だけでなく，90 年代以降，環境に関する基準を組み込む環境調達（グリーン調達）が広がってきた [59]．環境負荷の大きくないものを選定して調達するという考え方である．

　たとえば，2004 年に，フランスのルノー・グループは次のような宣言をしている．①児童労働の禁止，②強制労働の禁止，③労働条件（機会の平等，雇用保護，職業訓練の実施，労働時間，公正賃金，従業員代表）を守ること．ルノーは，サプライヤーに対してもこの宣言の遵守を求めているが，これは CSR 調達のことである．それだけでなく，ルノーはグローバル・コンパクトを遵守することも，サプライヤーに求めている [60]．

　化学物質規制については，欧米の厳格な規制がグローバルに大きな影響力をもつようになってきている．EU 指令である．90 年代後半，ある日本の電器メーカーが開発した人気ゲーム機に，ヨーロッパのある国の規制で禁止されている物質が少量混入しており，販売差し止めとなった．同電器メーカーは，自社製品の化学物質排除を宣言し，自社独自のグリーン調達基準を設定して，全世界のすべてのサプライヤーに，厳しい資材・部品等の購買ルール等を実施した [61]．これはグリーン調達の一例である．

7．CSR と NGO

　市民社会セクターは，NGO（非政府団体）以外には，NPO（非利益団体），CSO（市民社会団体）からなる．CSR は，企業とこの NGO が協働して，一緒に作り上げてきた新しい企業システムである．3 セクターモデルとは，政府

（行政），企業（産業界），NGO（NPO）による合意形成（対等なパートナーシップのもとに話し合い．三者による合意形成）を指しており，21世紀の経済社会モデルといえる[62]．

　資本主義的民主主義社会では，確かに，3～4年に一度，選挙で議員を選ぶことはできるが，国民にとっては，そこしか政治に参加できる場はない．国会で審議される案件の作成に参加しているのがだれかといえば，企業・産業界である．発言力の大きな企業にとって，都合のよい法律が通って，国家も企業をコントロールできないような状況にある．その結果，格差は広がり，途上国の貧困も増大している[63]．

　このような状況のなかで，政府と企業のセクターが中心になった民主主義社会から，1990年代後半以降，NGOセクターが入った民主主義社会へ移行しようという動きが始まるようになった．1992年の地球サミットでは，NGOは政府と企業のパートナーと決議された．1993年のシドニーオリンピック誘致決定以降，すぐにグリーンゲームが採用され，1993年から2000年までのシドニーオリンピックの準備等にNGOが最初から参画した．1995年には，ブレントスパー事件が発生し，シェル社とグリーンピースとの紛争にまで発展した[64]．

　ブレントスパーとは，北海油田で採掘された石油をためておくためのシェルが所有していた井桁（スパー）のことである．古いスパーの深海投棄をシェルは決定した．これに対して，国際環境NGOのグリーンピースは，今後10年間で耐用年数をすぎるスパーが300本あると情報流す．ヨーロッパでシェルの不買運動が発生し，シェル批判が高まった．その結果，シェルの売上は低下することになり，シェルは深海投棄の決定の撤回に追い込まれた．1997年，シェルは，「トリプルボトムライン」を発表し，企業は収益という「経済的側面」だけでなく，「環境的側面」「社会的側面」も同時に黒字にすべきとの方針を発表することになった[65]．梅津氏は，カントの普遍化を求める定言命法という観点から，グリーンピースの立場を解釈している．「海にものを捨ててはならない」という原則は万人が守るべき無条件ルールであって，それが一旦破られれば他社も追随することになる．シェルに海洋投棄が許されるなら他社にも投棄を許さなければ一貫性がないことになる．グリーンピースにいわせれば，海洋投棄という行為は普遍化可能性のない行為なのである[66]．

　NGOは専門家団体である．環境について取り組んでいるNGO，様々な社会問題に取り組んでいるNGOなどがある．これらのNGOと企業は関係性を

もち社内の「しくみ」のなかに組み入れる．企業がNGOと協働することは，企業評価を高めるというメリットにもなる．国際的なCSRの評価機関は，その企業が協力しているNGOにまず連絡する．そのNGOから情報を得る．ヨーロッパでは，近年，企業の様々な諮問委員会のなかに，NGOを入れるようになってきた[67]．そのことが企業の変革をもたらすことにつながる．

P. Q. ハースト（1947～2003）は，アソシエーティブ・デモクラシー（結社民主主義）を提唱した人物である．市民社会を構成するボランタリー・アソシエーションを，経済問題，社会福祉の問題を解決する上での主要なガバナンス・アクターとして，積極的に位置づけている．このアソシエーションを通して，国家や企業の改革を期することができるとしている[68]．これと同様に，CSRは，NGOが企業の改革に影響を与えることに主眼がある．

8. CSRとダイバーシティ

日本の場合，政・財・官すべての分野における政策決定の場に参画している女性の比率が，途上国を含めた全世界で最低レベルである．2005年6月，メキシコで開催されたGlobal Summit of Womenという国際会議に参加したメンバーから，日本は男だけが結託して世界で金儲けをし，女性を蔑ろにしている野蛮国という指摘がなされたほどである．戦後60年の間，男女同権，男女雇用機会均等法，男女共同参画などの分野で法律を作り，政策を導入してきたにもかかわらず，まったく効果がでていない[69]．日本の民間企業での女性の登用比率であるが，2014年データで，課長級が9.2％，係長級が16.2％にとどまっている[70]．

日本で，一部上場企業が総合職を採用する際，男性には30点から50点の下駄を履かせ，二次試験の面接で幹部候補には男性のみが採用されるようにする．一次試験で高得点を取った女性はわずかしか採用されず，しかも彼女たちはアシスタント業務につけられているのが大企業の実情である[71]．

2015年の世界幸福度ランキングは，1位がスイス，2位がアイスランド，3位がデンマーク，4位がノルウェーで，日本は46位に低迷している[72]．ダイバーシティ，とくに女性の登用が高い国が上位にきている．日本は残念ながら下位に低迷している．

日本は女性の登用が低いということで，男女間の賃金格差が存在している．

第2章　21世紀型経営としてのCSR ● 45

2016 年時点での男性の賃金のピークは，50 〜 54 歳で 425 万 7000 円であるのに対して，女性のピークは 50 〜 54 歳で 269 万 5000 円である[73]．当然ながら，男性の正社員と女性の非正社員の賃金格差はかなり大きいといえよう．

今後日本はダイバーシティを推進していく必要があるが，その推進に必要な 4 つの観点とは次の通りである．①人口の半分を占める女性，高等教育を受けた女性たちの活用．②健康で元気な，多様な働き方を指向する高齢者の活用．③外国籍をもって，日本社会で生きようとする人々の共存（労働力不足を補うための外国人労働者という考えではなく）．④私たちは，もてる機能を発揮して納税者になりたい．不可能とあきらめずに挑戦し続ける存在なんだと，必死で生きようとする非健常者との共存[74]．

職場分野の CSR においては，このような雇用の多様性と，労働安全，ワーク・ライフ・バランスが必要である．①女性・高齢者・障がい者・外国人の雇用促進．②ワーク・ライフ・バランスは①と関連するが，少子高齢化への対応で必要．③労働安全衛生における健康・メンタルヘルスの増進．④公正な評価・能力開発では，働く意欲（モチベーション）の向上が必要．これは①とも関連する．職場の社会性を高め，働く人の仕事と生活，両面の充実をめざすのが CSR である[75]．

9．おわりに

以上，CSR の様々な内容，項目について記述してきたが，CSR を否定する考え方がないわけではない．現在のグローバル資本主義の基調となる経済理論は M・フリードマンの新自由主義であるが，彼の CSR に対する考え方を，ここで紹介しておきたい．

フリードマンは，1970 年，ニューヨーク・タイムズ・マガジン誌に，「ビジネスの社会的責任は収益を増大させることである」という論考を寄稿している[76]．そのなかで次のように述べている．

> 「ビジネスは単に利益に関係するだけでなく，望ましい社会的諸目的を促進することに関係している，すなわち，ビジネスは社会的良心を有し，雇用を創出し，差別を除去し，環境汚染を回避する責任を有しているとビジネスマンが熱弁する場合，自由企業を擁護できていると信じる傾向に，ビジネスマンはある[77]．」

しかし，このような傾向を一蹴するかのように，フリードマンは次のように述べる．

　　　「自由企業の私的所有制度において，企業の経営者はビジネスの所有主の雇われ人である．経営者は彼の雇用主に対して直接的な責任を有する．その責任は雇用主の願望に従ってビジネスを運用することである．その願望とは一般的には社会の基本的ルールに従いながら，可能な限り儲けるということであろう[78]．」

　ただし次の場合は例外である．

　　　「個人所有主の場合は事情がやや異なっている．彼は彼の社会的責任を果たすために，彼の企業の報酬を減ずるよう行為するならば，彼は他の誰かではなく，彼自身のお金をつぎ込むことになる．彼がそのような目的のために自身のお金を費やそうとしたいのであれば，それは彼の権利であり，彼がそうすることを拒絶する理由は存在しない．[79]」

　しかし，一般的には社会的責任を経営者が果たすことは問題になるとフリードマンはみている．

　　　「経営者は，株主，顧客，従業員の代理人として奉仕するというよりもむしろ，それとは異なった社会的責任を行使しているのである．……このようなことを彼がするなら，彼は実際上，課税をしていることになる．……この過程は政治的問題を引き起こす．……課税，税収の費用は政府の機能である．私たちはこのような機能を制御するために，精巧な立憲的，議会的，司法的規定を構築したことになる[80]．」

　これがどのように問題なのかについて次のように断じる．

　　　「社会的責任の原理を真面目にうけとめると，政治メカニズムの範囲をすべての人間活動に拡大してしまうことになる．それは集団主義的原理と哲学上変わるものではない．集団主義的目的は集団主義的手段なくして達成され得ないと信奉することを公言すること以外に異なることはありえない．このことが私の著書である『資本主義と自由』で述べた理由である．この著書では，企業が課税をすることは，自由社会を根本から転覆させる原理であるとみなした．そのような社会では，ビジネスの一つの，そして唯一の社会的責任が存在する．それは，いわばペテンと詐欺のない公明で自由な競争に従事するゲームのルールにとどまる限り，資源を活用し，利益を増大させるために考えられた活動に従事することであると，私は述べ

た[81].」

　要は儲かること，利潤を増大させることこそが，企業の社会的責任というのがフリードマンの主張である．新自由主義が世界を席巻している以上，このようなフリードマンの考え方は，先進国を含めた世界の企業の経営活動で大きな影響力を誇っていると思われる．しかし，地球温暖化の急ピッチな進行，気候変動，格差の拡大化などのなかで，やはり CSR は，人類においては最重要事項であるといえよう．

　キャロル・ムーア氏は，「企業の社会的責任と共有価値の創造」のなかで，次のように述べている．ムーア氏の言葉をもって，この章を終えることにしたい．

　　「社会におけるビジネスの適切な役割は何か．その問いは新しいものではない．経済的，社会的，環境的影響に対する民間部門の責任に対する議論は，資本主義の始まりとともに激しくなっている．新しいことは，ビジネスが経済成長と国際的発展のエンジンであるが，それだけではなく，ビジネスが飢え，貧困，不平等，失業，気候変動のような複雑なグローバルな課題を解決するために，政府，市民社会，コミュニティとともに，不可欠な役割を果たすことができるし，果たさなければいけないというグローバルな合意が大きくなっているということである．……私たちの見解は，民間部門の会社，一流な多国籍企業から社会的事業を開始したばかりの小さな成長中のビジネスに至るまで，飢えと貧困を終わらせようという私たちの使命に貢献できるユニークで必要不可欠な資産と能力を持っているということである[82].」

注
1）海野みづえ『企業の社会的責任』中経出版，2009 年，12-13 頁．
2）同書，14-15，18 頁．
3）同書，14 頁．
4）岡本享二『CSR 入門』日本経済新聞出版社，2004 年，16-18 頁．
5）大久保和孝「CSR の根底にあるもの」『会社員のための CSR 入門』第一法規，2008 年，15-16 頁．
6）谷本寛治『CSR』NTT 出版，2006 年，60-61，64-65 頁．
7）同書，61 頁．
8）海野，前掲書，16 頁．
9）谷本，前掲書，66 頁．
10）海野，前掲書，16 頁．

11）谷本，前掲書，66 頁．

12）秋山をね「CSR と証券市場」『会社員のための CSR 入門』第一法規，2008 年，62-63 頁．

13）谷本，前掲書，66-67 頁．海野，前掲書，19 頁．

14）秋山，前掲論文，63 頁．

15）谷本，前掲書，192-193 頁．

16）同書，194 頁．

17）梅津光弘『ビジネスの倫理学』丸善株式会社，2002 年，115 頁．

18）谷本，前掲書，195 頁．

19）同書，196-197 頁．

20）同書，205-206 頁．

21）同書，207-208 頁．

22）秋山，前掲論文，54-55 頁．伝統的株式投資尺度は，財務価値に基づく投資である．岡本，前掲書，45-47 頁．

23）同書，46-47 頁．

24）同書，47-48，51 頁．アメリカの SRI は，キリスト教をベースにしている．自分たちの教義に合わないギャンブルや武器，たばこ，アルコールといったものに関わる企業への投資を行わない．秋山，前掲論文，56，60 頁．

25）同論文，56-57，60-61 頁．谷本，前掲書，111 頁．岡本，前掲書，47-51 頁．

26）同書，50 頁．谷本，前掲書，111 頁．

27）秋山，前掲論文，60-61 頁．

28）同論文，57，59 頁．谷本氏によれば，SRI の現状は，アメリカは 2 兆 9000 億ドル（2005 年），イギリスは 2245 億ポンド（2001 年），日本は 2586 億円（2006 年 3 月末）である．谷本，前掲書，113-114 頁．

29）https://www.dir.co.jp/library/column/20130207_006785.html 大和総研ビジネス・イノベーション　河口真理子 2013 年 2 月 7 日．

30）秋山，前掲論文，57 頁．

31）谷本，前掲書，116-118 頁．

32）秋山，前掲論文，57 頁．

33）「エクエーター原則／赤道原則　2013 年 6 月　プロジェクトにおける環境・社会リスクを特定，評価，管理するための金融業界基準」www.equator-principles.com の日本語訳（2015 年 9 月改訂）．

34）河口真理子「環境と CSR」谷本寛治編著『CSR 経営』中央経済社，2004 年，177-178 頁．

35）岡本，前掲書，20-21，35，65 頁．

36）河口真理子「環境と CSR」182 頁．

37）同論文，184-185 頁．

38）岡本，前掲書，67，72-73 頁．

39）河口「環境と CSR」182 頁．

40）同論文，185-186 頁．

41）同論文，186 頁．

42）J. S. ミルの停止状態論については，次の拙著で詳しく紹介し，考察している．小松敏弘「グリーン・リベラリズムとミル，ラスキ，マクファースン」『東海大学総合経営学部紀要』第 4 号，2011 年，1-4，7-9 頁．ミルは停止状態については，1848 年の『経済学原理』で論を展開している．J. S. Mill, *Principles of Political Economy in Collected Works of*

John Stuart Mill, Vol. Ⅲ (London: Routledge & Kegan Paul, 1965) 末永茂喜訳『経済学原理』（四）岩波書店（岩波文庫），1961 年.

43）Piers. H. G. Stephens, "Sustainability," *Encyclopedia of Environmental Ethics and Philosophy* (London: Routledge, 2008) , p.286.

44）谷本『CSR』82 頁.

45）同書，83 頁.

46）同書，84 頁.

47）同書，84-85 頁.

48）海野，前掲書，32 頁.

49）同書，33 頁.

50）同書，34 頁.

51）岡本，前掲書，56-57，60-61 頁.

52）足達英一郎「グローバル市場における CSR の取組み」『会社員のための CSR 入門』74-75 頁.

53）同論文，82 頁.

54）同論文，83-84 頁.

55）谷本『CSR』244 頁.

56）同書，245 頁.

57）海野，前掲書，35 頁.

58）足達，前掲論文，78 頁.

59）谷本『CSR』134 頁.

60）同書，138 頁.

61）深田静夫「加速するグローバリゼーションへの日本企業の対応と今後の課題」『会社員のための CSR 入門』91 頁.

62）長坂寿久「CSR と社会の声」『会社員のための CSR 入門』126 頁 -127 頁.

63）同論文，128-129 頁.

64）同論文，129-132 頁.

65）同論文，132-133 頁.

66）梅津，前掲書，53 頁.

67）長坂，前掲論文，135-139 頁.

68）福地潮人「古典的アソシエーショナリズム」の現代的再生『立命館産業社会論集』第 37 巻第 4 号，2002 年 3 月，99-100 頁参照.

69）木全ミツ「女性の活力を社会の活力に　ダイバーシティの推進」『会社員のための CSR 入門』第一法規，2008 年所収，187-188 頁.

70）『読売新聞』2016 年 1 月 14 日号.

71）木全，前掲論文，188-189 頁.

72）Edited by John Helliwell, Richard Layard and Jeffrey Sachs, *World happiness report 2015.*

73）厚生労働省『平成 28 年賃金構造基本統計調査』

74）木全，前掲論文，193-194 頁.

75）海野，前掲書，58-61 頁参照.

76）M. Friedman, "The Social Responsibility of Business is to Increase its Profits," *The New York Times Magazine* (September 13, 1970) p.1.

77）*Ibid.*, p.1.

78) *Ibid.*, p.1.
79) *Ibid.*, p.4.
80) *Ibid.*, p.2.
81) *Ibid.*, p.6.
82) C. Moore, "Corporate Social responsibility and Creating Shared Value," *Heifer International* (May 14, 2014) . p.2.

第3章

確率と統計

今田　恒久

1. はじめに

ある対象を，それに伴う数値により評価するとき，その対象全体の集合を母集団という．

たとえば，日本の20代男性の1日のテレビを見る平均時間を調べたいとき，母集団は日本の20代男性すべてである．

母集団を特徴づける数値として平均値，分散，標準偏差などがあり，これらを総称して母数という．母集団が非常に多くの個数から構成されるとき，母数を正確に求めることが困難な場合がある．このような場合，無作為にいくつか対象を選び出し，それに伴う数値に基づき，

（1）母数の値を推定する．

（2）母数の値に関する仮説を設定し，検定する．

（1）（2）を総称して統計定推測という．このとき，選び出された対象に伴う数値各々をデータといい，このデータの組を標本という．

統計的推測は経営，経済などの分野では重要なツールの一つである．本章では基本的な統計的推測の手法について学ぶ．

2. 確率

2-1 確率の基本

実験や観測を試行といい，試行の結果，起こる事柄を事象という．

たとえば，サイコロを投げ，でる目を調べることは一つの試行である．このとき，

偶数目がでる．3の目がでる．

などは事象である．

通常，事象はアルファベットの大文字であらわすことが多い．ある事象 A が起こる可能性を全体（⇔全事象 Ω）に対する割合であらわしたものを A が起こる確率といい，$P(A)$ とあらわす．

例.
サイコロを投げ，でる目を調べる試行においては，総パターン数は6．

事象A：偶数目がでる. ⇒ でる目は2, 4, 6でパターン数は3

事象B：3の目がでる. ⇒ でる目は3のみでパターン数は1

よって, $P(A) = \dfrac{3}{6} = \dfrac{1}{2}$, $P(B) = \dfrac{1}{6}$.

演習問題2.1

1. サイコロを投げてでる目を調べるとき, 次の各問に答えよ.
 （1）5または6の目がでる確率はいくらか.
 （2）4以下の目がでる確率はいくらか.
 （3）2以上5以下の目がでる確率はいくらか.
2. 次の各問に答えよ.
 （1）白い玉が15個, 赤い玉が24個入った袋から玉を1個取り出すとき, 白い玉である確率はいくらか.
 （2）白い玉が8個, 赤い玉が6個, 緑の玉が10個入った袋から玉を1個取り出すとき, 白い玉である確率はいくらか.
 （3）白い玉が8個, 赤い玉が6個, 緑の玉が10個入った袋から玉を1個取り出すとき, 白または赤い玉である確率はいくらか.
 （4）白い玉が8個, 赤い玉が6個, 緑の玉が8個入った袋から玉を1個取り出すとき, 赤または緑の玉である確率はいくらか.
3. 2個のサイコロを投げてでる目を調べるとき, 次の各問に答えよ.
 （1）でる目の和が8となる確率はいくらか.
 （2）でる目の和が10となる確率はいくらか.
 （3）でる目の差が2となる確率はいくらか.
 （4）でる目の差が1となる確率はいくらか.

2-2 数え上げ

ここでは様々な確率計算に用いられる数え上げ（順列, 組合せ）について学ぶ. まず, 順列とは n 個のなかから区別をつけて k 個を選び出すことをいう. その方法は

$$_nP_k = n(n-1)\cdots(n-k+1)\text{通り}$$

存在する. 次に組合せとは n 個のなかから区別をつけずに k 個を選び出すこ

とをいう. その方法は

$$_nC_k = \frac{n(n-1)\cdots(n-k+1)}{k!} 通り$$

存在する. n 個のなかから区別をつけずに k 個を選び出すことは n 個のなかから区別をつけずに $n-k$ 個を選び出すことと同等であるから, $_nC_k = {_nC_{n-k}}$ が成立する.

例.

6人のなかから委員長, 副委員長, 書記を選ぶ方法は $_6P_3 = 6 \times 5 \times 4 = 120$ 通り存在する. 6人のなかから単に3人代表を選ぶ方法は

$$_6C_3 = \frac{6 \times 5 \times 4}{3!} = 20 通り$$

存在する.

演習問題2.2

1. 次の各問に答えよ.

（1）10名中から委員長, 副委員長, 書記を1名ずつ選ぶ方法は何通りあるか.

（2）15名中から委員長, 副委員長を1名ずつ選ぶ方法は何通りあるか.

（3）1から9までの自然数から重複使用なしで5桁の自然数を作るとき何通りあるか.

2. 次の各問に答えよ.

（1）7名のメンバーから構成されるA班, 5名のメンバーから構成されるB班があるとき, A, Bそれぞれから班長, 副班長を1名ずつ選ぶとき, その方法は何通りあるか.

（2）コーチが5名, 選手が8名いる. このとき, ヘッドコーチ, ヘッドコーチ補佐, 主将（選手）を1名ずつ選ぶとき, その方法は何通りあるか.

（3）5名からなるAグループ, 6名からなるBグループがある. Aグループから社長, 副社長を選び, Bグループから部長, 課長, 係長を選び出すとき, その方法は何通りあるか.

3. 次の各問に答えよ.

（1）8名のなかから代表3名を選ぶ方法は何通りあるか．

（2）9名のなかから代表4名を選ぶ方法は何通りあるか．

（3）8名のなかから代表2名を選ぶ方法は何通りあるか．

4．次の各問に答えよ．

（1）6名のメンバーから構成されるAグループ，5名のメンバーから構成されるBグループがあるとき，Aグループから代表3名，Bグループから代表2名選び出すとき，その方法は何通りあるか．

（2）ある劇団は男性5名，女性7名からなるが，ある劇で男性3名，女性4名出演させる．出演者の選び方は何通りあるか．

（3）5名のメンバーから構成されるAグループ，6名のメンバーから構成されるBグループがあるとき，Aグループから委員長と副委員長を各1名ずつ，Bグループから書記3名を選ぶとき，その方法は何通りあるか．

（4）4名のメンバーから構成されるAグループ，5名のメンバーから構成されるBグループがあるとき，Aグループから委員長と副委員長を各1名ずつ，Bグループから書記3名を選ぶとき，その方法は何通りあるか．

5．次の各問に答えよ．

（1）白い玉が5個，赤い玉が6個入った袋から玉を2個取り出すとき，2個とも白い玉である確率はいくらか．

（2）白い玉が5個，赤い玉が4個入った袋から玉を3個取り出すとき，すべて白い玉である確率はいくらか．

（3）白い玉が4個，赤い玉が5個入った袋から玉を5個取り出すとき，白2個，赤3個である確率はいくらか．

（4）赤い玉が4個，緑の玉が5個入った袋から玉を4個取り出すとき，赤，緑2個ずつである確率はいくらか．

2-3　確率に関する公式

一つの試行の2種類の事象A，Bに対し，A，Bがともに起こる事象をAとBの積事象といい，$A \cap B$とあらわす．また，AまたはBが起こる事象をAとBの和事象といい，$A \cup B$とあらわす．事象Aが起こらない事象をAの余事象といい，$\overline{A}$とあらわす．これらに対して以下の基本公式が成立する．

① $P(\Omega)=1$　② $P(A \cup B)=P(A)+P(B)-P(A \cap B)$　③ $P(\overline{A})=1-P(A)$

第3章　確率と統計　● 57

演習問題2.3

1．サイコロを投げてでる目を調べるとき，1または2の目がでる事象をA，
 4以下の目がでる事象をB，偶数の目がでる事象をCとするとき，次の確
 率を求めよ．

 （1）$P(A)$ （2）$P(B)$ （3）$P(C)$ （4）$P(\overline{A})$ （5）$P(\overline{B})$ （6）$P(\overline{C})$
 （7）$P(B \cap C)$ （8）$P(C \cap A)$ （9）$P(B \cup C)$ （10）$P(C \cup A)$

2．1から100までの数字が書かれたカードが入ったボックスから1枚取り出
 す．偶数のカードがでる事象をA，3の倍数がでる事象をB，5の倍数が
 でる事象をC，7の倍数がでる事象をDとするとき，次の確率を求めよ．

 （1）$P(B)$ （2）$P(C)$ （3）$P(D)$ （4）$P(\overline{B})$ （5）$P(\overline{C})$ （6）$P(\overline{D})$
 （7）$P(A \cap C)$ （8）$P(B \cap C)$ （9）$P(C \cap D)$ （10）$P(A \cup C)$
 （11）$P(B \cup C)$ （12）$P(C \cup D)$

3．A，Bをある試行の事象とするとき，指定された確率を求めよ．

 （1）$P(A)=0.5$，$P(B)=0.4$，$P(A \cap B)=0.15$ とするとき，$P(A \cup B)$.
 （2）$P(A)=0.43$，$P(B)=0.3$，$P(A \cap B)=0.1$ とするとき，$P(A \cup B)$.
 （3）$P(A)=0.35$，$P(B)=0.4$，$P(A \cup B)=0.6$ とするとき，$P(A \cap B)$.
 （4）$P(A)=0.55$，$P(B)=0.3$，$P(A \cup B)=0.76$ とするとき，$P(A \cap B)$.

2-4 条件付確率

　一つの試行の2種類の事象A，Bに対し，Aが起こったという条件のもとで，
Bが起こる確率を$P(B|A)$とあらわす．これを条件付確率という．

例.

サイコロを振る試行において，Aは偶数の目がでる事象，Bは6の目がでる
事象とすると，$P(A)=\dfrac{1}{2}$，$P(B)=\dfrac{1}{6}$．いま，サイコロを振ったら偶数の目が
でた．その目が6である確率はいくらか考える．これが上述の条件付確率
$P(B|A)$に相当する．すなわち，$P(B|A)=\dfrac{1}{3}$．

　条件付確率に対して一般に

$$P(B|A)=\frac{P(A \cap B)}{P(A)}$$

が成立する. もし,

$$P(A \cap B) = P(A)P(B)$$

が成立するならば, 事象 A と B は独立という. このとき,

$$P(B|A) = P(B), \quad P(A|B) = P(A)$$

が成立する. これは一方の事象が起こることが, もう一方の事象が起こるかどうかに関係しないことを意味する.

演習問題2.4

1. 箱のなかに数字 1 と書かれたボールが 30 個, 数字 2 と書かれたボールが 20 個入っている. 数字 1 と書かれたボールのうち白いボールは 18 個, 赤いボールは 12 個であり, 数字 2 と書かれたボールのうち白いボールは 6 個, 赤いボールは 14 個である. 次の各問に答えよ.

 (1) 箱からボールを 1 つ取り出したとき, 数字 1 と書かれたボールが取り出されたという条件のもとで, それが白いボールである確率を求めよ.

 (2) 箱からボールを 1 つ取り出したとき, 数字 2 と書かれたボールが取り出されたという条件のもとで, それが赤いボールである確率を求めよ.

 (3) 箱からボールを 1 つ取り出したとき, 白いボールが取り出されたという条件のもとで, それが数字 1 と書かれたボールである確率を求めよ.

 (4) 箱からボールを 1 つ取り出したとき, 赤いボールが取り出されたという条件のもとで, それが数字 2 と書かれたボールである確率を求めよ.

2. 1 から 100 までの数字が書かれたカードが入ったボックスがあり, 1 枚取り出す. 偶数のカードがでる事象を A, 奇数のカードがでる事象を B, 3 の倍数がでる事象を C, 5 の倍数がでる事象を D, 7 の倍数がでる事象を E とするとき, 次の条件付確率を求めよ.

 (1) $P(C|A)$　 (2) $P(A|C)$　 (3) $P(D|B)$　 (4) $P(C|E)$

3. ある会社ではある製品は 40% を A 社から, 30% を B 社から, 30% を C 社から納入している. A 社の製品の不良品率は 2%, B 社の製品の不良品率は 3%, C 社の製品の不良品率は 5% である.

 (1) 製品を任意に 1 個抽出したとき, それが不良品である確率.

 (2) 製品を任意に 1 個抽出したとき, それが A 社の不良品である確率.

 (3) 製品を任意に 1 個抽出したとき, それが B 社の不良品である確率.

 (4) 製品を任意に 1 個抽出したとき, それが C 社の不良品である確率.

（5）製品を任意に1個抽出したら不良品であった．それがA社の製品である確率．

（6）製品を任意に1個抽出したら不良品であった．それがB社の製品である確率．

（7）製品を任意に1個抽出したら不良品であった．それがC社の製品である確率．

2-5 反復試行に関する確率

ここではサイコロを繰り返し振る，あるいは，くじを繰り返し引く等の反復試行についての確率計算について考える．

例1．
サイコロを続けて2回振り，でる目を調べるとき1回目が偶数の目，2回目が5か6の目がでる確率は$\frac{1}{2} \times \frac{1}{3} = \frac{1}{6}$，1回目が6の目，2回目が1か2の目がでる確率は$\frac{1}{6} \times \frac{1}{3} = \frac{1}{18}$．

例2．
7本のくじのなかに当たりは2本ある．Aが最初に引き，次にBが引くとき，Aが当たり，Bが外れる確率について考える．これには2通りの実行方法がある．Aが一度引いたくじを元に戻さない，戻す場合に分けて考える必要がある．前者であれば求める確率は$\frac{2}{7} \times \frac{5}{6} = \frac{5}{21}$，後者であれば求める確率は$\frac{2}{7} \times \frac{5}{7} = \frac{10}{49}$となる．前者の反復試行方式を非復元試行，後者を復元試行という．

例3．
5本のくじのなかに当たりは2本ある．復元試行方式で考える．4回引き，1回当たる確率を求める．この場合，試行4回中1回当たるパターンは何回目に当たるかによって4通り存在するから，求める確率は

$$4 \times \frac{2}{5} \times \left(\frac{3}{5}\right)^3 = \frac{216}{625}$$

となる．次に4回引き，2回当たる確率を求める．この場合，試行4回中2回

当たるパターンは $_4C_2=6$ 通り存在するから，求める確率は

$$_4C_2 \times \left(\frac{2}{5}\right)^2 \left(\frac{3}{5}\right)^2 = \frac{216}{625}$$

となる．

演習問題2.5

1．サイコロを続けて3回投げてでる目を調べるとき次の確率を求めよ．
　（1）1回目が偶数の目，2回目が5か6の目，3回目が奇数の目がでる確率．
　（2）1回目が5か6の目，2回目が1か2の目，3回目が4の目がでる確率．
　（3）1回目が偶数の目，2回目が奇数の目，3回目が偶数の目がでる確率．

2．10本のくじのなかに当たりは3本ある．Aが最初に引き，次にBが引くとき次の確率を求めよ．
　（1）Aが引いたくじを元に戻さないとき，Aが当たり，Bが外れる確率．
　（2）Aが引いたくじを元に戻すとき，Aが当たり，Bが外れる確率．
　（3）Aが引いたくじを元に戻さないとき，Aが当たり，Bも当たる確率．
　（4）Aが引いたくじを元に戻すとき，Aが当たり，Bも当たる確率．

3．6本のくじのなかに当たりは2本あり，復元抽出法で複数回くじを引くとき次の確率を求めよ．
　（1）3回引き，当たり，外れ，当たりの順となる確率．
　（2）4回引き，当たり，当たり，外れ，外れの順となる確率．
　（3）3回引き，外れ，外れ，当たりの順となる確率．
　（4）5回引き，当たり，当たり，外れ，当たり，外れの順となる確率．

4．6本のくじのなかに当たりは2本あり，復元抽出法で複数回くじを引くとき次の確率を求めよ．
　（1）2回引き，1回だけ当たる確率．（2）3回引き，1回だけ当たる確率．
　（3）3回引き，2回だけ当たる確率．（4）4回引き，1回だけ当たる確率．
　（5）4回引き，2回だけ当たる確率．（6）5回引き，3回だけ当たる確率．

3．データの整理

3-1　度数分布表，累積度数分布表

　1節で述べたように，母数の値が不明な場合は得られたデータに基づき，推測する．この場合，得られたデータを集約し，特徴を考察する．本部分節では，データを集約方法について考える．データの集約にはグラフ，表が用いられる．データを集約するグラフとしてはヒストグラム等が代表的である．グラフは可視的にデータの特徴をあらわすものであるが，ここではデータを表に集約することに着目する．ここでは，まず1次元のデータに対する度数分布表，累積度数分布表について学ぶ．

例1．
20人の生徒が数学のテストを受けた．その結果は

$$57,\ 23,\ 64,\ 55,\ 68,\ 12,\ 62,\ 41,\ 70,\ 90,$$
$$15,\ 35,\ 72,\ 61,\ 53,\ 32,\ 69,\ 54,\ 77,\ 83$$

であった．表1は階級を0以上〜19以下，20以上〜39以下，40以上〜59以下，60以上〜79以下，80以上〜100以下とした度数分布表である．また，表2は累積度数分布表である．

表1

級	度数	相対度数
0〜19	2	0.1
20〜39	3	0.15
40〜59	5	0.25
60〜79	8	0.4
80〜100	2	0.1
計	20	1

表2

級代表値	累積度数	累積相対度数
10	2	0.1
30	5	0.25
50	10	0.5
70	18	0.9
90	20	1

表1において，たとえば級0〜19での度数とはテストの点が0点から19点までの生徒の人数であり，相対度数は，その級の度数の全人数に対する割合をあらわす．すなわち，$\dfrac{2}{20} = 0.1$．累積度数分布表において級代表値は対応する度

数分布表の級のなかの一つの値を選定する．たとえば，級の中央値が適切である．しかし上記において級 0 ～ 19 の中央値は 9.5 であり，小数であるため表示としてあまり適切でなく，ここでは 10 を採用している．また，累積度数とはたとえば，級代表値 30 の場合は度数分布表の 2 つの級 0 ～ 19 と 20 ～ 39 の度数の和である．

演習問題3.1

1．20 人の生徒が英語のテストを受けた．その結果は

$$43, \ 66, \ 36, \ 75, \ 10, \ 70, \ 29, \ 74, \ 8, \ 82,$$
$$64, \ 45, \ 22, \ 94, \ 51, \ 31, \ 48, \ 58, \ 56, \ 63$$

であった．階級を 0 以上 ～ 19 以下，20 以上 ～ 39 以下，40 以上 ～ 59 以下，60 以上 ～ 79 以下，80 以上 ～ 100 以下とし，

（1）度数と相対度数を求めた度数分布表を作成せよ．

（2）累積度数と累積相対度数を求めた累積度数分布表を作成せよ．

2．与えられた累積度数分布表は 60 人の生徒が数学のテストを受けた結果を，級 0 ～ 19 点，20 ～ 39 点，…，80 ～ 100 点としてあらわしたものである．次の各問に答えよ．

（1）表を満たせ．

（2）度数分布表を作成せよ．

（3）40 点未満の生徒は何人いるか．

（4）20 点以上 60 点未満の生徒は何人いるか．

（5）60 点以上の生徒は何人いるか．

級代表値	累積度数	累積相対度数
10		0.1
30	15	
50		0.45
70	51	
90	60	1

（6）40 点以上 80 点未満の生徒は何人いるか．

（7）40 点以上の生徒数の相対度数を求めよ．

（8）20 点以上 80 点未満の生徒数の相対度数を求めよ．

（9）20 点以上 60 点未満の生徒数の相対度数を求めよ．

3-2 標本代表値

本部分節ではグラフ，表とは別の観点で標本の特徴をあらわす標本代表値について議論する．後の節で述べるが，標本を互いに独立な確率変数の組とみなすときは，これら標本代表値は推定あるいは仮説検定に用いられる統計量となる．

まずは1次元データを考える．標本を $X_1, X_2, \cdots, X_n$ とするとき，

（1）標本中央値

$X_1, X_2, \cdots, X_n$ を大きさ順に並べて丁度中央に位置する値を意味する．

例．

（1）43，64，61，43，60，66，71を標本とすると，これらを大きさ順に並べ，中央に位置するものは大きさで4番目の64ゆえ，標本中央値は64である．

（2）66，61，43，60，69，71を標本とすると，これらを大きさ順に並べて丁度中央に位置するものは存在しないが，この場合は3番目の61と4番目の66の相加平均である63.5を標本中央値とする．

（2）標本平均値

$X_1, X_2, \cdots, X_n$ の平均値，すなわち総和を標本数で割ったものを意味する．数式であらわすと，

$$\overline{X} = \frac{X_1 + X_2 + \cdots + X_n}{n}.$$

以後は簡略のため和はシグマ記号で

$$\overline{X} = \frac{X_1 + X_2 + \cdots + X_n}{n} = \frac{1}{n}\sum_{i=1}^{n} X_i$$

とあらわす．

（3）標本分散

各データと標本平均との差の2乗の平均値を意味する．数式であらわすと，

$$S^2 = \frac{1}{n}\sum_{i=1}^{n}\left(X_i - \overline{X}\right)^2$$

これは標本の値のばらつきをあらわすものである．また，以下の式が成立することが示される．

$$S^2 = \frac{1}{n}\sum_{i=1}^{n} X_i^2 - \overline{X}^2$$

64

（4）標本標準偏差

標本分散の平方根である．すなわち，$S = \sqrt{S^2}$．

（5）標本相関係数

次に2次元データを考える．これはたとえば人間を身長，体重で評価する場合等である．(X_1, Y_1)，(X_2, Y_2), ..., (X_n, Y_n) を2次元データからなる標本とする．この場合もそれぞれについて標本平均，標本標準偏差を考える．すなわち，

標本平均：$\overline{X} = \dfrac{1}{n}\sum_{i=1}^{n}X_i$，$\overline{Y} = \dfrac{1}{n}\sum_{i=1}^{n}Y_i$

標本標準偏差：$S_X = \sqrt{\dfrac{1}{n}\sum_{i=1}^{n}\left(X_i - \overline{X}\right)^2}$，$S_Y = \sqrt{\dfrac{1}{n}\sum_{i=1}^{n}\left(Y_i - \overline{Y}\right)^2}$

さらに，

$$S_{XY} = \frac{1}{n}\sum_{i=1}^{n}\left(X_i - \overline{X}\right)\left(Y_i - \overline{Y}\right)$$

を標本共分散，

$$r = \frac{S_{XY}}{S_X S_Y}$$

を標本相関係数という．

演習問題3.2

1．次のデータの標本中央値を求めよ．

（1）58，40，76，56，83，90，75，47，56

（2）75，76，42，37，68，70，58，40，72，56，83

（3）67，58，65，55，32，77，50，80

（4）80，73，64，72，61，89，93，71，67，78

2．次のデータの標本平均値，標本分散，標本標準偏差を求めよ．

（1）4，7，6，3，5　（2）9，14，11，8，13，5

3．以下は4人の学生の数学と物理の点数のデータである．次の各問に答えよ．

$$(74, 71), (70, 68), (72, 71), (68, 70)$$

（1）数学の標本平均を求めよ．（2）物理の標本平均を求めよ．

（3）数学の標本分散を求めよ．（4）物理の標本分散を求めよ．

第3章　確率と統計 ● 65

（5）数学と物理の標本共分散を求めよ．

（6）数学と物理の標本相関係数を求めよ．

4．確率分布

4-1 確率変数

　試行の結果起こる事象が数値によりあらわされる場合，その数値は事象が異なれば，それに伴い，異なる値を取るから変数とみなすことができる．これを確率変数とよび，通常，X，Y等のアルファベットの大文字によりあらわす．たとえば，サイコロを振り，でる目をXとおくと，Xは一つの確率変数である．このとき，Xが取り得る値は1，2，3，4，5，6であるが，これらは連続しない離散的な値である．それに対して，確率変数がたとえば人間の身長のような連続的な値を取る場合もある．本節はXが離散的な値を取る場合，連続的な値を取る場合に分けて考える．

4-2 離散型確率分布

　前部分節であげたサイコロを振り，でる目をXとして定まる確率変数では取り得る値は1，2，3，4，5，6，対応する確率は

$$P(X=k)=\frac{1}{6} \quad (k=1, 2, ..., 6)$$

となるが，確率変数の取り得る値とそれに対応する確率の値を併せて，その確率変数の確率分布という．

　いま，Xを任意の離散型確率変数とし，取り得る値は$x_1, x_2, \cdots x_n$と仮定するとき，和

$$E(X)=\sum_{i=1}^{n} x_i P(X=x_i)$$

をXの期待値または平均値という．（Xの取り得る値が無限個の場合も同様に定義されるが，その場合は期待値も無限和としてあらわされる．）より一般的に$\varphi(X)$をXの任意の関数とするとき，$\varphi(X)$の期待値を

$$E(\varphi(X))=\sum_{i=1}^{n} \varphi(x_i) P(X=x_i)$$

66

と定義する.

いま，$\mu = E(X)$ とおくとき，$(X-\mu)^2$ の期待値，すなわち

$$V(X) = E\big((X-\mu)^2\big)$$

を X の分散といい，$D(X) = \sqrt{V(X)}$ を標準偏差という．このとき，

$$V(X) = E(X^2) - E(X)^2$$

が成り立つ．一般に，定数 a，b に対し，

$$E(aX+b) = aE(X)+b, \quad V(aX+b) = a^2 V(X), \quad D(aX+b) = |a|D(X)$$

が成り立つ.

二項分布

ある試行において，事象 A が起こる確率は p であるとする．この試行を n 回繰り返すとき，このうち A が起こる回数を X とおくと，これは確率変数である．このとき，X の取り得る値は $X = 0, 1, 2, \cdots, n$ であり，

$$P(X=k) = {}_n C_k \, p^k (1-p)^{n-k} \qquad k = 0, 1, 2, \cdots, n.$$

この確率分布を二項分布といい，$B(n, p)$ とあらわす．このことを $X \sim B(n, p)$ とあらわす．このとき，

$$E(X) = np, \quad V(X) = np(1-p), \quad D(X) = \sqrt{np(1-p)}$$

が成立することが知られている.

演習問題4.2

1．確率変数 X はサイコロのでる目をあらわすとする．次の確率を求めよ.

（1）　$P(X=3)$　　　　（2）　$P(X=8)$　　　　（3）　$P(X \leq 2)$

（4）　$P(2 \leq X \leq 4)$　　　（5）　$P(X=6)$　　　（6）　$P(3 \leq X)$

2．くじが1000本ある．賞金が10000円の当たりくじは10本，賞金が5000円の当たりくじは20本，賞金が2000円の当たりくじは50本，賞金が1000円の当たりくじは100本，他はすべて外れで賞金なしである．確率変数 X は，このくじを1本引くときの賞金の金額をあらわすとする．次の確率を求めよ.

第3章　確率と統計 ● 67

（1）　$P(X=10000)$　　　（2）　$P(X=5000)$　　　（3）　$P(X=3000)$

（4）　$P(X=2000)$　　　（5）　$P(X=1000)$　　　（6）　$P(X=0)$

3．次の確率分布表に対し，確率変数 X の期待値 $E[X]$，分散 $V[X]$，標準偏差 $D[X]$ を求めよ．

（1）

x	10	20	30
$P(X=x)$	0.3	0.4	0.3

（2）

x	10	20	30
$P(X=x)$	0.2	0.3	0.5

4．次の各問に答えよ．

（1）くじが100本ある．賞金が100円の当たりくじは5本，賞金が50円の当たりくじは10本，賞金が20円の当たりくじは20本，他はすべて外れで賞金なしである．このくじを1本引くときの賞金の期待値，分散，標準偏差を求めよ．

（2）くじが100本ある．賞金が200円の当たりくじは2本，賞金が100円の当たりくじは5本，賞金が10円の当たりくじは20本，他はすべて外れで賞金なしである．このくじを1本引くときの賞金の期待値，分散，標準偏差を求めよ．

5．$X \sim B\left(5, \dfrac{1}{3}\right)$ であるとき，次の確率を求めよ．

（1）　$P(X=2)$　　　（2）　$P(X=0)$　　　（3）　$P(X=5)$

6．$X \sim B\left(4, \dfrac{1}{4}\right)$ であるとき，次の確率を求めよ．

（1）　$P(X=2)$　　　（2）　$P(X=1)$　　　（3）　$P(X=3)$

7．次の各問に答えよ．

（1）当たる確率が $\dfrac{1}{3}$ であるくじ引きがあり，続けて6回引く．このとき当たる回数を X とするとき，期待値 $E(X)$，分散 $V(X)$，標準偏差 $D(X)$ を求めよ．

（2）当たる確率が $\dfrac{1}{4}$ であるくじ引きがあり，続けて5回引く．このとき当たる回数を X とするとき，期待値 $E(X)$，分散 $V(X)$，標準偏差 $D(X)$ を求めよ．

4-3　連続型確率分布

確率変数 X が連続的な値を取る場合を考える．確率 $P(a \leq X \leq b)$ がある関数 $f(x)$ の範囲 $a \leq X \leq b$ での定積分，すなわち

$$P(a \leq X \leq b) = \int_a^b f(x)dx$$

とあらわされるとき，$f(x)$ を X の確率密度関数という．この場合，X の取り得る値の範囲と $f(x)$ を併せて，X の確率分布という．

$$E(X) = \int_{-\infty}^{\infty} xf(x)dx$$

を X の期待値または平均値という．（この場合，X の取り得る値の範囲は全範囲 $-\infty < X < \infty$ と仮定している．たとえば，X の取り得る値の範囲が $0 < X < \infty$ ならば，

$$E(X) = \int_0^{\infty} xf(x)dx$$

となる．以下の $V(X)$ 等の定義についても同様である．）より一般的に $\varphi(X)$ を X の任意の関数とするとき，$\varphi(X)$ の期待値を

$$E\big(\varphi(X)\big) = \int_{-\infty}^{\infty} \varphi(x)f(x)dx$$

と定義する．

いま，$\mu = E(X)$ とおくとき，$(X-\mu)^2$ の期待値，すなわち

$$V(X) = E\big((X-\mu)^2\big) = \int_0^{\infty} (x-\mu)^2 f(x)dx$$

を X の分散といい，$D(X) = \sqrt{V(X)}$ を標準偏差という．このとき，

$$V(X) = E(X^2) - E(X)^2$$

が成り立つ．一般に，定数 a, b に対し，

$$E(aX+b) = aE(X)+b, \quad V(aX+b) = a^2 V(X), \quad D(aX+b) = |a|D(X)$$

が成り立つ．

いま，確率変数 X の取り得る値の範囲は全範囲 $-\infty < X < \infty$ と仮定し，X の確率密度関数が

$$f(x) = \frac{1}{\sqrt{2\pi}\,\sigma} e^{-\frac{(x-\mu)^2}{2\sigma^2}}$$

により与えられるとき，この確率分布を正規分布といい，$N(\mu, \sigma^2)$ とあらわす．このことを $X \sim N(\mu, \sigma^2)$ とあらわす．ただし，μ は定数，σ は正の定数とする．また，e はネイピアの数とよばれるものである．詳しくは微積分関連の書物を参考にすべきであるが，数列の極限として，

$$e = \lim_{n \to \infty}\left(1 + \frac{1}{n}\right)^n = 2.71828\cdots\cdots$$

とあらわされる無理数である．このとき，

$$E(X) = \mu, \quad V(X) = \sigma^2$$

となる．また，$\mu = 0$，$\sigma = 1$ であるとき，$N(0, 1)$ を標準正規分布という．

　連続型確率分布では確率計算で定積分を計算する必要が生ずる．しかし，$N(0, 1)$ に関連する確率は定積分を計算しなくても付表から計算が可能である．すなわち，$X \sim N(0, 1)$ とするとき，正の定数 z に対して確率 $P(X \le z)$ は付表から求めることができる．本章では章末に付表を与えている．例．$P(X \le 1.52) = 0.936$

　一般の $N(\mu, \sigma^2)$ に対する確率は，この付表から直接に読み取ることはできない．しかし $X \sim N(\mu, \sigma^2)$ であるとき，$\dfrac{X-\mu}{\sigma}$ の確率分布が $N(0, 1)$ であることが知られている．すなわち，$\dfrac{X-\mu}{\sigma} \sim N(0, 1)$．よって，$X \sim N(\mu, \sigma^2)$ であるとき，

$$P(X \le z) = P\left(\frac{X-\mu}{\sigma} \le \frac{z-\mu}{\sigma}\right)$$

となるゆえ，値 $\dfrac{z-\mu}{\sigma}$ より付表から確率 $P(X \le z)$ の値を求めることができる．

　次に確率変数の取り得る値の範囲は全範囲 $-\infty < T < \infty$ と仮定し，T の確率密度関数が

$$f(t) = \frac{\Gamma\big((k+1)/2\big)}{\sqrt{\pi k}\,\Gamma(k/2)}\big(1 + t^2/k\big)^{-(k+1)/2}$$

により与えられるとき，T の確率分布を自由度 k の t 分布といい，t_k とあらわす．このことを，$T \sim t_k$ とあらわす．ここで，k は 3 以上の自然数，$\Gamma(\bullet)$ は

ガンマ関数をあらわす．（ガンマ関数については微積分関連のテキストを参照せよ．）このとき，

$$E(T) = 0, \quad V(T) = \frac{k}{k-2}$$

となることが知られている．t_k に関連する確率も部分的に付表化されており，区間推定，検定に利用される．本章では章末に付表を与えている．

演習問題4.3

1．$X \sim N(0, 1)$ とする．次の確率を求めよ．

（1）　$P(X \leq 2.12)$ 　　（2）　$P(X \leq 0.51)$ 　　（3）　$P(X \leq 1.29)$

（4）　$P(X \leq 1.55)$ 　　（5）　$P(1.85 \leq X)$ 　　（6）　$P(2.03 \leq X)$

（7）　$P(1.65 \leq X)$ 　　（8）　$P(2.08 \leq X)$

2．次の確率を求めよ．

（1）　$X \sim N(30, 5^2)$ のとき，$P(X \leq 37.7)$

（2）　$X \sim N(50, 4^2)$ のとき，$P(X \leq 54.4)$

3．1000人がある試験を受け，平均点は65点（100点満点），標準偏差は10点（すなわち分散は $10^2 = 100$）であった．点数の分布はほぼ正規分布に従うと仮定できるとき，次の各問に答えよ．ただし，小数点以下は四捨五入せよ．

（1）80点は上位からほぼ何位の点数と判断できるか．

（2）68点は上位からほぼ何位の点数と判断できるか．

4．ある雑誌は発売から売り切れるまでの日数が $N(10, 4^2)$ に従うといわれているとき，次の各問に答えよ．

（1）発売から2週間以内に売り切れる確率を求めよ．

（2）発売から12日以内に売り切れる確率を求めよ．

5．T は自由度20の t 分布 t_{20} の確率変数とする．次の確率式を満たす u の値を求めよ．

（1）　$P(u \leq T) = 0.050$ 　　（2）　$P(u \leq T) = 0.025$

（3）　$P(T \leq u) = 0.990$ 　　（4）　$P(-u \leq T \leq u) = 0.990$

6．T は自由度15の t 分布 t_{15} の確率変数とする．次の確率式を満たす u の値を求めよ．

（1）　$P(-u \leq T \leq u) = 0.950$ 　　　　（2）　$P(T \leq u) = 0.950$

第3章　確率と統計 ● 71

（3） $P(u \leq T) = 0.005$　　　　　　（4） $P(u \leq T) = 0.010$

5．多変数確率分布

　試行の結果起こる事象が複数個の数値によりあらわされる場合を考える．すなわち，事象に複数個の確率変数が対応する場合である．この場合，事象に対応する数値の個数により状況は異なってくるが，ここではもっとも簡単な数値が2個の場合を考える．この場合も対応する確率変数が離散的あるいは連続的な値を取るかによって分けて議論する．

5-1　離散型

　ある試行の事象が離散的な値を取る2個の確率変数の組 (X, Y) によりあらわされるとする．取り得る値 $X = x_1, x_2, ..., x_m$, $Y = y_1, y_2, ..., y_n$, および対応する同時確率

$$P(X = x_i, Y = y_j) \quad \begin{cases} i = 1, 2, ..., m \\ j = 1, 2, ..., n \end{cases}$$

を併せて (X, Y) の2変数確率分布とよぶ．X だけで考えると，取り得る値は $X = x_1, x_2, ..., x_m$, 対応する確率は

$$P(X = x_i) = \sum_{j=1}^{n} P(X = x_i, Y = y_j) \quad i = 1, 2, ..., m$$

これを X の周辺確率分布という．同様に Y の周辺確率分布は

$$Y = y_1, y_2, ..., y_n, \quad P(Y = y_i) = \sum_{i=1}^{m} P(X = x_i, Y = y_i) \quad j = 1, 2, ..., n.$$

これらの周辺確率分布により $E(X)$, $V(X)$, $D(X)$, $E(Y)$, $V(Y)$, $D(Y)$ が定まる．

　一方，X, Y の関数 $\varphi(X, Y)$ に対し，$\varphi(X, Y)$ の期待値を

$$E(\varphi(X, Y)) = \sum_{i=1}^{m} \sum_{j=1}^{n} \varphi(x_i, y_i) P(X = x_i, Y = y_j)$$

により定義する．$\mu_x = E(X)$, $\mu_y = E(Y)$ とするとき，

$$Cov(X, Y) = E((X - \mu_x)(Y - \mu_y))$$

を X と Y の共分散という．このとき，

$$Cov(X,Y) = E(XY) - E(X)E(Y).$$

が成立する．さらに，

$$\rho(X,Y) = \frac{Cov(X,Y)}{D(X)D(Y)}$$

を X と Y の相関係数という．このとき，$-1 < \rho(X,Y) < 1$.

前提として Y の値が $Y = y_j$ と与えられたとき $X = x_i$ となる条件付確率は

$$P(X = x_i | Y = y_j) = \frac{P(X = x_i, Y = y_j)}{P(Y = y_j)}$$

により与えられる．

もし，任意の場合において，

$$P(X = x_i, Y = y_j) = P(X = x_i)P(Y = y_j)$$

が成立するとき，X と Y は独立であるという．このとき，

$$P(X = x_i | Y = y_j) = \frac{P(X = x_i, Y = Y_j)}{P(Y = y_j)} = P(X = x_i)$$

が成立し，X の確率分布は Y の確率分布に影響しない．（逆も同様．）X と Y が独立ならば，

$$E(XY) = E(X)E(Y)$$

が成立し，$Cov(X,Y) = E(XY) - E(X)E(Y) = 0$ となる．すなわち，$\rho(X,Y) = 0$. 相関係数 $\rho(X,Y)$ は X と Y の相関性の尺度として用いられる．

演習問題5.1

1．離散型確率変数 X, Y の同時確率分布が表のように与えられているとき，
次の各問いに答えよ．

（1）$E(X)$, $V(X)$ を求めよ．

（2）$E(Y)$, $V(Y)$ を求めよ．

（3）$E(XY)$ を求めよ．

（4）$Cov(X,Y)$ を求めよ．

（5）$\rho(X,Y)$ を求めよ．

$X\backslash Y$	10	20	30
20	0.1	0.15	0.15
40	0.25	0.15	0.2

第3章　確率と統計 ● 73

5-2 連続型

2つの連続型確率変数 X, Y に対し，ある2変数関数 $f(x, y)$ が対応し，

$$P\left(a \leq X \leq b, c \leq y \leq d\right) = \int_c^d \int_a^b f(x, y) dx dy$$

となるとき，$f(x, y)$ を (X, Y) の同時確率密度関数という．X, Y の取り得る値，および同時確率密度関数を併せて (X, Y) の2変数同時確率分布とよぶ．このとき，

$$f_1(x) = \int_{-\infty}^{\infty} f(x, y) dy, \quad f_2(y) = \int_{-\infty}^{\infty} f(x, y) dx$$

とおくと，

$$P\left(a \leq X \leq b\right) = P\left(a \leq X \leq b, -\infty \leq y \leq \infty\right)$$
$$= \int_a^b \int_{-\infty}^{\infty} f(x, y) dy dx = \int_a^b f_1(x) dx$$

同様に

$$P\left(c \leq Y \leq d\right) = \int_c^d f_2(y) dy$$

となるから，$f_1(x)$ は X の確率密度関数であり，$f_2(y)$ は Y の確率密度関数である．このようにして定まる X, Y それぞれの確率分布を周辺確率分布と呼ぶ．これらの周辺確率分布により $E(X)$, $V(X)$, $D(X)$, $E(Y)$, $V(Y)$, $D(Y)$ が定まる．

一方，X, Y の関数 $\varphi(X, Y)$ に対し，$\varphi(X, Y)$ の期待値を

$$E\left(\varphi(X, Y)\right) = \int_{-\infty}^{\infty} \int_{-\infty}^{\infty} \varphi(x, y) f(x, y) dy dx$$

$\mu_x = E(X)$, $\mu_y = E(Y)$ とするとき，

$$Cov(X, Y) = E\left(\left(X - \mu_x\right)\left(Y - \mu_y\right)\right)$$

を X と Y の共分散という．計算により

$$Cov(X, Y) = E(XY) - \mu_x \mu_y = E(XY) - E(X)E(Y).$$

さらに，

$$\rho(X,Y) = \frac{Cov(X,Y)}{D(X)D(Y)}$$

を X と Y の相関係数という．このとき，$-1 < \rho(X,Y) < 1$.

前提条件 $c \le Y \le d$ のもとで，$a \le X \le b$ となる条件付確率は

$$P\big(a \le X \le b \big| c \le Y \le d\big) = \frac{P\big(a \le X \le b, c \le Y \le d\big)}{P\big(c \le Y \le d\big)} = \frac{\displaystyle\int_c^d \int_a^b f(x,y)dxdy}{\displaystyle\int_c^d f_2(y)dy}$$

により与えられる．

　もし，X と Y の同時密度関数がそれぞれの周辺密度関数の積となるならば，X と Y は独立であるという．このとき，$f(x,y) = f_1(x)f_2(y)$ より，

$$P\big(a \le X \le b, c \le y \le d\big) = \int_a^b f_1(x)dx \int_c^d f_2(y)dy$$
$$= P\big(a \le X \le b\big)P\big(c \le Y \le d\big)$$

このとき，

$$P\big(a \le X \le b \mid c \le Y \le d\big) = \frac{P\big(a \le X \le b, c \le Y \le d\big)}{P\big(c \le Y \le d\big)} = P\big(a \le X \le b\big)$$

が成立し，X の確率分布は Y の確率分布に影響しない．（逆も同様．）X と Y が独立ならば，

$$E(XY) = E(X)E(Y)$$

となり，$Cov(X,Y) = E(XY) - E(X)E(Y) = 0$ となる．すなわち，$\rho(X,Y) = 0$.
相関係数 $\rho(X,Y)$ は X と Y の相関性の尺度として用いられる．

6．標本分布

　複数個の確率変数の関数を統計量とよぶ．（統計量の値も事象により定まることから一つの確率変数といえる．）3節では標本と標本代表値について学んだ．標本を互いに独立な確率変数の組と考えるとき，標本代表値は統計量である．ここでは，統計量の例を2個あげ，その確率分布について考える．これを標本分布とよぶ．ここでは事実の紹介のみで数学的証明は与えない．ここではデータは連続的な値を取ると仮定する．

第3章　確率と統計 ● 75

$X_1, X_2, ..., X_n$ を母集団 $N(\mu, \sigma^2)$ からの標本とする.

$$\overline{X} = \frac{1}{n}\sum_{i=1}^{n}X_i, \quad S = \sqrt{\frac{1}{n}\sum_{i=1}^{n}\left(X_i - \overline{X}\right)^2}$$

は，それぞれ標本平均，標本標準偏差であった. $X_1, X_2, ..., X_n$ をいずれも $N(\mu, \sigma^2)$ に従う互いに独立な確率変数とみなすとき，統計量

$$T = \frac{\sqrt{n-1}\left(\overline{X} - \mu\right)}{S}$$

は自由度 $n-1$ の t 分布に従うことが知られている.

次に (X, Y) は2変数確率分布に従うと仮定し，周辺確率分布として，各確率変数は正規分布に従うと仮定する. (X_1, Y_1), (X_2, Y_2), ..., (X_n, Y_n) を標本とする. このとき，3節で定義したように r を標本相関係数とすると，もし X と Y が独立ならば，統計量

$$T = \frac{\sqrt{n-2}\,r}{\sqrt{1-r^2}}$$

は自由度 $n-2$ の t 分布に従うことが知られている.

7. 区間推定

$X \sim N(\mu, \sigma^2)$ と仮定する. μ の値が未知であるとき，標本 $X_1, X_2, ..., X_n$ を用いて μ の値を推定する. ここでは区間推定を考える. 前節で学んだように

$$T = \frac{\sqrt{n-1}\left(\overline{X} - \mu\right)}{S} \sim t_{n-1}.$$

ここでは，標本数 n を具体的に指定した方がわかりやすいため，たとえば，$n=15$ とすると，自由度は $n-1=14$ となる. よって付表より

$$P\left(-2.15 \leq T \leq 2.15\right) = 0.950$$

これは

$$P\left(\overline{X} - 2.15\frac{S}{\sqrt{14}} \leq \mu \leq \overline{X} + 2.15\frac{S}{\sqrt{14}}\right) = 0.950$$

と変形される. これは未知である μ の値が区間

$$\left[\overline{X} - 2.15\frac{S}{\sqrt{14}}, \overline{X} + 2.15\frac{S}{\sqrt{14}}\right]$$

に含まれる確率が95%であることを意味する．この区間を μ の値の95%両側信頼区間とよぶ．また，

$$P(T \leq 1.76) = 0.950, \quad \text{あるいは，} \quad P(-1.76 \leq T) = 0.950$$

より

$$P\left(\overline{X} - 1.76\frac{S}{\sqrt{14}} \leq \mu\right) = 0.950, \quad \text{あるいは，}$$

$$P\left(\mu \leq \overline{X} + 1.76\frac{S}{\sqrt{14}}\right) = 0.950$$

を得る．これらは，μ の値が区間

$$\left[\overline{X} - 1.76\frac{S}{\sqrt{14}}, \infty\right], \quad \left(-\infty, \overline{X} + 1.76\frac{S}{\sqrt{14}}\right)$$

に含まれる確率が95%であることを意味する．これらの区間をそれぞれ μ の値の95%上側信頼区間，95%下側信頼区間とよぶ．ここで，2.15，1.76の替わりに2.98，2.62を用いると，95%から99%となり，信頼度が増す．

演習問題7.

1．正規母集団 $N(\mu, \sigma^2)$ より26個のデータを得，平均65.20，標本標準偏差5.00であった．μ の値に対して以下の信頼区間を求めよ．

（1）95%両側信頼区間　（2）95%上側信頼区間

2．正規母集団 $N(\mu, \sigma^2)$ より17個のデータを得，平均71.50，標本標準偏差8.00であった．μ の値に対して以下の信頼区間を求めよ．

（1）95%両側信頼区間　（2）95%下側信頼区間

8．仮説検定

$X \sim N(\mu, \sigma^2)$ と仮定する．μ の値が不明であるとき，μ の値について仮説を設定し，標本 $X_1, X_2, ..., X_n$ を用いて，その真偽を判定する．ここでは μ がある値 μ_0 と差があるかどうかを興味の対象とし，2種類の仮説

第3章　確率と統計 ● 77

$$H_0 : \mu = \mu_0 \quad \text{vs.} \quad H_1 : \mu \neq \mu_0$$

を設定する．ここで，H_0 を帰無仮説，H_1 を H_0 の対立仮説とよぶ．ここでは，標本数 n を具体的に指定した方がわかりやすいため，前節同様に $n=15$ とする．μ が μ_0 と差がないならば，

$$\frac{\sqrt{14}\left(\overline{X} - \mu_0\right)}{S} \sim t_{14}$$

より

$$P\left(-2.15 \leq \frac{\sqrt{14}\left(\overline{X} - \mu_0\right)}{S} \leq 2.15\right) = 0.95$$

この考えに基づき，以下のように判定する．

Case 1. $-2.15 \leq \dfrac{\sqrt{14}\left(\overline{X} - \mu_0\right)}{S} \leq 2.15$ ならば，μ は μ_0 と差があるとはいえないと判定し，H_0 を棄却しない．

Case 2. $\dfrac{\sqrt{14}\left(\overline{X} - \mu_0\right)}{S} < -2.15$ または $2.15 < \dfrac{\sqrt{14}\left(\overline{X} - \mu_0\right)}{S}$ ならば，μ は μ_0 と差があると判定し，H_0 を棄却する．

この場合，H_0 を棄却すべきでないにもかかわらず，誤判断により H_0 を棄却する確率は 5 ％であり，この確率を検定の有意水準，あるいは第 1 種の過誤の確率とよぶ．（他方，H_0 を棄却すべきにもかかわらず，H_0 を棄却しない確率を第 2 種の過誤の確率とよぶ.）

この判定方式を有意水準 5 ％の両側検定法という．

次に μ がある値 μ_0 より小さくないことが前提として明白な場合，μ が μ_0 より大きいかどうかを興味の対象とする場合は

$$H_0 : \mu = \mu_0 \quad \text{vs.} \quad H_1 : \mu > \mu_0$$

と設定する．再び，$n=15$ とする．μ が μ_0 より大きくない（すなわち差がない）ならば，

$$P\left(\frac{\sqrt{14}\left(\overline{X} - \mu_0\right)}{S} \leq 1.76\right) = 0.95$$

この考えに基づき，以下のように判定する．

Case 1. $\dfrac{\sqrt{14}\left(\overline{X}-\mu_0\right)}{S} \leq 1.76$ ならば，μ は μ_0 より大きいとはいえないと判定し，H_0 を棄却しない．

Case 2. $1.761 < \dfrac{\sqrt{14}\left(\overline{X}-\mu_0\right)}{S}$ ならば，μ は μ_0 より大きいと判定し，H_0 を棄却する．

この判定方式を有意水準 5％の上側検定法という．

次に μ がある値 μ_0 より大きくないことが前提として明白な場合，μ が μ_0 より小さいかどうかを興味の対象とする場合は

$$H_0 : \mu = \mu_0 \quad \text{vs.} \quad H_1 : \mu < \mu_0$$

と設定する．$n = 15$ とすると，μ が μ_0 より差がないならば（小さくないならば），

$$P\left(-1.76 \leq \dfrac{\sqrt{14}\left(\overline{X}-\mu_0\right)}{S}\right) = 0.95$$

この考えに基づき，以下のように判定する．

Case 1. $-1.76 \leq \dfrac{\sqrt{14}\left(\overline{X}-\mu_0\right)}{S}$ ならば，μ は μ_0 小さいとはいえないと判定し，H_0 を棄却しない．

Case 2. $\dfrac{\sqrt{14}\left(\overline{X}-\mu_0\right)}{S} < -1.76$ ならば，μ は μ_0 小さいと考え，H_0 を棄却する．

この判定方式を有意水準 5％の下側検定法という．上側検定法と下側検定法を併せて片側検定法とよぶ．

次に (X, Y) は 2 変数確率分布に従うと仮定し，周辺確率分布として，それぞれ正規分布に従うと仮定する．X と Y が独立かどうか（すなわち相関がないかどうか）不明であるとき，ρ を X と Y の相関係数とし，帰無仮説と対立仮説を

第3章　確率と統計 ● 79

$$H_0 : \rho = 0 \quad \text{vs.} \quad H_1 : \rho \neq 0$$

と設定し，標本 (X_1, Y_1)，(X_2, Y_2)，…，(X_n, Y_n) を用いて，その真偽を判定する．このとき，6節で議論した標本相関係数 r を用いた統計量

$$T = \frac{\sqrt{n-2}\, r}{\sqrt{1-r^2}}$$

を用いる．$n = 15$ とする．以下のように判定する．

Case 1. $-2.16 \leq T \leq 2.16$ ならば，X と Y は相関がないと判定し，H_0 を棄却しない．

Case 2. $T < -2.16$，または $2.16 < T$ ならば，X と Y は相関があると判定し，H_0 を棄却する．

演習問題8.

1．昨年度，全国一斉に実施したある数学のテストは全国平均が 70.50 点であった．今年，無作為に選んだ 17 人に，このテストを受けさせ，標本平均72.30 点，標本標準偏差 4.00 点であった．点数の分布は，ほぼ正規分布に従うと仮定して今年の全国平均点は昨年の全国平均点と差があるかどうかを有意水準 5 ％で検定せよ．

2．昨年度，全国一斉に実施したある英語のテストは全国平均が 65.5 点であった．今年，無作為に選んだ 26 人に，このテストを受けさせ，標本平均 69.80点，標本標準偏差 10.00 点であった．点数の分布は，ほぼ正規分布に従うと仮定して今年の全国平均点は昨年の全国平均点と差があるかどうかを有意水準 5 ％で検定せよ．

3．昨年度，全国一斉に実施したある数学のテストは全国平均が 70.50 点であった．今年，無作為に選んだ 10 人に，このテストを受けさせ，標本平均74.40 点，標本標準偏差 6.00 点であった．点数の分布は，ほぼ正規分布に従うと仮定して今年の全国平均点は昨年の全国平均点より高いかどうかを有意水準 5 ％で検定せよ．

4．昨年度，全国一斉に実施したある英語のテストは全国平均が 65.50 点であった．今年，無作為に選んだ 26 人に，このテストを受けさせ，標本平均62.10 点，標本標準偏差 10.00 点であった．点数の分布は，ほぼ正規分布に従うと仮定して今年の全国平均点は昨年の全国平均点より低いかどうかを有

意水準5％で検定せよ.

5．2種類のテストがあり，それぞれの点数の分布は経験的に正規分布に従う
ことが知られている．以下の各々の場合に2種類のテストの点数に関連（相
関性）があるかどうかを有意水準5％で検定せよ.

（1）18名に対し，両方のテストをおこなったところ，それぞれの標本標準
偏差は 20.00，25.00，標本共分散は 400.00.

（2）11名に対し，両方のテストをおこなったところ，それぞれの標本標準
偏差は 20.00，30.00，標本共分散は −360.00.

演習問題の解答

演習問題2.1

1．（1）$\dfrac{1}{3}$ （2）$\dfrac{2}{3}$ （3）$\dfrac{2}{3}$

2．（1）$\dfrac{5}{13}$ （2）$\dfrac{1}{3}$ （3）$\dfrac{7}{12}$ （4）$\dfrac{7}{11}$

3．（1）$\dfrac{5}{36}$ （2）$\dfrac{1}{12}$ （3）$\dfrac{2}{9}$ （4）$\dfrac{5}{18}$

演習問題2.2

1．（1）720 （2）210 （3）15120

2．（1）840 （2）160 （3）2400

3．（1）56 （2）126 （3）28

4．（1）200 （2）350 （3）400 （4）120

5．（1）$\dfrac{2}{11}$ （2）$\dfrac{5}{42}$ （3）$\dfrac{10}{21}$ （4）$\dfrac{10}{21}$

演習問題2.3

1．（1）$\dfrac{1}{3}$ （2）$\dfrac{2}{3}$ （3）$\dfrac{1}{2}$ （4）$\dfrac{2}{3}$ （5）$\dfrac{1}{3}$ （6）$\dfrac{1}{2}$ （7）$\dfrac{1}{3}$

（8）$\dfrac{1}{6}$ （9）$\dfrac{5}{6}$ （10）$\dfrac{2}{3}$

2．（1）$\dfrac{33}{100}$ （2）$\dfrac{1}{5}$ （3）$\dfrac{7}{50}$ （4）$\dfrac{67}{100}$ （5）$\dfrac{4}{5}$ （6）$\dfrac{43}{50}$

（7）$\dfrac{1}{10}$ （8）$\dfrac{3}{50}$ （9）$\dfrac{1}{50}$ （10）$\dfrac{3}{5}$ （11）$\dfrac{47}{100}$ （12）$\dfrac{8}{25}$

3．（1）0.75 （2）0.63 （3）0.15 （4）0.09

演習問題2.4

1．（1）$\dfrac{3}{5}$ （2）$\dfrac{7}{10}$ （3）$\dfrac{3}{4}$ （4）$\dfrac{7}{13}$

2．（1）$\dfrac{8}{25}$ （2）$\dfrac{16}{33}$ （3）$\dfrac{1}{5}$ （4）$\dfrac{2}{7}$

3．（1）$\dfrac{4}{125}$ （2）$\dfrac{1}{125}$ （3）$\dfrac{9}{1000}$ （4）$\dfrac{3}{200}$ （5）$\dfrac{1}{4}$ （6）$\dfrac{9}{32}$

（7）$\dfrac{15}{32}$

演習問題2.5

1．（1）$\dfrac{1}{12}$ （2）$\dfrac{1}{54}$ （3）$\dfrac{1}{8}$

2．（1）$\dfrac{7}{30}$ （2）$\dfrac{21}{100}$ （3）$\dfrac{1}{15}$ （4）$\dfrac{9}{100}$

3．（1）$\dfrac{2}{27}$ （2）$\dfrac{4}{81}$ （3）$\dfrac{4}{27}$ （4）$\dfrac{4}{243}$

4．（1）$\dfrac{4}{9}$ （2）$\dfrac{4}{9}$ （3）$\dfrac{2}{9}$ （4）$\dfrac{32}{81}$ （5）$\dfrac{8}{27}$ （6）$\dfrac{40}{243}$

第3章 確率と統計 ● 83

演習問題3.1

1.

（1）

級	度数	相対度数
0〜19	2	0.1
20〜39	4	0.2
40〜59	6	0.3
60〜79	6	0.3
80〜100	2	0.1
計	20	1

（2）

級代表値	累積度数	累積相対度数
10	2	0.1
30	6	0.3
50	12	0.6
70	18	0.9
90	20	1

2.

（1）

級代表値	累積度数	累積相対度数
10	6	0.1
30	15	0.25
50	27	0.45
70	51	0.85
90	60	1

（2）

級	度数	相対度数
0〜19	6	0.1
20〜39	9	0.15
40〜59	12	0.2
60〜79	24	0.4
80〜100	9	0.15
計	60	1

（3）15　（4）21　（5）33　（6）36　（7）0.75　（8）0.75　（9）0.35

演習問題3.2

1．（1）58　（2）68　（3）61.5　（4）72.5

2．（1）平均5，分散2，標準偏差$\sqrt{2}$

（2）平均10，分散$\dfrac{28}{3}$，標準偏差$\dfrac{2\sqrt{21}}{3}$

3．（1）71　（2）70　（3）5　（4）$\dfrac{3}{2}$　（5）$\dfrac{3}{2}$　（6）$\dfrac{\sqrt{30}}{10}$

演習問題4.2

1．（1）$\dfrac{1}{6}$　（2）0　（3）$\dfrac{1}{3}$　（4）$\dfrac{1}{2}$　（5）$\dfrac{1}{6}$　（6）$\dfrac{2}{3}$

2．（1）$\dfrac{1}{100}$　（2）$\dfrac{1}{50}$　（3）0　（4）$\dfrac{1}{20}$　（5）$\dfrac{1}{10}$　（6）$\dfrac{41}{50}$

3．（1）期待値 20，分散 60，標準偏差 $2\sqrt{15}$
　　（2）期待値 23，分散 61，標準偏差 $\sqrt{61}$

4．（1）期待値 14，分散 634，標準偏差 $\sqrt{634}$
　　（2）期待値 11，分散 1199，標準偏差 $\sqrt{1199}$

5．（1）$\dfrac{80}{243}$　（2）$\dfrac{32}{243}$　（3）$\dfrac{1}{243}$

6．（1）$\dfrac{27}{128}$　（2）$\dfrac{27}{64}$　（3）$\dfrac{3}{64}$

7．（1）期待値 2，分散 $\dfrac{4}{3}$，標準偏差 $\dfrac{2\sqrt{3}}{3}$

　　（2）期待値 $\dfrac{5}{4}$，分散 $\dfrac{15}{16}$，標準偏差 $\dfrac{\sqrt{15}}{4}$

演習問題4.3

1．（1）0.983　（2）0.695　（3）0.902　（4）0.939　（5）0.032
　　（6）0.021　（7）0.049　（8）0.019

2．（1）0.938　（2）0.864

3．（1）67 位　（2）382 位

4．（1）0.841　（2）0.692

5．（1）1.73　（2）2.09　（3）2.53　（4）2.85

6．（1）2.13　（2）1.75　（3）2.95　（4）2.60

演習問題5.1

1．（1）$E(X)=32$，$V(X)=96$　（2）$E(Y)=20$，$V(Y)=70$　（3）630
　　（4）-10　（5）$-\dfrac{\sqrt{105}}{84}$

第3章　確率と統計 ● 85

演習問題7.

1．（1）$[63.14, 67.26]$　（2）$[63.49, \infty)$

2．（1）$[67.26, 75.74]$　（2）$(-\infty, 75.00]$

演習問題8.

1．$-2.12 \leq \dfrac{\sqrt{17-1}\left(72.30-70.50\right)}{4.00} = 1.8 \leq 2.12$ より差がないと判定する.

2．$2.06 < \dfrac{\sqrt{26-1}\left(69.80-65.50\right)}{10.00} = 2.15$ より差があると判定する.

3．$1.83 < \dfrac{\sqrt{10-1}\left(74.40-70.50\right)}{6.00} = 1.95$ より高いと判定する.

4．$-1.71 < \dfrac{\sqrt{26-1}\left(62.10-65.50\right)}{10.00} = -1.7$ より低くないと判定する.

5．（1）標本相関係数は $\dfrac{400.00}{20.00 \times 25.00} = 0.80$.

　$2.12 < \dfrac{\sqrt{18-2} \times 0.80}{\sqrt{1-0.80^2}} = \dfrac{16}{3}$ より相関があると判定する.

　（2）標本相関係数は $-\dfrac{360.00}{20.00 \times 30.00} = -0.60$.

　$-2.26 \leq \dfrac{\sqrt{11-2} \times \left(-0.60\right)}{\sqrt{1-\left(-0.60\right)^2}} = -2.25 \leq 2.26$ より相関はないと判定する.

標準正規分布表

z の値を与えたときの $P(X \leq z)$ の値 $(X \sim N(0, 1))$

z	0	0.01	0.02	0.03	0.04	0.05	0.06	0.07	0.08	0.09
0	0.500	0.504	0.508	0.512	0.516	0.520	0.524	0.528	0.532	0.536
0.1	0.540	0.544	0.548	0.552	0.556	0.560	0.564	0.568	0.571	0.575
0.2	0.579	0.583	0.587	0.591	0.595	0.599	0.603	0.606	0.610	0.614
0.3	0.618	0.622	0.626	0.629	0.633	0.637	0.641	0.644	0.648	0.652
0.4	0.655	0.659	0.663	0.666	0.670	0.674	0.677	0.681	0.684	0.688
0.5	0.692	0.695	0.699	0.702	0.705	0.709	0.712	0.716	0.719	0.722
0.6	0.726	0.729	0.732	0.736	0.739	0.742	0.745	0.749	0.752	0.755
0.7	0.758	0.761	0.764	0.767	0.770	0.773	0.776	0.779	0.782	0.785
0.8	0.788	0.791	0.794	0.797	0.800	0.802	0.805	0.808	0.811	0.813
0.9	0.816	0.819	0.821	0.824	0.826	0.829	0.832	0.834	0.837	0.839
1	0.841	0.844	0.846	0.849	0.851	0.853	0.855	0.858	0.860	0.862
1.1	0.864	0.867	0.869	0.871	0.873	0.875	0.877	0.879	0.881	0.883
1.2	0.885	0.887	0.889	0.891	0.893	0.894	0.896	0.898	0.900	0.902
1.3	0.903	0.905	0.907	0.908	0.910	0.912	0.913	0.915	0.916	0.918
1.4	0.919	0.921	0.922	0.924	0.925	0.927	0.928	0.929	0.931	0.932
1.5	0.933	0.935	0.936	0.937	0.938	0.939	0.941	0.942	0.943	0.944
1.6	0.945	0.946	0.947	0.948	0.950	0.951	0.952	0.953	0.954	0.955
1.7	0.955	0.956	0.957	0.958	0.959	0.960	0.961	0.962	0.963	0.963
1.8	0.964	0.965	0.966	0.966	0.967	0.968	0.969	0.969	0.970	0.971
1.9	0.971	0.972	0.973	0.973	0.974	0.974	0.975	0.976	0.976	0.977
2	0.977	0.978	0.978	0.979	0.979	0.980	0.980	0.981	0.981	0.982
2.1	0.982	0.983	0.983	0.983	0.984	0.984	0.985	0.985	0.985	0.986
2.2	0.986	0.986	0.987	0.987	0.988	0.988	0.988	0.988	0.989	0.989
2.3	0.989	0.990	0.990	0.990	0.990	0.991	0.991	0.991	0.991	0.992
2.4	0.992	0.992	0.992	0.993	0.993	0.993	0.993	0.993	0.993	0.994
2.5	0.994	0.994	0.994	0.994	0.995	0.995	0.995	0.995	0.995	0.995
2.6	0.995	0.996	0.996	0.996	0.996	0.996	0.996	0.996	0.996	0.996
2.7	0.997	0.997	0.997	0.997	0.997	0.997	0.997	0.997	0.997	0.997
2.8	0.997	0.998	0.998	0.998	0.998	0.998	0.998	0.998	0.998	0.998
2.9	0.998	0.998	0.998	0.998	0.998	0.998	0.999	0.999	0.999	0.999
3	0.999	0.999	0.999	0.999	0.999	0.999	0.999	0.999	0.999	0.999

t 分布表

α の値を与えたときの $P(z \le X) = \alpha$ を満たす z の値 $(X \sim t_k)$

		α			
		0.05	0.025	0.01	0.005
	1	6.31	12.71	31.82	63.66
	2	2.92	4.30	6.97	9.93
	3	2.35	3.18	4.54	5.84
	4	2.13	2.78	3.75	4.60
	5	2.02	2.57	3.37	4.03
	6	1.94	2.45	3.14	3.71
	7	1.90	2.37	3.00	3.50
	8	1.86	2.31	2.90	3.36
	9	1.83	2.26	2.82	3.25
	10	1.81	2.23	2.76	3.17
	11	1.80	2.20	2.72	3.11
自	12	1.78	2.18	2.68	3.06
由	13	1.77	2.16	2.65	3.01
度	14	1.76	2.15	2.62	2.98
k	15	1.75	2.13	2.60	2.95
	16	1.75	2.12	2.58	2.92
	17	1.74	2.11	2.57	2.90
	18	1.73	2.10	2.55	2.88
	19	1.73	2.09	2.54	2.86
	20	1.73	2.09	2.53	2.85
	21	1.72	2.08	2.52	2.83
	22	1.72	2.07	2.51	2.82
	23	1.71	2.07	2.50	2.81
	24	1.71	2.06	2.49	2.80
	25	1.71	2.06	2.49	2.79
	26	1.71	2.06	2.48	2.78
	27	1.70	2.05	2.47	2.77
	28	1.70	2.05	2.47	2.76
	29	1.70	2.05	2.46	2.76
	30	1.70	2.04	2.46	2.75

第4章

阿蘇の自然と農業

的場　英行

1. 世界のなかの阿蘇地域の植物

1-1 生物多様性からみた日本の植物

　地球上には500万～3000万種ともいわれるほどの多くの生物が存在しており，このうち，既知の種数は175万種であり，維管束植物は約27万種といわれている[1].

　日本においては，確認されている生物の種の総数は9万種であり，そのうち維管束植物（種子植物とシダ植物）は約7000種が生育し，そのうちの約4割（2900種）が日本固有種といわれている[1]．この種数を各国（インドネシア，マレーシア，フィリピン，中国，インド，モンゴル，ミャンマー，パキスタン，タイ，ベトナム，イギリス，フランス，ドイツ，イタリア，スペイン）のデータをもとに比較すると，日本は単位面積当たりの種数はマレーシア，インドネシアに次いで多く，日本の単位面積当たりの種数は世界平均の約11倍であり，多様な植物が多く生息していることがわかる（図4-1）.

1-2 世界のなかの阿蘇地域の植物とその現状

　前述の世界のなかの日本の植物数は，単位面積当たり世界平均の約11倍に相当することが示されたが，さらに阿蘇地域における高等植物の多様性に焦点を絞った計算をおこなった．種数を単純に面積で割った算出するという，少々乱暴な計算ではあるが，全世界では0.00181種（27万種 / 1億4894万 km^2），日本では0.0189（7000種 / 37万 km^2）と世界平均の10倍の多様性を示している．さらに，熊本県においては0.405種（3000種 / 7404 km^2），阿蘇地域においては1.483種（1600種 / 1079 km^2）となり，それぞれ世界平均の約220倍，820倍となっており，数値だけみても阿蘇地域における高等植物の生物多様性は高いことが示された.

1-3 野草園花咲盛

　我々が2013年に立ち上げたNPO法人花咲盛では，南阿蘇村に10万 m^2（東京ドーム2.5個分）の面積がある半自然草地において，阿蘇地域の希少植物の保護をおこなっている．もともと，野草園花咲盛は2000年に宇野ご夫婦が果樹園をつくるために森林を購入し，開墾をおこなっていたところであった．し

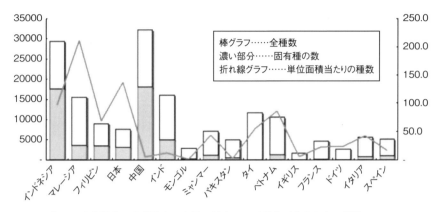

図 4-1　各国の高等植物の全種数と固有種の割合および単位面積当たりの種数

かし，その過程で草原化した場所から様々な阿蘇の草原の希少種が回復し，阿蘇の草原性植物のホットスポットとして注目されている[2].

1-4　野草園花咲盛における阿蘇地域の希少植物の調査

　レッドリストとは絶滅のおそれのある野生生物の種のリストであり，その判定基準は環境省レッドリストカテゴリーによって判定されている．このカテゴリーと基本概念は，1）Extinct（EX）：わが国では既に絶滅したと考えられる種（絶滅）．2）Extinct in the Wild（EW）：飼育・栽培下あるいは自然分布域の明らかに外側で野生化した状態でのみ存続している種（野生絶滅）．3）Critically Endangered（CR）：ごく近い将来における野生での絶滅の危険性がきわめて高いもの（絶滅危惧 IA 類）．4）Endangered（ER）：IA 類ほどではないが，近い将来における野生での絶滅の危険性が高いもの（絶滅危惧 IB 類）．5）Vulnerable（VU）：絶滅の危険が増大している種（絶滅危惧 II 類）6）Near Threatened（NT）：現時点での絶滅危険度は小さいが，生息条件の変化によっては「絶滅危惧」に移行する可能性のある種（準絶滅危惧）．7）Data Deficient（DD）：評価するだけの情報が不足している種（情報不足）．8）Threatened Local Population（LP）：地域的に孤立している個体群で，絶滅のおそれが高いもの（絶滅のおそれのある地域個体群）．などがあげられ，本書ではこれらに該当する植物や，日本が中国と陸続きだった頃に渡ってきたといわれている学術的にも貴重な大陸系遺存植物，主に北日本に分布して九州を南限

第 4 章　阿蘇の自然と農業 ● 91

図4-2 ミチノクフクジュソウ（*Adonis multiflora*）(A) とイチリンソウ（*Anemone nikoensis*）(B)

としている北方系植物などの代表的な種を希少種として扱い，花咲盛に生育するそのいくつかを紹介する（図4-2）．それぞれの花の詳細は『レッドデータブック2014－日本の絶滅の恐れがある野生植物』[1]，『改訂・熊本県の保護上重要な野生動植物－レッドデータブックくまもと2009－（熊本県）』[3]から引用した．

1．北方系植物

ミチノクフクジュソウ（*Adonis multiflora*）（図4-2A）：カテゴリーNT（環境省）．キンポウゲ科の北方系植物．

イチリンソウ（*Anemone nikoensis*）（図4-2B）：キンポウゲ科の北方系植物．

ニリンソウ（*Anemone flaccida*）：キンポウゲ科の北方系植物．

ヤマブキソウ（*Hylomecon japonica*）：カテゴリーVU（熊本）．ケシ科の北方系植物．熊本県の自生地は南限に当たる．

オキナグサ（*Pulsatilla cernua*）：カテゴリーVU（環境省），カテゴリーVU（熊本県）．キンポウゲ科の北方系植物．花は1個が頂生，鐘形で下向きに

図4-3 マツモトセンノウ (*Silene sieboldii*) (A) とハナシノブ (*Polemonium kiushianum*) (B)

開く．萼片は6枚，長楕円形，長さ2～2.5 cm，外面は長い白毛で被われ，内面は暗赤紫色．園芸用の採取，植生の遷移，土地造成が減少の主要因とされた．園芸用の採取，植生の遷移が減少の主要因とされた．2017年の花咲盛の調査では2個体が観察された．

サクラソウ（*Primula sieboldii*）：カテゴリー NT（環境省），カテゴリー VU（熊本県）．サクラソウ科の北方系植物．

2．大陸系遺存植物

ケルリソウ（*Trigonotis radicans*）：カテゴリー VU（環境省），カテゴリー CR（熊本県）．ムラサキ科の大陸系遺存植物．葉は卵形～広卵形，長さ2.5～5 cm．花は径8～10 mm，淡青紫色で，花期は5～6月．チョウセンカメバソウ var. sericea（EN）とは，茎や葉に立毛がある点で異なる．

マツモトセンノウ（*Silene sieboldii*）（図4-3A）：カテゴリー VU（環境省），カテゴリー EN（熊本県）．ナデシコ科の大陸系遺存植物．2017年の花咲盛の調査では170個体が観察された．花期は6～8月で，花はやや密につき，

花柄は短く，萼は円筒形で長さ 2.5 ～ 3 cm．花弁は深紅色稀に白色で 2 浅裂し，長さ 2 ～ 2.5 cm．100 年後の絶滅確率は 99％である．で計数百個体の現存が推定される．自然遷移，管理放棄，園芸採取により減少している．熊本と宮崎に分布する．

ハナシノブ（*Polemonium kiushianum*）（図 4-3B）：カテゴリー CR（環境省），カテゴリー CR（熊本県）．ハナシノブ科の大陸系遺存植物．花は 6 ～ 8 月，茎の上部に円錐状につき，花冠は青紫色で，長さ 11 ～ 15 mm，5 裂．種の保存法の特定国内希少野生動植物種に指定されている．平均減少率は 66％，100 年後の絶滅確率は 99％である．自然遷移，管理放棄により減少している．熊本と宮崎に分布．

アソタカラコウ（*Ligularia sibirica*）：カテゴリー VU（環境省）．キク科．数百個体の現存が推定される．100 年後の絶滅確率は 60％である．自然遷移により減少している．

コウライトモエソウ（*Hypericum ascyron* var. *longistylum*）：カテゴリー VU（環境省），カテゴリー EN（熊本県）．オトギリソウ科の大陸系遺存植物．2017 年の花咲盛の調査では 20 個体が観察された．長崎，熊本，長崎にのみ分布．

3. その他の希少種

ベニバナヤマシャクヤク（*Paeonia obovata*）（図 4-4A）：カテゴリー VU（環境省），カテゴリー CR（熊本）．ボタン科．ヤマシャクヤク（NT）によく似ているが花弁は淡紅色，雌蕊の柱頭は長くて強く外曲する．園芸用の採取，植生の遷移が減少の主要因とされた．

ワタナベソウ（*Peltoboykinia watanabei*）（図 4-4B）：カテゴリー VU（環境省），カテゴリー EN（熊本県）．花期は 7 月．花茎は高さ 30 ～ 60 cm．花弁は長楕円形で，淡黄色，やや不同で長さ 8 ～ 13 mm．日本固有種．数十個体の現存が推定される．平均減少率は 28％，100 年後の絶滅確率は 99％である．

図4-4 ベニバナヤマシャクヤク (*Paeonia obovata*) (A) とワタナベソウ (*Peltoboykinia watanabei*) (B)

2. 阿蘇地域の希少植物の現状と絶滅危惧原因

2-1 緒言

　阿蘇の広大な草原は，およそ600種類もの植物によって支えられている．その草原の歴史は，1000年以上ほど前にさかのぼり，平安時代には馬が放牧されていた記録が残っており，猟場や馬放，草肥の供給を中心に利用され，戦後は農耕用牛馬の飼料採集地，現在は主に牛肉の母牛が放牧されているのみになっている[4), 5), 6), 7)]．阿蘇の草原は，野焼き，放牧，採草を繰り返すことで成り立っており，なかでも野焼きが重要な意味をもっている．野焼きは，放牧は採草がおこなわれる夏に防火帯（輪地）を作り，草の枯れた翌年3月に草原に火を点け草原に残る枯草を焼く．このことにより，飼料に適した草の生える草原を維持することができる．

　また，2013年には放牧・採草・野焼きによる草原の管理，広大な草原に数多く希少な固有種が生育・生息しているなどの理由から阿蘇が世界農業遺産に

登録された．阿蘇の代表的な希少な植物には，ハナシノブ（図4-3B），マツモトセンノウ（図4-3A），ヒゴタイ，ヤツシロソウなどがあり，その多くは草原に生息している．近年では環境変化によって，固有種，希少種の個体数が減少し，絶滅の危険性が増大していることから，多くの動植物が絶滅危惧種，もしくは県指定野生動植物のリストに入っている．

本節では環境省の絶滅危惧26要因（森林伐採，池沼開発，河川開発，海岸開発，湿地開発，草地開発，石灰採掘，ゴルフ場，スキー場，土地造成，道路工事，ダム建設，水質汚濁，農薬汚染，園芸採取，薬用採集，人の踏みつけ，シカ食害，その他の動物食害，管理放棄，自然遷移，火山噴火，帰化競合，産地局限，その他，不明）のうち，阿蘇の希少な植物の絶滅原因と花咲盛における阿蘇の希少な植物はどのような要因で絶滅しているのか調査をおこなった[8]．

2-2 結果

日本における絶滅危惧原因の要因は，日本植物分類学会が定めた26個の主要因である．このなかでも，森林伐採，池沼開発，草地開発，河川開発，園芸採取，海岸開発，自然遷移の7項目が絶滅危惧の要因の約75％を占めているといわれている．人々の生活がより豊かになるようにと，我々人間の手によっておこなわれてきた行為である．しかし，このなかでも園芸採取が最大の原因で，全体の約30％を占めているが，近年の傾向としてシカの食害が顕在化しつつある[1]．

本節では花咲盛における阿蘇の希少な植物はどのような要因で絶滅しているのか調査をおこなった．阿蘇で代表的な植物であるハナシノブ，マツモトセンノウ，ベニバナヤマシャクヤクについて実情を紹介する．

ハナシノブという植物は九州地方に稀に生息している植物である．ハナシノブの4メッシュで計数十個体の現存が推定され，100年後の絶滅確率は約99％とされている．絶滅危惧要因として，自然遷移や管理放棄といわれているが，ハナシノブは園芸価値の高さによる盗掘も多いのが現状であり，さらにはシカの食害も多く，我々が調査をおこなっている個体群では花が咲く前に蕾が食べられてしまっているのが現状である．第3節で解説するハナシノブの新規自生地では，車の通りもあり，盗掘しつくされてしまった．

マツモトセンノウの国内分布は熊本と宮崎で，ごく限られた地域にのみ生息している．絶滅危惧要因としては，自然遷移，草地開発とされている[1]．ハナ

シノブ同様に，園芸目的の採取の為に個体数が減少しているのも現状であり，花咲盛では盗掘後とみられる穴やシャベルなどが生育地にみられた．また，シカの食害により，花が咲く前に蕾が食べられてしまっているのが現状である．

　ベニバナヤマシャクヤクは10年ほど前に，自然に回復した種であるが，2014年度にはいちばん最初に回復した大株が盗掘されてしまった．

2-3　まとめ

1．園芸採取

　阿蘇固有種が絶滅の危機に陥る原因としてあげられる大きな問題点の1つ目は園芸採取，盗掘による被害であった．阿蘇地域の希少植物の多くは，園芸価値が高く，「種の保存法」が適用されている植物は，採取した場合500万円以下の罰金を取られる罰則などがある．それでもなお，ハイアマチュアの植物愛好家の間では高値で取引されることも多く，採取，盗掘の被害にあっていた．ハナシノブ，マツモトセンノウ，ベニバナヤマシャクヤクは明らかに園芸採取による被害を受けていた．

2．管理放棄，自然遷移

　花咲盛野草園は人による管理がなされているためにこの項目は該当しないが，阿蘇地域の希少植物の絶滅原因の多くは，管理放棄，自然遷移によるものであった．阿蘇の草原はその直前で野焼きなどにより草原を維持しており，平安時代からの放牧や野焼きなど人が手を加えた草原である．同様に花咲盛野草園の希少種も人の手によって管理されているため，希少種の維持ができていると考えられる．しかし，花咲盛野草園以外の多くの阿蘇地域の希少植物は，牛肉などの輸入自由化で畜産業が不況となり，管理放棄される牧野が増えた結果，草原から森林と変化する自然遷移が生じたこと，このほかにも，戦後の植林事業や野焼きがおこなわれなくなってきたため，管理放棄により草原そのものがなくなっていることが減少の原因と考えられる．

3．シカの食害

　3つ目は2015年のレッドデータブックで新たに追加された新たな絶滅原因であるシカの食害である．原因の一つとして，シカの天敵であった「オオカミ」の絶滅が関係していると考えられるが，日本各地でシカによる食害が多く

第4章　阿蘇の自然と農業 ● 97

報告されている．花咲盛野草園においても毒草以外は無差別なシカの食害にあっているほか，イノシシの食害も大きい．とくに，管理人の宇野ご夫婦が高齢のため，最近ではあまり野草園の管理がおこなわれていないのが現状であり，動物による食害は増える一方である．

以上の3項目が阿蘇地域の希少種の絶滅原因の上位として抽出されたが，花咲盛野草園では動物による食害がもっとも深刻である．今後はご夫婦の高齢化に伴い，このままでは数年後には管理放棄が確実であり，その後は自然遷移が進み，多くの希少種が再び姿を消していくことが考えられる．また，ご夫婦が管理できる時間が減るということは，監視の目が緩むことを意味しており，さらなる園芸採取という名の盗掘がおこなわれる危険性もある．この課題をどのように解決し，持続可能な阿蘇地域の環境保全をおこなっていくかについては，第5節で考察をおこなう．

3. 阿蘇地域の希少植物の遺伝汚染問題と対処法（分子細胞遺伝学的視点から）

3-1　はじめに

自然再生は「地域に固有の生態系その他の自然環境の再生を目指す」（自然再生基本方針）とされ，単に生態系の機能ではなく，「地域に固有の生物多様性の確保」を重視している[9]．畜産農家の飼料畑を中心とした農耕地への外来種の蔓延や[10]，法面緑化や園芸種として自然界に持ち込まれた植物も多くある．筆者が九州で植物のサンプリングをおこなっていた際に，ある法面では国内ではみられない外来種と思われる多くのヨモギの仲間が観察された．このような場合は，日本国内の気候に馴染まずに枯れる，日本のヨモギを駆逐して繁殖する，あるいは近縁のヨモギと雑種を形成して純系のヨモギが遺伝的な汚染を受ける可能性もある．また，同じ種類の植物であっても，地域によって遺伝的な異なりや特徴をもつため，国内での生物の移植であっても地域的な外来移入種として扱われることもある．

近年，阿蘇地域で問題視されているのは，外来種の移入による生態系の変化のみならず，阿蘇地域に生育する希少種と近縁である外来種の移入に伴う交雑が問題視されている．後述するように，近縁外来種と在来種との交雑は遺伝的

な汚染のみならず，在来種が希少種であった場合，絶滅の可能性が高まるとされている．とくに阿蘇地域でこのような状況に晒されている希少種には，ハナシノブやヒゴタイがあげられる．ハナシノブ，ヒゴタイは文化的にも阿蘇地域に結びついており地域住民にとっては生活に結びついた植物である．とくにハナシノブの交雑問題は多くの研究で雑種識別などの研究がされており，現時点では遺伝汚染された個体はみつかっていないが，瀬戸際で食い止められているにすぎないと思われる [11], [12], [13]（科学研究費 20917005, 19915004, 18915009 and 17915013）．

　本節では，これまでに研究されたヒゴタイ，ハナシノブの交雑を識別する方法を紹介する．

3-2　ヒゴタイと近縁園芸種ルリタマアザミの細胞遺伝学的な比較

1．緒言

　キク科に属するヒゴタイ属は北半球（ヨーロッパ，アジア，アフリカ）に分布し，約 120 種類からなる [14]．日本国内では，ヒゴタイ属はヒゴタイ（*Echinops setifer*）１種のみであり，数十個体からなる限られた個体群が，東海，中国，九州地方の半自然草原に局所的に分布している [15]．ヒゴタイは草原性の典型的な大陸遺存系植物であり，野焼きなどにより維持されてきた．近年の野焼きの減少や植林事業に伴い，阿蘇地域の植物の生育環境は劇的に変化し断片化している [13], [16], [17]．その結果，レッドデータブック [1] では絶滅危惧 II 類（Vulnerable（VU））として扱われている．このような自生地の環境変化のほか，園芸採取などによって，その個体数はますます減少している．かつては阿蘇山や九重山麓の広大な草原地帯に多かったが，阿蘇地方の盆の供花にされ激減，供花の習慣がないのか九重山麓には比較的残っているが，本種の南限地である霧島山麓や大隅半島でも盆の供花に使われ，乱獲で 1970 年代に絶滅した．これらの絶滅要因に加え，近年，東ヨーロッパから西アジア原産のルリタマアザミ *E. ritro* など，ヒゴタイに近似の園芸種が栽培されており，遺伝子交雑が懸念されている [18]．

　生物を識別する方法の一つに，生物は種類によってその数が一定しているばかりでなく，形態，大きさ，長さ，狭窄，付随体などによって種的特徴をもっている染色体がよく利用される．生物の種に特有な染色体の形態的組み合わせを核型といい，核型を決め，その各染色体の形態や数を分析する研究を核型分

析という．核型は種によって安定なことが，少なくとも動物においては一般的なことであるが，植物では同一種内にあって，変異の存在することが報告されている．また，高等植物の少なくとも 35 ～ 80％は倍数体であり，この核型分析によって生物の種の類縁関係や系統進化の経緯を推測することができる [19], [20]．細胞学的情報はその種における遺伝的背景を知る上で決定的なことであるが，ヒゴタイにおける細胞学的研究は少ないようである．ヒゴタイについては，染色体数 2n = 32 [21] と 2n = 30 [22] がそれぞれ日本と韓国で報告されている．本研究の目的は阿蘇山の半自然草原に生育する絶滅危惧種であるヒゴタイの細胞学的情報を増やすこと，および前述したように，阿蘇地域のヒゴタイはルリタマアザミとの交雑危険性があるため，近縁園芸種であるルリタマアザミとの核型の比較を報告することはヒゴタイの純系の保持であり，その結果，盆花やヒゴタイ祭りなどの阿蘇地域の文化の保護という観点からも重要な研究と考えられる．

2．方法

　熊本県産山村由来のヒゴタイの種子とサカタのタネで購入したルリタマアザミの種子を用いて細胞学的研究をおこなった．

　播種後 36 ～ 120 時間のヒゴタイおよびルリタマアザミの実生を 2 mM 8-オキシキノリン水溶液で 3 時間，室温で前処理をおこない，酢酸アルコール（酢酸：エタノール＝ 1 ： 2）で 24 時間以上，4℃で固定をおこなった．染色体標本の作製は Matoba らの手法を参考にしておこなった [23]．固定液の半分を捨て，等量の蒸留水を加え，5 分間放置する操作を 2 度くり返し，次に液を全量捨て蒸留水を加え 5 分放置する操作を 2 度繰り返して実生の洗浄をおこなった．水洗した実生の根端分裂組織を剃刀で切り取り，エッペンドルフチューブに集め，細胞壁分解酵素（4％セルラーゼ オノズカ RS （Yakult Honsha），2％ペクトリアーゼ Y-23 （Kikkoman），pH 4.0）を加え，37℃で 1 時間酵素処理をおこなった．酵素液を取り除き蒸留水で 3 回水洗をおこなった後，3 ～ 4 個の根端をスライドグラスに置き，氷冷した酢酸アルコールを 5 μl たらし，ただちに根端を柄付きばりで突つき細胞を散らした．スライドグラスを室温で自然乾燥させた後，デシケーター内に保存した．

　プレパラートに酢酸オルセインを 2 ～ 3 滴たらし 22 mm × 22 mm のカバーグラスをかけ，45％酢酸チャンバー内で染色をおこなった．動原体部位のくび

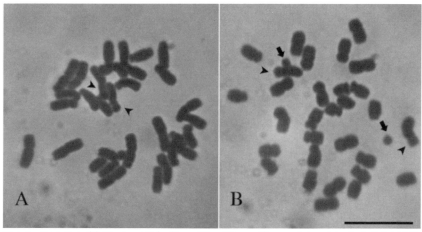

図4-5 ヒゴタイ（*Echinops setifer*）（2n = 32 = 12m + 16sm + 2st + 2stsat）とそれに近縁な園芸種のルリタマアザミ（*Echinops ritro*）（2n = 32 = 10m + 16sm + 2smsat + 2st + 2 small chromosomes）の染色体画像．スケールバーは10 μm

れを観察できる中期染色体を観察し，顕微鏡写真にとって核型分析をおこなった．動原体の位置の記載はLevanらに従い[24]．腕比が1.0～1.7を中部動原体型染色体（m），1.7～3.0を次中部動原体型染色体（sm），3.0～7.0を次末端道元型染色体（st）とした．

3．結果とまとめ

ヒゴタイとルリタマアザミの核型を図4-5に示す．ヒゴタイの染色体数は2n = 32であった（図4-5A）．この結果はKawataniらの報告とは一致したが[21]，Kimらの2n = 30との報告とは異なっていた[22]．1対の次末端型染色体の短腕の末端に付随体が確認された（図4-5A Arrowhead）．

ルリタマアザミの染色体数は2n = 32であった（図4-5B）．この結果は先の報告とは一致した[21), 25), 26]．1対の次末端型染色体の短腕の末端に付随体が確認された（図4-5B Arrowhead）．また，1対の染色体では動原体が確認されず，他の染色体よりも明らかに小型であった（図4-5B Arrow）．

Matobaらは阿蘇山のヒゴタイ（2n = 32 = 12m + 16sm + 2st + 2stsat）とそれに近縁な園芸種のルリタマアザミ*Echinops ritro*（2n = 32 = 10m + 16sm + 2smsat + 2st + 2 small chromosomes）の核型を今回初めて報告し，これらの2種を核型で区別できることも報告している[27]．Kimらは韓国産のヒゴタ

イが 2n = 30 = 12m + 18sm であることを示していたが[22]，２つの小さな染色がはっきりと示されていたことから，この核型はルリタマアザミではなく，我々の観察したヒゴタイの結果に類似していることを示している．

　いずれにしても在来種のヒゴタイと園芸種であるルリタマアザミは核型分析により識別可能であることが示された．これらの結果は現在投稿中である[27]．

3-3　ハナシノブ新規個体群の雑種調査

1．緒言

　ハナシノブ *Polemonium kiushianum* は種の保存法，特定国内希少野生動植物種，絶滅危惧 IA 類に指定されている希少性の高い植物である．阿蘇地域の半自然草原に生息し，８個体群（うち１個体群は絶滅と考えられる），400 個体が失われずに残っているのみである．満鮮要素とよばれる中国大陸や朝鮮を起源とする植物群の一つである．近年の野焼きの減少や植林事業に伴い，阿蘇原産の植物の生育環境は劇的に変化し断片化している[13), 16), 17)]．

　阿蘇の生育環境の変化に加え，セイヨウハナシノブ *P. caeruleum* subsp. *caeruleum* やエゾハナシノブ *P. caeruleum* subsp. *yezoense* var. *yezoense* などの近縁園芸種や外来種が，ハナシノブの自然個体群の近辺に観葉植物として栽培され，種間雑種の増加の危険に直面し，これまでにこれらの分類群との自然交雑や人工交雑による雑種形成は既に報告されいる[28), 29), 30), 31)]．希少種と一般的な近縁種との交雑は，いずれ希少種のゲノムが一般的な近縁種の遺伝的に入れ替わる危険性が示されている．したがって，セイヨウハナシノブなどのより一般的な外来園芸種と極少数のハナシノブの雑種形成は，結果として遺伝的に純系のハナシノブの減少を引き起こしかねないとの問題が生じてきた[32), 33), 34), 35), 36)]．

　日本産ハナシノブ属（クシロハナシノブ *P. caeruleum* subsp. *campanulatum*，カラフトハナシノブ *P. caeruleum* subsp. *laxiflorum*，ミヤマハナシノブ *P. caeruleum* subsp. *yezoense* var. *nipponicum*，エゾハナシノブ *P. caeruleum* subsp. *yezoense*）とセイヨウハナシノブの分類は，種内変異が多いことから形態的特徴に基づく同定や識別がしばしば困難とされている[31), 37)]．これまでに，ハナシノブの染色体数（2n = 18）と核型を初めて報告し，ハナシノブとエゾハナシノブの核型にほとんど違いがみられないことが明らかにしている[12)]．また，2011 年には交雑識別プライマー（H11F/R）を開発し，ハナシノブ 508 個体について雑種検定をおこなったところ雑種性は示されなかった[13)]．

本研究では阿蘇カルデラ床にて 2012 年ハナシノブの新規自生地を発見し，その後，2015 年まで安定して開花個体を確認されたことから，同年環境省に報告し，同省より葉の採取許可（環九地野許第 1507072 号）を得て開花している 22 個体より葉のサンプルを採集，DNA を抽出し H11F/R プライマーを用いて PCR をおこない，交雑性を調査した．なお，新規自生地の詳細な場所については盗掘等の懸念があるため発表は控える．

2．材料と方法

　2015 年の夏に，環境庁の許可を得て，1 個体群から 22 個体のハナシノブの葉のサンプリングをおこない，DNA を抽出して実験に使用した．これに加え，以前の実験[13] に使用した 2 個体群 2 個体のハナシノブと 4 個体のハナシノブ属 4 分類群と 2 個体のハナシノブ（♀）× セイヨウハナシノブ（♂）の F1 雑種を使用した（表 4-1）．実験は Matoba らの手法にならっておこなった[13]．新規自生地の 22 個体のサンプルは CTAB 法により葉から DNA の抽出をおこなった．以前の実験に用いたものは DNA 溶液を引き継いで使用している．その後，ハナシノブのみに非特異的なプライマーである H11F（5'-CTCTGAATGCAGGAGATATAATT-3'）と H11R（5'-CTTGTTATTGGGAATTTTGAGATTAA-3'）プライマーを用いて，PCR 反応（4 min at 94℃, then 40 cycles of 20 s at 94℃, 20 s at 47℃, and 10 s at 72℃, and finally 5 min at 72℃）（Nippon Gene）をおこなった後，アガロースゲル（Nakarai）を使用して電気泳動をおこない，エチジウムブロマイドにて染色し観察した．

3．結果

　2015 年のフィールド調査で採取したハナシノブ 22 個体と過去の研究で採取されたハナシノブ 2 個体，4 個体のハナシノブ属分類群，2 個体のハナシノブ（♀）× エゾハナシノブの F1 雑種を材料として H11F/R プライマーを用い PCR をおこなった．

　4 個体のハナシノブ属分類群と 2 個体のハナシノブ（♀）× セイヨウハナシノブ（♂）の F1 雑種では約 300 bp の PCR 増幅断片が検出されたが，今回調査したすべてのハナシノブで PCR 増幅断片は検出されなかった（図 4-6）．

第 4 章　阿蘇の自然と農業 ● 103

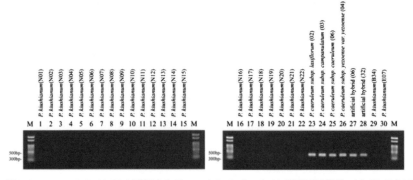

図 4-6　レーン 1-7, 16-30 が新規自生地のハナシノブ，8-11 が近縁園芸種，12, 13 が人口雑種，14, 15 が過去の研究で用いられたハナシノブの DNA を鋳型として PCR をおこなった電気泳動画像

4．まとめ

　過去 2004 ～ 2011 年に実施された研究の結果では，508 個体のハナシノブに近縁園芸種との交雑による遺伝子汚染は確認できなかった[13]．Matoba らと同様の手法を用いて実験をおこなったところ，新規自生地のハナシノブ 22 個体および過去の研究に用いられたハナシノブ 2 個体からは PCR 増幅断片は検出されなかった[13]．このことから新たに発見された新規個体群のハナシノブ 22 個体について近縁園芸種との交雑による遺伝子汚染は確認できないことが示された[11]．

　しかしながら，これまでに確認されている他の個体群の自生地と比べ距離が離れていることから，本来の自生地から持ち込まれた個体である可能性がある．一方，外来園芸種がいまだ自生地近隣で栽培されていることから，雑種形成の危険性はいまだに高いと考えられる．また，2016 年の調査では実生個体 3 個体，2017 年度は 1 個体を残してすべて盗掘されており，新規自生地のハナシノブは，ほぼ盗掘されてしまった．このことから監視をおこなうなどの保護を要する状況にあるが，盗掘の脅威から保護をおこなうには人的資源が必要であり高いコストがかかる．阿蘇地域の希少植物の保護の観点から喫緊の課題であるが，盗掘に対して現在のところ有効な防止策がない．

　今後の課題として，F2 雑種に対しては，この H11F/R プライマーを用いた識別方法による雑種の検出は不可能であることから[13]，遺伝的に純系なハナシノブを守るためには，新たな手段が必要である．加えて今回の新規自生地の

ハナシノブの由来ははっきりしていない．これらの個体がどこを由来とするものであるか調査分析をおこなう必要がある．今後の予定としては，本研究には530個体群のDNAがあるため，新規個体群の個体群産地由来を調査する予定である．

4．阿蘇地域の希少植物の経済的価値の検討

4-1　緒言

　ハナシノブを含め絶滅の危惧される阿蘇地域の希少植物を保護することは，阿蘇地域の経済にとってどのような位置づけになるか，経済的なメリットがあるか調査するために阿蘇地域の希少植物の観賞を目的とした観光がどの程度の経済波及効果を発生させるか観光庁統計や熊本県が産業連関表とともにWeb上に公開している経済効果分析ツールを用い簡易的に算出した．

4-2　方法

　阿蘇が世界農業遺産に登録された2013年の環境省自然公園等利用者数調（注：正式名）より国立公園内ビジターセンター等利用者数から南阿蘇ビジターセンターの来場者数，観光庁観光消費動向調査年報より熊本県へのレジャー目的の日帰り宿泊旅行者数とその1人当たり消費額，熊本県経済効果分析ツールを使用した．経済効果分析ツール中の消費性向については九州地方で計算している．

　2013年版の観光消費動向調査年報より熊本県へのレジャー目的の日帰りと宿泊の旅行者数にそれぞれの1人当たり旅行消費額を乗算し消費総額1610億5200万円を算出．これを日帰りと宿泊の旅行者数を合わせた旅行者総数551万8000人で割り，1人当たり平均旅行消費額2万9186円を算出，2013年のビジターセンター利用者数3万1327人と掛け合わせ，ビジターセンターへの来場者が消費したであろう額9億1430万9822円を計算した．これを熊本県経済効果分析ツールに代入し経済波及効果を計算した．

4-3　結果

　経済波及効果分析ツールによる計算の結果，波及効果倍率約1.5倍，第一次

第4章　阿蘇の自然と農業 ● 105

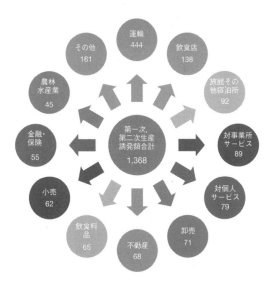

図 4-7　第一次波及効果の生産誘発額の広がり（単位：百万円）

波及効果，第二次波及効果合わせて約 13 億 6800 万円の生産が誘発されることが明らかとなった（図 4-7）．

4-4　考察

　経済波及効果の分析結果から阿蘇地域の希少植物を見に行くという行動によりおよそ 13.68 億円の生産が生じることが明らかとなった．内訳でもっとも割合の大きいものは運輸業であり 1/3 ほどの約 4.4 億円を占めている．次いで飲食店，宿泊と続いている．地域の基幹産業である農林水産業にもおよそ 4500 万円の生産が発生している．このことから地域固有の生物資源には経済に寄与するに足る価値があると考えられる．よって，この地域への効果を維持するため草原の維持や盗掘の防止など保護活動を展開していくことが求められるが，保護活動は労働集約的であり人的資源を多用することから高いコストをかけねばならない．持続可能な保護，低コスト運営モデルの構築が必要である．

　課題としては分析手法が簡易的であったこと．今回 2013 年の単年のみの算出であったことがあげられる．2016 年に 2014 年の国立公園内ビジターセンター等来場者数が公表されたが，2013 年以前と合わせて時系列でみると，微増ではあるものの年々増加している．しかしながら，2016 年 4 月には熊本地

震が発生し阿蘇地域の観光に大きな影響を与えたと考えられる．環境省自然公園利用者数調の公表傾向から 2016 年の利用者数の公表は 2018 年になると想定されるが地震前後の変化をまとめてみると興味深いかもしれない．

4-5 まとめ

　地域固有の植物に経済的価値があることについて環境省南阿蘇ビジターセンターの来場者数，熊本県産業連関表に付帯している経済効果計算ツール，観光庁観光消費動向調査年報を用いて経済波及効果を簡易的に算出した．その結果，地域固有の植物を見に来るという行動が 13.7 億円の生産を誘発することが明らかとなった．およそ 13.7 億円という数値は，3 億円の売り上げで町おこしを成功している上勝町の葉っぱビジネスと比較して[38), 39)]，阿蘇地域の活性化には十分な数値とも考えられ，阿蘇固有種をはじめとする絶滅危惧種を保護することは，阿蘇地域の活性化につながると考えられた[40)]．

5．NPO法人花咲盛設立と阿蘇地域の希少植物の保全の持続可能性について

5-1　緒言

　我々が 2013 年に立ち上げた NPO 法人花咲盛では，南阿蘇村に 10 万 m² の面積がある半自然草地において，阿蘇固有種や絶滅危惧植物の保護をおこなっている．実際は 2000 年 3 月に開墾を始め，その後多くの阿蘇地域の希少植物が草地の復元とともに復活している．総会員数約 200 名ほどであり，理事は植物および草地の専門家である大学の教員によって構成されている．2011 年に熊日緑のリボン賞を受賞，2014 年には環境大臣賞も受賞されている．

　日本と大陸が陸続きであったことを証明する植物も多く存在し学術的にも価値が高く，多くの阿蘇草地の研究者や一般の方が訪れる一方で，個人が所有している土地のため，ナショナルトラストによる補助金が受けられないのが現状である．また，その他の補助金の需給を受けることも難しい状態であり，歳入が寄付金と補助金のみである．また，会員のほとんどが高齢者であることにより，今後の会員数の減少も予想される．このような状況では運営を継続していくことが困難である．これは，他の環境保護団体も抱えている重大な問題でも

第 4 章　阿蘇の自然と農業 ● 107

あると考える.

　本研究課題は NPO 法人花咲盛の運営を持続可能なものにすることであり,我々は人間と自然環境の利益を生み出す共生の仕組みを作るところに着目している. 現在持続可能な草地保護モデルとしての農業（放牧）との両立の可能性を検討し, 諸問題の解決をめざしている [41].

5-2　NPO 法人と同じような活動全体の状況

　（財）日本環境協会が平成 8 年 11 月から平成 9 年 6 月にかけておこなった調査において対象とした環境 NGO（民間の非営利団体で環境保全活動を実施している団体）は, 1 万 1595 団体であった（ただし, 統計にはあらわれない小規模のものや, 非継続の団体も存在し, これらを含めると正確なところはわからない）図への回答数は 4227 団体である. 組織的には, 会員数百人以下の団体がほぼ半数を占め, 大半が法人格を有しない任意団体である. 有給, 無給を問わず, その団体の企画, 運営等に定常的に携わっているスタッフの数は, 約 4 割が 10 人以下であり, 財政規模（年間総収入額）も, 半数以上が 100 万円未満であり, 非常に小規模の組織が多数存在していることがわかる. さらに, 経済企画庁（現内閣府）が公益法人を除くあらゆる非営利団体を対象におこなったアンケート調査によると, 全収入に占める「会費」収入の比率の平均が 33%, 補助金・助成金（「行政からの補助金」と「民間, その他の助成金」の合計）が 33% である. その一方で, 業務収入（「事業収入」と「行政からの業務委託」の合計）が 13%, 「寄付金」は 5% と低い. また, 支出の約 8 割が「事業経費・活動経費」である. 財政規模が 100 万円以下の団体が約 6 割を超えている状況で会員費と補助金での収入が約 7 割近くである. 補助金が下りているうちはまだいいが, 相当の会員数がいなければ財政が安定しない. また, スタッフ数も 50 人未満の割合が約 9 割近くであり, 会員数が少なく, スタッフ数も少ない団体は経営がうまくいかなくなるのは目にみえた結果であり, そういった団体が少なくないともいえる [42].

5-3　NPO 法人花咲盛の運営・活動状況

　収入をみると, 会員費が収入のすべてを占めていることがわかる. 補助金の申請を数回提出しているが, なかなかよい返事がもらえない状況であるのが大きな理由である. 会員数が多いため, 何とか赤字をださないように運営するこ

とができている．しかし，事務局員のほとんどが東海大学の学生であること，観察会や草刈りといった年間スケジュールをほぼ学生でおこなっていることで，人件費等のコストが抑えられているが，広大な土地を管理人夫婦と少数の学生だけで維持するには難しく，また管理人である夫婦の高齢化や会員の減少もあり，今後の運営は困難である．

5-4　放牧による持続可能性について

　NPO法人の状況をみていくと，持続的な活動が難しいことがわかる．よって，会員費や補助金等のみに頼るのではなく，自然保護と農業を両立しながら利益を得る牛の放牧について検討している（図4-8）．

　過度な農業生産活動は自然環境を劣化させるおそれがあるなど，これらの関係は相反関係にあるというのが一般通念である．山を切り開き，農産物の発育を促しながら，それ以外の植物を雑草として除去し，畜産では牧草地が食い尽くされれば新しい土地に移るなど，これは自然保護とは真逆な考え方である．

　しかし，我々はその相反関係にある農業と自然保護を結びつけることによって，新たな自然保護モデルを立ち上げることを目標にしている．放牧をした場合のメリットとしては，草刈などの維持管理の手間が縮小できる．維持管理作業に関する人件費を削減できる．牛を放牧することによってシカなどの野生動物の侵入を防ぎ，植物の食害を減らすことができる．放牧をすることによって花を見に来る観光客と牛を見に来る観光客という，顧客のバリエーションを増やすことができる．放牧をすることによって，動物自らの手で除草し，糞によって土壌の改善をおこなうため，持続的に土壌の質の安定化が期待できる．一方，放牧をする際の植物への配慮としては，牛の放牧に関して，阿蘇固有種や，絶滅危惧植物も一緒に食べられるのではないかという懸念もある．しかし，保護すべき植物は生育場所がほぼ道の脇に生えていることが多い．そのため，牛は一定の開けた場所で放牧する必要があることにより食べられる心配はない．どうしても牛の放牧場所に重なってしまう場合はその植物の周囲を電柵で囲むことによって防ぐ予定である．

　新しい試みではある一方，阿蘇地域の草原は，採草，放牧，野焼きなど地域の人々の営みにより創り出されたものであり，農業を仲立ちとした自然と人間との共生により引き継がれてきており，平安時代からの生態系に戻す結果でもあるとも考えられる．我々も法人化してから5年が経過し，運営資金が少ない

第4章　阿蘇の自然と農業 ● 109

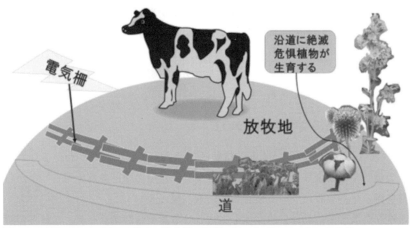

図 4-8 放牧のイメージ図．多くの希少種は沿道の脇に生育していることが多い

ながらも活動をおこなってきたが，来年度から取り組む牛の放牧に関しては，生態系保全のために牛の放牧という農業の技術と組み合わせるという例の少ない取り組みだと考える．この取り組みによって団体の運営状況の改善と自然保護が両立しておこなえるとなれば，新たな生態系保全モデルとして利用できる可能性があるかもしれない[41]．

　最後に，現在のNPO法人花咲盛の活動の状況を報告する．花咲盛では現在試験的に一部を電柵で囲み，約 1.6 ha の範囲で放牧している．電柵の設置作業は，東海大学の地域生物資源研究室およびその他の学生を中心におこなった．得られた結果として，牛を放って 2 カ月後には生い茂っていた草の大部分が食べられてしまい，草刈に必要性がなくなるほどになっていた（図 4-9）．

　次に，他の畜産業者に放牧の場を提供した場合の収益を試算した．牛の放牧とは，永年放牧と夏季集中放牧とがある．永年は 1 年間を通して放牧するため，1 ha 当たり 1 頭が理想とされている．しかし，夏季集中放牧では，5 月頃から 10 月あたりの間に 1 ha 当たり 3 〜 4 頭放牧するため冬には牛が食べる草がほとんどなくなってしまうというやり方である．また，牛の放牧の場を提供する場合，1 頭当たり 1000 〜 3000 円が相場である．この情報を元に試算したところ，現状での収益予測としては，永年放牧では最大 7 万 2000 円，夏季集中では最大 14 万 4000 円という結果がでた（場代を最大額の 3000 円，牛の頭数を最大，夏季の場合は 5 〜 10 月で計算した）．

放牧前　　　　　　　　　　　　　　放牧2カ月後

図4-9　2016年に初めておこなった放牧後の野草園花咲盛の様子

　そのほかにも，牛の飼い主など，頻繁に出入りする人間が増えたことにより，監視の目ができることによって盗掘が防がれているのではないか，また，牛がいることによりイノシシやシカなどの侵入が防がれているのではないかという意見もあがっている．今回の試験放牧によって労力およびコストの削減については我々が予想していたよりも効果が顕著にあらわれている．現在は試験放牧のために直接NPO法人の収入としてはつながっていないが，有料で牛を引き受けさせていただける業者を募集しており，まずまずの手ごたえを得ている．

　以上のように，順調に結果があらわれてきているため，NPO法人の運営，農業と自然保護の両立，そしてこれら3つの共生による活動の持続可能性が示されたといえる[41), 43)]．

引用文献

1) Environment Agency of Japan (2014) Threatened Wildlife of Japan-Red Data Book, Volume 8, Vascular Plants. Environment Agency of Japan, Tokyo.
2) 長野克也（2017）第10回 自然を愛する講演会〜阿蘇の自然の現状とこれから〜．熊本．
3) 熊本県希少野生動植物検討委員会（2009）改訂・熊本県の保護上重要な野生動植物―レッドデータブックくまもと―．熊本県環境生活部自然保護課．熊本．
4) 大滝典雄（1997）草原と人々の営み．一の宮町史編集委員会：249．
5) 高橋佳孝（2009）種の保存と景観保全―阿蘇草原の維持・再生の取り組み．ランドスケープ研究 72 (4): 394-398．大原社会問題研究所雑誌 655: 1-18.
6) 高橋佳孝（2012）多様な主体が協働・連携する阿蘇草原再生の取り組み．大原社会問題研究所雑誌 655: 3-18.
7) 湯本貴和（2010）文理融合的アプローチによる半自然草原維持プロセスの解明．日草誌 56: 220-224.
8) 実方寿樹也（2017）阿蘇固有種の絶滅危惧原因とその現状．東海大学経営学部経営学科

卒業論文.

9）小林達明（2004）外来種（移入種）問題と緑化. J. Jpn. Sco. Reveget. Tech. 30（2）: 396-398.

10）清水矩宏（1998）最近の外来雑草の侵入・拡散の実態と防止対策. 日本生態学会 48: 79-85.

11）穂園哲郎，柴田将吾，長野克也，藤吉正明，稲葉一文，内山 寛，的場英行（2016a）絶滅危惧種ハナシノブ *Polemonium kiushianum* の新規個体群の発見と交雑性の調査. 日本植物分類学会第 15 回大会（富山）.

12）Inaba K., Matoba H., Uchiyama H. and Nagano K. (2010) Cytological study of the critically endangered plants in Japan. (1) *Polemonium kiushianum*. J. Jap. Bot. 85 (2): 118-120.

13）Matoba H., Inaba K., Nagano K. and Uchiyama H. (2011) Use of RAPD analysis to assess the threat of interspecific hybridization to the critically endangered *Polemonium kiushianum* in Japan. J. Plant Ress 124 (1): 125-130.

14）Mabberley D. J. (1997) Compositae, Echinnops. Tha plant-book Cambridge University Press, Cambridge.

15）Kitamura S. (1981) Wild flowers of Japan, Herbaceous plants III. Heibonsya, Tokyo.

16）Minamitani T. (2003a) *Polemonium kiushianum*. In: Yahara T. and Nagata Y. (eds) Red data plants. Yamakei, Tokyo, p 130.

17）Yamamoto Y., Shindo K., Hagino K., Hirano K., Nakanishi Y. and Otaki N. (2002) Changes in vegetation due to the stopped controlled burns in the semi-natural grassland of Aso region. Grassl. Sci. 48: 416-420.

18）Minamitani T. (2003b) *Echinops setifer*. In: Yahara T. and Nagata Y. (eds.), Red Data Plants. p. 62. Yamakei, Tokyo.

19）Stebbins G. L. (1971) Chromosomal evolution in higher plants. Arnold, London.

20）Soltis P. S. and Soltis D. E. (2000) The role of genetic and genomic attributes in the success of polyploids. Proc. Natl. Acad. Sci. USA 97: 7051-7057.

21）Kawatani T., Ohno T. and Kanematsu A. (1967) Trial cultivation of *Echinops setifer* IIjin and the isolation of Echinopsine. Bull. Natl. Inst. Hyg. Sci. Tokyo 85: 48-55.

22）Kim S. Y., Kim C. S., Kim G. R., Kim J. K., Park S. H., Jang T. S., Lee W. K. and Lee J. K. (2008) Chromosome Numbers and karyotype analyses for 33 taxa of medicinal plants in Korea. J. Medicinal Crop Sci. 16: 161-167.

23）Matoba H., Mizutani T., Nagano K., Hoshi Y. and Uchiyama H. (2007) Chromosomal study of lettuce and its allied species (*Lactuca* spp., Asteraceae) by means of fluorescence in situ hybridization. Hereditas 144 (6): 235-243.

24）Levan A. Fredga K and Sandberg A. A. (1964) Nomenclature for centromeric position on chromosome. Hereditas 52: 201-220.

25）Kuzamanov B. A. and Kozuharov S. I. (1970) In IOPB chromosome number reports XXVI. Taxon 19: 264-269.

26）Probatova N. S., Kazanovsky S. G., Rudyka E. G., Gnutikov A. A. and Verkhozina A. V. (2013) In IAPT/IOPB chromosome data 15. Taxon 62 (5): E1-E34.

27）Matoba H., Fujiyoshi M., Nagano K. and Nagano K. (2017) Cytological study of the endangered plants in Japan. (2) *Echinopus setifer* (under review).

28）Clausen J. (1931) Genetic studies in *Polemonium* III. Preliminary account on the cytology of species and specific hybrids. Hereditas 15: 62-66.

29) Ostenfeld C. H. (1929) Genetic studies in *Polemonium* II. Experiments with crosses of *P. mexicanum* Cerv. and *P. pauciflorum* Wats. Hereditas 12: 33-40.

30) Sledge J. L. and Anway J. C. (1970) Hybridization between Members of *Polemonium delicatum* Ryd. and *P. foliosissimum* A. Gray var. molle (Greene) Anyway in Southern Utah. Am. Midl. Nat. 84: 136-143.

31) Ito K. (1983) *Polemonium* in Hokkaido, the Kuriles and Sakhalin. Environ. Sci. Hokkaido 6: 247-280.

32) Rhymer J. M. and Simberloff D. (1996) Extinction by hybridization and introgression. Ann Rev Ecol Syst 27: 83-109.

33) Huxel G. R. (1999) Rapid displacement of native species by invasive species: effects of hybridization. Biol. Conserv. 89: 143-152.

34) Lamont B. B., He T., Enright N. J., Krauss S. L. and Miller B. P. (2003) Anthropogenic disturbance promotes hybridization between Banksia species by altering their biology. J. Evol. Biol. 16: 447-479.

35) Parsons K. and Hermanutz L. (2006) Conservation of rare, endemic Braya species (Brassicaceae) : Breeding system variation, potential hybridization and human disturbance. Biol. Conserv. 128: 201-214.

36) Kothera L., Ward S. M. and Carneya S. E. (2007) Assessing the threat from hybridization to the rare endemic *Physaria bellii* Mulligan (Brassicaceae) . Biol. Conserv. 140: 110-118.

37) Hara H. (1956) Contributions to the study of variations in the Japanese plants closely related to those of Europe or North America. Part 2. J. Fac. Sci. Univ. Tokyo, Sec III, 6: 343-391.

38) 倉重昌平（2017）葉っぱビジネスをモデルした地域植物資源の開発．東海大学経営学部経営学科卒業論文．

39) 町田信哉（2017）アクアリウムに使用する水草の市場規模．東海大学経営学部経営学科卒業論文．

40) 穂園哲郎，松延芳樹，長野克也，的場英行（2016b）地域経済における阿蘇固有種の潜在的価値．異文化経営学会九州部会第3回研究会（熊本）．

41) 柴田将吾，黒田優弥，北崎拓郎，倉重昌平，木之内均，的場英行（2016）NPO法人花咲盛における取り組み〜自然保護と人との共生による持続可能性〜．異文化経営学会九州部会第3回研究会（熊本）．

42) 環境庁（2000）環境白書．平成12年版総説．ぎょうせい．東京．

43) 荒尾麻衣，上田夏実，小野豊和，木之内均，長野克也，的場英行（2017）牧場経営を利用した阿蘇固有種の保護．異文化経営学会九州部会第4回研究会（熊本）．

第5章

経営組織論

木佐森　健司

1. 組織とは何か

　組織，という言葉を聞くと，あなたはどのようなイメージを抱くだろうか．まずは身近な，スポーツの経験や，大学での生活を思い起こしながら，組織についてイメージしてみよう．

1-1　組織のイメージ

　スポーツの経験といえば，仲間とのワクワクする部活経験を思い起こす人がいるであろう．右足を強く蹴り上げると，フォワードへきれいなパスがつながって，ボールがゴールへと吸い込まれてゆく．私と，フォワードの彼女は別の人間だけれども，二人で一人の人間，まるで一つの有機体のように，ボールがつながれてゆく．私たちは，一つの有機体のようで，すばらしいチームだ．組織とはまさに，この有機体のことではないか．

　それとも，あなたは高校時代の，つらく，厳しい練習を思い起こすだろうか．監督，コーチ，先輩から，細かな練習メニューを渡される．こんな練習，やりたくないよと思っても，逆らうことが，なぜかなかなか難しい．サボってしまおうと思っても，何だかそれはいけないような気持ちになって，つい練習をしてしまう．心が部活という見えない牢獄につながれているようだ．組織は，精神的牢獄でないか，と．

　あるいは，高校，それとも今まさにこの大学で，頭の固い事務員，もしくは教員（私ではないことを祈るが）にイライラさせられたことから，組織をイメージする人もいるかもしれない．やれ規則だ，ルールだと，学校はうるさくて仕方ない．組織ではそう決まっている？　そうはいっても，もう少し柔軟に対応してくれてもよいのに．大人は嫌だ．皆はまるで機械の部品のようだ．組織とは機械だよね，と．

　おそらく，皆さんはこれ以外にも，色々な組織のイメージを抱いていることであろう．では，組織とはそもそも，いったいどのような存在であるか．実は，経営組織論の中心的な課題である組織とは何かという問いに対しては，経営組織論の領域で，明確な答えはまだでていない．

1. 組織のメタファー[1]

　私たちは，見たことのない出来事に直面したとき，既知である過去の経験を

手がかりとして，その言語化を試みる．その方法の一つが，メタファーの利用である．未知のものを既知の何かにたとえ，まだよくわからないものを理解する．たとえば，目をつぶって，目の前にある「何か」をなでてみる．何だか，ふわふわしている，これは暖かな毛布みたいだ．いや，ぐるりとなでてみると，どうやら犬の形をしている．この二つのメタファーをふまえると，これは犬のぬいぐるみではないか，というように．

　組織は目で見ることができない．しかし，組織について考えると何らかのイメージが頭に浮かぶ．これらのイメージを，既知の何かにたとえて，理解する．英語の世界における経営組織論の代表的なテキストの一つ，Images of Organization では，組織とは機械のようであり，有機体のようであり，脳のようであり，文化であり，政治的システムであり，精神的牢獄でもあり得る．組織とは何か，実はまだよくわかっていないのだ，ということが述べられている．

　しかしそれだけでは，組織とは何かわからないままである．もう少し先に進んでみよう．私たちがイメージしたサッカー，部活，大学の事務での経験に共通するところはないか．有機体，精神的牢獄，機械，これらのメタファーでとらえられた経験に共通するものはないか．

2．二人以上の人々と組織[2)]

　これらの経験に共通することは，これらの経験が，一人ではなく，かならず複数の人との協働作業で成り立っていたということである．サッカーのゲームは，一人でおこなうことができない．サッカー場で，一人でボールを蹴っていれば，それは体を動かすことを楽しんでいるのかもしれないけれど，サッカーのゲームではない．部活の練習も同じである．監督がいて，コーチがいて，選手がいて，初めて練習メニューに従った，部活としての練習ができる．大学での学生生活も同じである．学生だけで大学は成り立たない．教員だけでも成り立たない．学生と教員がいて，加えて事務員がいて，初めて大学という組織は成り立つ．組織はかならず，二人以上の人々の参加を必要とする．これが，組織が成立するための基本的な条件である．

　経営組織論は，一人でできる物事はきわめて少ない，という認識を原点として出発する学問である．私たちの生活を見渡すと，一人ではできない活動がたくさんある．たとえば，このテキストを使って受けているこの講義も，一人ではできない，組織を通じているからこそできる活動である．教師がいれば講義

第5章　経営組織論 ● 117

はできる，と思われるかもしれないが，教室の前に教師が立って，何事かを話していれば，本当に講義が成り立つのであろうか．教師が一人で，誰もいない教室で話していたら，何かおかしくないか？

そう，おかしい．私がまだ学生であった頃，夕方に大教室のなかで，一人で講義の練習をしていたことがある．すると，変な人が教室にいるよ，ということで警備室に通報されて，さんざんな目にあったことがある．誰もいない教室に向けて話している，少し変わった人と思われたのである．つまり，講義には最低限，教師と学生が必要であるが，それだけでは足りない．教室，という話を聞くことのできる物理的な空間も必要である．さらに，皆さんへお伝えする知識も必要である．つまり，一見すると一人でもできるかもしれない，と思えた講義は，教師，学生，教室，知識といった，複数の人やものを必要とする協働作業である．

このような，協働状況において成立している，一つの明確な目的のために，二人以上の人々が協働することによって，特殊な体系的関係にある物的，生物的，個人的，社会的構成要素の複合体を，協働体系とよぶ．

ただし，これらの教師，学生，教室，知識は，かならずしも同じ時間，同じ場所にそろっている必然性はない．教師は図書館で調べ物，学生はアルバイトにでかけ，教室は予約されていないかもしれない．しかし，何らかの条件がそろえば，一カ所に集まる必然性のない教師，学生，教室，知識は同じ時間，同じ場所に集まり，協働作業が成立する．もともとはバラバラな要素を一つにまとめている力の場を，経営組織論では組織，とよんでいる．

3. 力の場としての組織

組織を形成する諸力は，組織へ参加することになる人間に由来する力でありながら，二人以上の人間が集まると，一人でいたときとは異なる力の働き方をする．力の場とはどのようなことか．それをイメージするため，小学生時代に経験した理科の実験を思い出してみよう．下敷きの下に磁石を2つ置いて，砂鉄をパラパラと撒き，軽く息を吹きかけると綺麗な模様ができる．これは磁力線である．そして，この磁石を左右に動かすと，磁場のあり方が変化して，磁石が1つであったときとは異なった磁力線の模様が描かれる．ここで，磁石は人間，砂鉄は人間以外の事物，磁場が組織のメタファーである．

教師と学生（磁石）は，組織（磁場）を作り出し，教室や知識（砂鉄）を集

めて，固有の模様である講義（磁力線の模様）という協働状況を生み出す．この協働状況は，磁場が磁力の場であるがごとく，人の力による場，すなわち組織によって各要素が一つにまとめられ，生み出されている．組織とは，磁場に類似した，概念的な構成体である．

　組織は「意識的に調整された人間の活動や諸力の体系」と定義できる．組織は形成の途上で，それが意識的に調整されていない非公式な状態から，意識的に調整された公式的な状態へ移行する．公式組織の要件は，組織に対する参加者である人間が，この共通目的に貢献する意欲をもち，およびそれによっておこなわれるコミュニケーションが存在することである．

1-2　組織均衡 [3)]

　さて，このような組織は，どのような条件がそろえば，存続してゆくのであろうか．組織は私たちの生活に欠かせないものである一方で，組織が消滅せずに持続することはとても難しいことである．組織としてイメージした試合，部活，学生生活，講義に限らず，私たちの生活は組織によって成り立っているといっても過言ではない．朝，起きて水道の蛇口をひねると水がでる．これは，行政機関という組織が水道を整備しているからこそ可能な活動である．コーヒーショップでベーグルを買い，電車に乗り，タブレットの画面を見る．これは，企業が店舗，鉄道事業，通信事業といった組織を運営しているからこそなし得る活動である．しかし，私たちの生活は組織に依存している一方で，存続できない組織も多く存在する．仲間割れしたチーム，学級崩壊，行政の破綻，企業の倒産等，消滅した組織もまた，生活を支えている組織と同じように目にする．では，組織はどのような条件がそろっていると，存続できるか．これを明らかにした理論が，組織均衡論である．

1．組織均衡の原理

　組織均衡論は，組織の存続を，組織からの誘因と，組織に対する貢献のバランスに注目してとらえる．組織は，組織への参加者とよびうる人間によって，多くの人々の相互に関連した社会行動の体系を形成する．組織は，これらの参加者へ参加をし続ける誘因を提供し，他方で参加者は組織に対して何らかの貢献をおこなう．それによって，参加者は組織，組織は参加者を必要とする状況が生まれる．たとえば，あなたが新しくアグリビジネス，たとえば農産物の加

第5章　経営組織論 ● 119

工を目的としたジャム工場を始めることを考えたとしよう.

ジャムは一人でもつくることができる（私の週末の楽しみでもある）. しかし, 大量のジャム製造を一人でおこなうことは難しい. ビジネスとしてジャムを製造するためには, 様々な参加者が必要となる. まず, ジャム工場で働く人, たとえば果物を洗う人, 洗った果物を砂糖と一緒に煮詰める人, 瓶詰めをする人が必要である. さらに, 原料である果物を供給してくれる人, 製造されたジャムを購入するお客さんも欠かせない. これらの人を, ジャム製造の組織へ参加させるためには, 何が必要であろうか.

まず, 参加者について考えてみよう. これらの人々は, ただで参加するわけではない. 何らかの便益を得られるからこそ, ジャム製造の組織へ参加する意欲がでる. ジャム事業が軌道にのれば, 従業員は給与を受け取ることができる. また, 原料の供給者は対価を受け取り, お客さんは美味しいジャムを享受できる. このように, 組織から参加者へ支払われる便益を, 誘因という.

ただし, 単に誘因があれば, 参加者は組織へ参加するわけではない. なぜなら, 組織への参加は, 誘因に対する対価を求められるからである. 従業員は, 自らの貴重な時間を, 労働として差し出す必要がある. 供給業者は丹精込めた作物を, お客さんはお財布からお金を差し出さねばならない. このような, 参加者から組織に対する支払いを, 貢献とよぶ.

参加者は誘因を, 参加者にとっての価値, および彼女・彼にとって選択の余地がある代替案ではかり, 組織から提供される誘因が, 参加者へ要求する貢献と同等かそれ以上の大きさである場合にのみ, 参加者の組織への継続的な参加が期待できる. アルバイトの時給が1時間1000円であるところ, 他のアルバイトで時給が2000円とわかれば, アルバイト先の変更を考えるはずである. また, アルバイトの残業代が支払われなければ, 超過勤務を拒否するであろう.

他方, 組織にとっては, 様々な参加者によって提供される貢献が, 組織が参加者に提供する誘因を作り出す源泉となる. 供給業者から原材料の提供を受けることで, お客さんへジャムの支払いをすることができる. また, お客さんが対価を貢献として支払ってくれることで, 組織は従業員に対して給与, 株主に対して配当を支払うことができる.

したがって, 十分な貢献がある場合のみ, 参加を継続させるに必要な誘因を支払い続けることができ, 組織は存続する. 十分な貢献が得られなくなれば, その時点で組織は消滅する. たとえば, 供給業者が十分な貢献をおこなわなけ

れば，お客さんへの参加の誘引として十分なジャムを準備できない．また，お客さんに貢献として商品の対価を支払ってもらえなくなれば，従業員に対する参加の誘引としての支払いはできない．その結果，参加者へ十分な誘引を提供できなくなり，ジャム製造の組織は継続できなくなる．

　組織は，参加者から提供される貢献を活用し，参加者に対して十分な誘因を提供できている限り，存続できる．この均衡を保つことができない場合，組織は消滅する．

2．有効性と能率

　しかし，注意深いあなたは，次のような疑問を抱くかもしれない．組織は，誘因を支払う代わりに，貢献を受け取る．したがって，誘因と貢献の差し引きは常にゼロとなり，組織は基本的に存続するはずである，と．しかし，そうではないところが，単に組織論ではなく，経営組織論として考察する必要が生じる所以である．誘因と貢献の最終的な収支は，組織を経営すること，つまりマネジメントの巧拙によって変動する．

　組織は貢献の支払いを受け，誘因を支払う．しかし，組織はこの支払い業務のみに従事しているわけではない．組織は，インプットとしての貢献を，アウトプットとしての誘因へと変換する体系でもある．たとえば，貢献として支払われた果物は，ジャム工場の組織によって，ジャムへと変換される．この変換によって，果物を商品としてお客さんへ提供する場合と比べ，お客さんへより高い誘引を生み出すことができれば，追加的な貢献（対価としての支払い）を組織はお客さんから受け取ることができる．つまり，貢献を誘因へどのように変換するか，このマネジメントが，組織の存続を決める主要な要因である．

　この変換効率は二つの観点からとらえる必要がある．一つは，目的を達成するための適合性である．この観点からの効率は有効性とよばれる．他方で，組織から参加者に対する支払いの効率，ないし投入と産出の比としての効率，つまり，ある誘因が参加者の欲求をどの程度満たすことができるかという観点からの効率は能率とよばれる．

　組織を存続させるためには，誘因と貢献のバランスに配慮するとともに，有効性，ならびに貢献を誘引へと変換するマネジメントにおける能率に注意を払う必要がある．

1-3 企業と組織 [4]

　ここまで，本節では組織のイメージを端緒として，組織とはどのような存在であるか，そして組織はどのような条件のもとで存続するかについて整理してきた．多くの経営組織論のテキストは，経営の対象である企業を組織の事例として紐解いて，組織とは何かについて説明する．しかし，このテキストではあえて，組織の事例を企業から始めることを避けた．それは，企業と組織が，同一視されがちな概念である一方で，両者はまったく異なる概念であるからである．

　組織は，意識的に調整された人間の活動や諸力の体系であり，誘因と貢献をやりとりする範囲が組織の境界を形成する．このことをふまえると，組織は企業より広い概念である．企業は組織によって形成される制度の一つにすぎない．このことを理解すると，企業と組織を同一視することでは得られない視界を得ることができる．

　たとえば，アグリビジネスの企業と組織について検討してみよう．日本では，農業に従事する就業者人口が減っている一方で，都会から田舎暮らしを希望し，Ｕターンやｌターンを通じて農業に従事することをめざす人も生まれている．その際に，しばしば耳にする問題は，農業に対するイメージと実際が違うという声である．都会から農村へ移住し，給与生活者を離れ，一国一城の主となり，周囲とのかかわりをできるだけ避け，一人，あるいは一家で農業を始めようと考えていた．しかし，実際に農業を始めてみると，地域の人々，行政機関等との様々なつきあいがあって大変である，という声である．この問題が生じる理由の一つは，農業というビジネスを，組織単位ではなく，企業単位で考えてしまっていることに由来する．

　農業をおこなうためには，作物を植える土地も必要であるほか，作物を育てるために灌漑設備を整備して水を引く，繁忙期における人手を確保する，資金を用立てる，さらには顧客へ販売するといった作業が必要となる．日本の農業は，米国に代表される大規模農業とは異なり，小規模の農家によって運営されている．大規模な農家であれば，これらの資源をすべて自前で準備することもできる．しかし，小規模の農家が多い日本の農村地帯では，これらの資源を地域単位で準備することで対応してきた．

　収穫された穀物の販売とマーケティングを，農協がおこなっているという点

は，その一事例である．大企業は，企業の内部にマーケティング，ならびに販売部門を有している．しかし，小規模な農家は独自に流通機構を整備することが困難であるため，日本の農村地帯では，農家とは別の企業である，農協が担っている．また，大企業は，生産に必要な整備をおこなう資材部を内部に有している．しかし，個々の農家が，たとえば灌漑設備を整備することは難しいため，大企業における資材部の役割を村役場が担っている．

　農業というビジネスを，企業の単位でみれば，例えば家族で設立した農家という範囲でとらえることになる．しかし，組織の単位でみれば，設立された一件の農家で独立してアグリビジネスをおこなうことはできず，村役場，地域社会，農協といった，企業を超えた利害関係者を含めて，組織を経営する必要がある，という点へ目配りすることができる．この，組織という視点に基づく目配りができないことによって，上記の問題は生じている．

　企業と組織が異なる存在であることを強調する視点は近年，超企業・組織論とよばれている．私たちに必要なのは，組織と企業の境界が異なることを理解し，組織の視点で，企業の経営，ひいては組織の経営をとらえることである．

2．組織の仕組み

　ここまでは組織がどのような存在であるか，その基本を説明してきた．組織は参加者が提供する貢献を誘因へと変換し，この均衡が成立することで形成され，存続する．組織が形成されると，参加者の間で分業が成立する．たとえば，ピンの製造工程を例として考えてみよう[5]．一人でピンを製造する場合と比べ，その作業について，針金を引き伸ばす，針金を直っすぐにする，針金を切る，といった各作業に細分化し，複数の人で分担することにより，一人では一日に二十本も作ることができないのに対し，一日で一人当たり数千本のピンを製造できるようになる．このような分業が実施された場合，組織への参加者は各作業に習熟することを通じて，互いが組織でどのような活動をおこない，どのような役割を果たすのか，その関係が安定化するようになる．組織参加者の間でこのようにして形成される活動の安定したパターンは，組織構造とよばれる．以下では，代表的な組織構造をみてゆく．

2-1 組織構造

　組織における諸活動が形成する安定的なパターンとしての組織構造は，様々な観点からとらえることができる．分業を通じて参加者の間に分担が生まれることで，組織における活動に様々なパターンが生じる．これらのパターンは，各パターン間の関係を，組織図を始めとする形態あるいはコンフィギュレーションとして把握できる場合と，特性として把握できる場合とに，大きくは区別される．

1. 形態としての組織構造

　組織の参加者が増加するにつれ，組織内の分業を調整し，それを管理するための活動が必要となる．それゆえ，組織には上司と部下といった階層が生まれる．

　組織において分業がおこなわれることで形成される第一の安定的な関係は，権限を中心とした指揮命令の系統である [6]．たとえば，上記のピンを製造する事例では，ピンの作成作業に先立って，原料を調達し，あるいは製造されたピンを販売する業務が存在する．組織を形成せずに一人で作業をおこなう場合，原料を調達する権限も，ピンを販売する権限も，事業全体を管理する一人の個人が有している．しかし，この作業を調達，製造，販売に分業し，それを3人の参加者で分担した場合，それぞれの作業に必要な権限を委譲する必要が生まれる．権限を委譲した結果として生まれた，どの参加者に対しても，命令をおこなう権限をもつ参加者，いわゆる上司が一人のみであるという構造をもつ組織を，ライン組織，ピラミッド組織，あるいはワンボスモデルとよぶ．他方，組織の参加者に対して，二人以上の参加者が命令をおこなう権限を有している組織も存在する．たとえば，ピンを製造する企業が，新たにネジの製造へ進出し，ピンの事業と，ネジの事業をそれぞれ担当する責任者を置いたとしよう．調達，製造，販売の担当者は，各責任者から指示を受けることになる．つまり，組織の参加者にとって上司が複数存在することになる．このような構造を有している組織形態を，マトリックス組織，あるいはツーボスモデルとよぶ．

　組織において形成される安定した関係の第二は，分業をおこなう調整のパターンそのものである．分業によって階層が生じた際に，部下を管理する活動が，調達，製造，販売，財務といった，機能単位でおこなわれる構造を有して

いる組織の形態を，機能別組織とよぶ[7]．ただし，部下を管理するための活動は，かならずしも機能別におこなう必要がない．一つの組織で複数の製品を製造していた，あるいは複数の地域で製造と販売をおこなっていた場合，管理のための諸活動は，製品，あるいは地域といった事業単位でおこなうことも可能である．このような組織の形態は，事業部制組織とよぶ[8]．

　なお，上記の異なる組織形態を組み合わせて，組織を理解することもできる．機能別組織には，ワンボスシステムの場合とツーボスシステムの双方があるが，たとえば，分業の調整は機能を基準としておこないながらも，部下は複数の上司から指示を受ける，機能別組織とツーボスシステムの組み合わせも可能である．これは事業部制組織においても同じである．

　これらの組織形態が有している組織構造は，組織図として表現することが可能である．たとえば，有価証券報告書等に記載されている組織図は，これらの考えを下敷きに作成されている．皆さんも，自分が所属している組織について，その形態を組織図として表現してみるのはいかがだろうか．

２．特性としての組織構造

　組織構造は形態としてとらえるほか，構造を特性として，その構造化された度合いを含めてとらえることも可能である．この視座は，近代社会における合理的な制度を探索するなかで確立してきた．社会において他者を服従させる正当性の源泉は，それが伝統，支配者のカリスマ，あるいは命令の合法性に対する信頼のいずれに由来するかに基づいて分類できる．これらのなかで，正統性が合法性に由来する，合法的支配に基づく管理制度を，官僚制とよぶ．官僚制は，近代社会における合理的な管理制度の代表とされている[9]．

　官僚制の特徴は，その組織運営が，規則によって秩序づけられた職務権限，階層的な職務体系に基づき文書を通じ，専門的訓練を受け，かつ組織に専従する参加者によって，一般的規則に則って職務が執行される点にある．官僚制の諸特性は，組織における構造の特性でもある．この特徴を掘り下げて調査することで，特性としての組織構造が発見されてきた．特性としての組織構造は，公式化，集権化，複雑性の程度としてとらえることができる[10]．

2-2　唯一最善の組織と管理原則[11]

　ここまでは，組織とは何かという疑問を切り口として，組織とはどのような

存在なのか，分業を通じてどのような構造が形成されるのかについて理解を深めてきた．経営組織論と組織論の相違点は，組織を深く理解するだけではなく，組織を管理，あるいは経営する方法まで射程を伸ばしている点にある．では，組織の経営，すなわちマネジメントで留意すべき点はどこにあるか．

　企業の活動について振り返ると，あらゆる規模の事業や企業には，共通する重要な活動が存在している．第一は，モノを管理するための業務活動，第二はヒトを管理するための管理活動，第三は業務活動と管理活動とは区別される統治活動である．業務活動には，製品開発などの技術的活動，マーケティングに代表される商業的活動，資本の調達を管理する財務的活動，リスク管理をはじめとする保全的活動，資金の流れを管理する会計活動がある．管理活動には，予測し，組織し，命令し，調整し，コントロールするといった諸活動が含まれる．経営学における経営管理とは，この諸活動をどのように実施するのか，という点から始まった．そして，この管理活動を実施する上では，普遍的な，14の主要な原則があるということを明らかにされている．

　第一は，分業である．分業による技能の向上を通じて生産性は増大し，その帰結として機能の専門化と権限の分化が生じる．第二は権限・責任である．権限の行使には，責任が付随する．第三は，規律である．規律とは，服従精励活動，尊敬の外的徴候を目的とする約定の尊重である．第四は，命令の一元性である．どのような担当者も，一人の責任者からのみ，命令を受ける必要がある．第五は，指揮の一元性である．組織が目指す目標に対する計画は，一つでなくてはならない．複数の計画に基づく複数の指揮系統が存在すれば，組織は混乱する．第六は個人的利益の全体的利益への従属である．組織を運営するという観点からは，全体の利益が個人の利益に優先される必要がある [12]．第七は従業員の報酬である．報酬は，使用者と従業員，双方にとって満足がいくものである必要がある．第八は権限の集中である．組織を円滑に運営するため，集権と分権のバランスをとる必要がある．第九は，階層組織である．原則として，指揮統一のためには，階層秩序が必要である．ただし，階層を重視するあまり，効率の低下が生じることがある．そのための調整は，この秩序を崩壊しない方法を通じ，同じ階層間のコミュニケーションが構築される必要がある．第十は，秩序である．ヒトに対する規律だけではなく，事業運営で使用されるモノ，たとえばオフィスの書類整理など，モノにも秩序が必要となる．第十一は，公正である．公正な扱いには，良識，努力，経験が必要となる．第十二は，従業員

の安定である。労働者が業務に慣れ，能力を発揮するためには，一定の時間を要する。雇用期間が不安定であると，参加者が能力を発揮するまでの時間を確保できず，企業が衰退する一つの原因ともなる。第十三は，創意である。創意こそは，企業の業績を高めてゆくための要因となる。第十四は，従業員の団結である。組織内の不和は，業績の低下を招く。

　組織の経営を円滑におこなうためには，これらの管理原則を守る必要がある。たとえば，あなたは，サークルの運営をおこなう上で，どの程度，これらの原則を守っているだろうか。あるいは，アルバイト先にいるあなたの上司は，どの程度，これらの原則を守りながら，あなたに接しているだろうか。組織が栄え，あるいは衰退する一因は，組織を経営，あるいは管理する方法に由来するのである。

2-3　条件に依存した組織と組織の環境

　しかしながら，これらの管理原則について十分理解した皆さんは，同時にいくつかの疑問を抱えているかもしれない。たとえば，分業と，命令の一元性は矛盾する可能性がある。専門化によって分業が進行すると，各作業は専門に特化した参加者から命令を受けることになるため，複数の上司から命令を受ける場合が生じる。しかしそれは，命令の一元性に反する。この場合，どちらの原則を優先すべきだろうか。また，組織構造についての検討をふまえると，ワンボスシステムと，ツーボスシステムと二つの組織構造が存在し，ツーボスシステムについても利点があることを確認してきたが，これは命令の一元性と矛盾しないか。管理原則は，本当に普遍的な原則なのか。この疑問は，近代におけるもっとも合理的な組織として考えられてきた官僚制を対象とした諸研究においてクローズアップされた。その結果，管理原則はそれが適用される状況，あるいは組織の環境との適合関係においてとらえる必要がある，と理解するアプローチが登場することになる。

1．官僚制の逆機能 [13)

　私たちの生活を振り返れば，官僚制はその利点よりも，弊害の方が目につくようにも思われる。たとえば，学校の事務室，あるいは行政機関の窓口へでかけたときのことを考えてみよう。これらの組織は，これまでに検討した官僚制の組織構造を備えている。それゆえ，効率的な組織運営がおこなわれているは

第5章　経営組織論 ● 127

ずである．しかし，皆さんは，かならずしも効率的であるとは思えない窓口の
対応に直面したことがあるのではないだろうか．たとえば，これらの窓口では，
少しでも例外的な事態に直面すると，対応がまったくできなくなる場合がある．
これは，訓練された無能力，とよばれている現象である．

　官僚制が効果を発揮するためには，反応の信頼性と規律の厳守が求められる．
そのために，官僚制は組織参加者の心情に，方法的であるよう，慎重であるよ
う，そして規律に服すよう絶えず圧力をかける．規律は，それが強い心情で裏
打ちされている限りにおいて，効果を発揮するためである．しかし，このよう
な心情を教え込み，強化するための仕組みは，技術的に必要な程度以上に，過
剰となる場合がある．そのため，たとえば，当初，規則は組織の目的を達成す
るために作られたものであるにもかかわらず，その規則が目的から離れ，目的
とは関係ない，それにもかかわらず絶対的なものとして参加者に刷り込まれる
ようになる可能性がある．手段的価値が終極的な価値へと転換されるこのよう
なことを，目標の転移という．その結果，当初は規則の立案者が予想もしてい
なかった条件のもとでは，臨機応変の処置がとれなくなる．つまり，訓練され
た無能力の現象が生じる．官僚制には，その制度が目指している顕在的な機能
と，かならずしも明らかにされていない潜在的な機能が存在する．潜在的な機
能のなかに，顕在的な機能が保持しているものとは相反する逆機能が存在し，
これが官僚制に伴う様々な問題を生み出している．

2．組織と環境 [14]

　近代の社会でもっとも効率的であると考えられていた官僚制に裏付けられた
組織にかならずしも効率的ではない部分が存在している．この発見は，唯一最
善の組織がある，という従来の考え方に異議を申し立てるものであった．官僚
制の逆機能について振り返ると，組織が直面している状況次第で，官僚制が機
能を発揮できる場合と，そうではない場合があることは明らかである．この点
に注目し，組織と組織が置かれている環境との間には，適合関係がある，とい
う点に着目したアプローチが登場した．このアプローチによると，機械的なマ
ネジメントシステムとよばれる組織と，有機的なマネジメントシステムとよば
れる組織とでは，機能を発揮できる状況が異なる．

　機械的なマネジメントシステムは，専門化の程度が高く，職能的な専門化が
おこなわれている．参加者が取り組むタスクと全体的な状況との関連は不明確

なままにおこなわれ，コンフリクトが生じた場合，その解消は上司による調整を通じておこなわれ，参加者の義務と権限は明確化されている．組織間の相互作用は垂直的におこなわれ，情報は組織の上位に集中している．上司から部下に対するコミュニケーションは命令としておこなわれ，組織に対する忠誠心が求められる．組織のコミュニケーションはピラミッドの構造をとる．

有機的なマネジメントシステムは，専門化の程度は低い状態にとどまる．参加者のタスクは，全体状況に対し，具体的に関連づけられ，コンフリクトは相互作用を通じて調整される．参加者の義務は，かならずしも限定されているわけではなく，組織内の相互作用は水平的におこなわれる．情報は組織内に分散し，上司から部下に対するコミュニケーションは助言としておこなわれ，プロジェクトに対する忠誠心が求められる．組織のコミュニケーションはネットワークの構造をとる．

機械的なマネジメントシステムは，官僚制組織と類似点をもつ．そして，安定した状況に直面している組織では機械的なマネジメントシステムが機能する一方，不安定な状況下においては，有機的なマネジメントシステムがより適切に機能することが明らかにされた．要するに，特定の組織構造が機能するか否かは，組織が直面する状況における諸条件次第である．このように理解する組織理論を，条件適合理論とよぶ．

3．開放システム理論 [15]

ここまでは，組織とは何か，組織はどのように働くのか，を中心として説明をおこなってきた．しかし，条件適合理論をふまえると，組織を理解するためには，組織のみならず，組織が直面する状況を，組織と一緒にとらえる必要が生まれる．そのために注目された理論が，開放システム理論である．条件適合理論の研究成果をふまえると，組織がその機能を十分に発揮するためには，組織が直面する状況との適合関係が重要である．とはいえ，組織は状況が変化したとしても，ある程度は，その変化に追随することができる．本章の 1-1 では，組織という存在をとらえるために，メタファーの力を借りた．ここでも，条件適合理論をふまえた組織をとらえるために，改めてメタファーに注目することにする．

ここでメタファーとして採用するのは冷房機能のみが搭載されたエアコンである．私たちは，夏になるとエアコンのスイッチを入れて涼をとる．エアコン

は，設定温度を28℃に設定すれば，外部の温度が30℃であろうが35℃であろうが，室内の温度を28℃に保つ．このとき，エアコンによって室温が制御されている室内をシステム，エアコンが直面している室外の状況を環境とよぶ．システムとしての組織もまた，エアコンと同じように，環境の変化を吸収し，その内部を一定に保つことで生産性を高める．

ただし，エアコンにも対処できない環境変化がある．冷房機能のみが搭載されたエアコンでは，室外の気温が10℃に低下した場合，室温を28℃に維持できるわけではない．同じように，機械的マネジメントシステムを構造としてもつ組織は，有機的マネジメントシステムを構造としてもつ組織と同じように，変化の激しい環境に対して適応することができない．外気と接するエアコンと同じく，組織とは，組織の内部を一定に保つよう働きながら，環境に対して相互作用する，開放システムなのである．

3. 組織における個人

第1節で組織とはどのような存在なのか，第2節では組織がどのような仕組みで形成されているのか，その具体的な有様について説明をおこなってきた．しかし，これまでの行程で，十分に検討されていない領域がある．それは，組織における個人である．組織は，協働を欲する個人によって形成される．他方で，組織は，人間から形成されながらも，固有の権利をもって解明される対象である．しかし，組織を理解するためには，組織を形成し，組織のなかで生きる人間についての理解が欠かせない．組織のなかで，人はどのように活動しているのかという側面から組織を解明する領域は，組織行動論とよばれている．経営組織論のなかで独自の領域をなしている組織行動論について，組織における個人を理解するため，組織における人間の意思決定，モチベーション，リーダーシップの3点について，検討を進めていく．

3-1 意思決定 [16)17)]

組織のなかで，私たちは様々な活動に従事する．組織における個人を理解するとは，まさにこの活動をとらえることでもある．では，私たちはどのように活動をしているだろうか．組織における個人の活動のプロセスを二つ，決定と行為に分割してみる．

1. 行為に先立つ決定

　私たちは，普段，深く意識することなく行為している．たとえば，通学のため電車に乗るという行為は，無意識の振る舞いと表現してもよいほど自動化されている．電車へ乗るために，1時間，思案してから乗車する人は少ないだろう．しかしこの何気ない行為は，行為の前提となる決定のプロセスに着目すると，まったく別の振る舞いとして立ちあらわれる．

　まず，通学をするためには，電車へ乗るに先立って，学校へ行く，という目標を定める必要がある．しかし，改めて考えてみれば，学校へ行くという目標は必然ではない．途中でお気に入りのカフェへ立ち寄ってもよいかもしれないし，今日は休むのだと心を決めて家からでないことにするかもしれない．今から何事かを行為するということに先立って，どのような目標を定めるのかという点で，本来は様々な選択肢が存在している．しかし，行動を起こすためにはこれらの選択肢から，そのどれか一つを選び出す必要がある．

　次に，無事に行為の目標が定められたとしても，これではまだ行為できる段階へ達しない．なぜなら，学校へでかけるためには，様々な方法が存在するためである．普段，利用しているように電車を利用する方法があるかもしれない．しかし，同じルートは，自転車ででかけた方が，待ち時間を考えれば早く着くかもしれない．それとも，徒歩ででかけた方が健康によいかもしれない．あるいは，優雅にタクシーで通学してみてもよいだろう．このように，ある目標を達成するためには，複数の方法がある．このような，目標を達成するために採用しうる選択肢の集まりを，代替的選択肢の集合とよぶ．目標を定めたら，この選択肢集合を特定する必要がある．

　選択肢集合が明らかになれば，その選択肢を比較検討しなくてはならない．電車，自転車，徒歩，タクシーを利用した場合の所要時間，電車の運賃，自転車を漕いで喉が渇いた場合の飲み物代といった必要経費等，各選択肢を採用した場合に期待することのできる結果についても明らかにする必要がある．

　さらに，各選択肢を採用した場合，選択をおこなった当人がどのようなメリットを得るのか，その効用についても明らかにする必要がある．電車に乗った場合は到着時刻が明確になるけれども，満員電車の人込みを我慢しなくてはいけないかもしれない．自転車を利用した場合は，軽い運動になって健康によいかもしれないが，通勤ラッシュの自動車と並走しなくてはならず危ないかもしれない．徒歩の場合は，気持ちよい春の陽気を感じることができる一方で，

花粉症の鼻にはとてもつらい選択かもしれない．タクシーの場合は，よい運転手さんにあたらなければ，落ち着いて移動できないかもしれない．

さて，これで目標，代替的な選択肢集合，各選択肢がもたらす結果，その結果がもたらす効用がすべてわかりました．しかし！　まだ終わりではありません．これらの選択肢集合から一つを選び出すための，決定ルールを決める必要があります．予算を重視するのか，運動を重視するのか，地球環境へもたらす影響を第一に考えるのか，通学途中に出会う友人との会話を重視するのか……．

長きにわたった，活動における行為に先立つ決定のプロセスはこのように進む．このプロセスに従ってなされる意思決定は，合理的な意思決定とよばれる．じっくりと考えると，私たちは膨大な量の情報処理を，一度におこなっていることになる．そして，決定が必要なプロセスは通学だけではない．朝食は何を作るのか，それに先立ってどの材料を買っておくのか，というささやかな決定から，誰と親密な関係を築きあげるのか，たとえば誰と結婚をするのか，どの会社で働くのか，どのような人間を信頼するべきなのか，など，人生の大事な決定まで，常にこのようなプロセスが必要である．

2．最適化基準に基づく経済人の意思決定

私たち人間は，思いのほか複雑な処理を，行為に先立っておこなっているようである．このようにとらえられた人間の合理的な意思決定は，最適化基準に基づく意思決定とよばれる．何らかの目標に対して行為する場合，すべての代替的選択肢が所与であり，その結果，ならびに効用も明らかであり，効用が明らかであるだけではなく，効用を比較するための基準も備えている．これらをふまえて意思決定をおこなう人間を，経済人とよぶ．

しかし，私たちは本当に，経済人のような決定をおこなっているだろうか．深く考えれば，確かに経済人のような選択をおこないうるのかもしれない．とはいえ，無意識のうちにこのような選択をおこなっているとしても，無意識を覗き込んで選択した選択肢が，結果，最大の効用をもたらすだろうか．

それは不可能である．なぜなら，選択肢のなかには，人間であるならばそもそも予測できない結果，効用が存在しているためである．決定の対象が通学であれば，まだその結果の予測は容易である．しかし，例えば選択から結果まで，きわめて長期間に渡る時間を必要とする結婚に関する決定ともなれば，予測の困難さは高まる．それだけではない．そもそも，代替的な選択肢の数が膨大で

ある.

　2017年時点で，日本の20歳人口は100万人弱，存在する．それゆえ，同年齢の異性のみを結婚の対象として選んだ場合でも，その半数，約50万人が選択肢として存在する．近隣諸国，中国と韓国をその対象に含めれば，その数はさらに増加する．そして，経済人として選択をおこなうためには，各選択肢を選択した場合の結果をそれぞれ予測しなくてはならない．さらに，その予測期間は数十年に渡る．加えて，各選択肢を選択した場合の効用も解明する必要がある．近い将来，高度な管理社会が実現した場合，選択肢集合を準備することまではできるかもしれないが，結果と効用を予測しきることはまだ困難であろう．

　よって，私たちの合理性は限定されている．このことを，限定された合理性とよぶ．意図の上では合理性をめざしたとしても，人間であればその合理性は限られている．そしてそもそも，皆さんは，君のそばにいる親密なあの人を，経済人のような基準で選択してきたのだろうか．そうではないはずである．

3．満足化基準に基づく管理人の意思決定

　たとえば，昨日のランチを思い出してみよう．あなたは，昼食にとることのできるすべての料理を選択肢として思い浮かべたわけではないだろう．食べることのできるメニューの選択肢が一括して与えられたわけではない．食堂にでかけ，メニューのリストを眺め，そこから昼食の選択肢を導いたはずである．つまり，人間はそもそもの最初から，現実の世界をそのまま扱うのではなく，自分自身の知覚に基づいて生み出された，単純化された世界において探索を開始する．そして，この単純化された世界で，一括して選択肢が与えられたわけではなく，メニューを上から下へ眺め，その順番で，逐次的に選択肢が与えられたはずである．カレーライス，ラーメン，豚カツ定食，等々，よい香りが漂い，ピザの選択肢も加えられたかもしれない．このような選択肢の選び方を，逐次的な探索とよぶ．文字通り，選択肢は逐次的に与えられている．さらに，各メニューを食べた際の結果についても，摂取されるカロリーは明らかであったかもしれないが，その効用について，すべてが明らかであったわけではないだろう．そして，もっとも大事なことは，すべての選択肢を検討する前に，さしあたっての空腹を満たすことのできる選択肢が発見された段階で，探索は終了したはずである．このような決定は，満足化に基づく決定とよばれる．すべ

第5章　経営組織論 ● 133

ての選択肢を検討しなくとも，自分の欲求が満たせる水準の選択肢がみつかれば，選択肢の探索は終了する．このような意思決定をおこなう人間は，管理（経営）人とよばれている．

4．意思決定と組織[18]

　私たちはここまで，組織を構成する活動は，行為に先立って決定がおこなわれること，さらに，決定は思いのほか複雑な過程によっておこなわれているということを理解してきた．これらの活動が単独でおこなわれる場合と，組織において活動がおこなわれる場合とで，何が異なっているのだろうか．

　それは，多くの場合，組織を通じて意思決定の前提が準備されているということである．日常における私たちの意思決定のプロセスは，経済人モデルではなく，管理人モデルでおこなわれている．つまり，逐次的に見出された選択肢から，手持ちの基準をもとに，満足化原理に従って選択をおこなっている．したがって，決定のありようは，行為者が，行為に先立って選択する状況に強く依存する．組織では分業がおこなわれているため，意思決定者が直面する決定の状況は，組織を通じて準備される．また，参加者の意思決定を構成する前提が，他の組織メンバーの決定となることはしばしば見受けられる．上司の決定を前提として，あるいは同僚の決定を前提として，次なる決定がおこなわれるからである．さらに，同じ組織にいることで，利用できる選択肢も限定される．同じ組織にいると発想が似てくる，という現象の一部は，このことに由来する．組織の参加者にとって，決定の前提となる状況の定義は組織が準備したものなのである．

　また，このことをふまえれば，組織を形成する，あるいは設計するという行為は，組織のメンバーに対して，どのような決定の前提を与えるのかという作業と不可分である．この設計を適切におこなうことで，組織としての意思決定を高速化し，個人ではなし得ない規模の決定をおこなうことができるようになる．人間は，合理性の限界ゆえに，経済人モデルが想定する決定をおこなうことができない．代替的選択肢となりうる集合のすべてを検討できないように，きわめて多数の意思決定を必要とする複合的な決定も困難である．しかし，その問題が，その決定を複数の決定に分解できる，つまり準分解可能な対象である場合には，その決定を複数の決定に分解し，準分解可能システムとして組織を形成することで，決定の分業をおこなえる．組織を利用することで，この分

134

業が可能になる．さらに，組織によって（かならずしも組織に限られないが）あらかじめ決定に必要となる選択肢を限定しておけば，決定のプロセスを高速化できる．私たちが決定で躊躇するという出来事は，代替選択肢を十分列挙できない，その結果や効用を予測できず，判断の基準を準備しないことから生じる．これらをあらかじめ限定し，準備しておくことで，その状況へ参加する人々の決定を高速化できる．

5．ゴミ箱モデル[19]

　本項ではここまで，主として意思決定は合理的なプロセスを通じておこなわれている，とみなしてきた．しかし，組織における決定は，組織に参加している個々人の内面的な思考を通じてのみおこなわれているのだろうか．サークルや部活動の打ち合わせをイメージしてみよう．新しい部活動の規約をどのように決めるのか，喧々諤々，議論はなかなかまとまらない．しかし，締め切りの時間は否応もなく迫ってくる．時間に追われ，思い切って決定をしたのはよいけれど，その決定は部長も，部員にとっても，まったく満足のいく決定ではなかった，ということがあるのではないだろうか．このような決定の過程は，合理的な意思決定を前提とする，経済人モデルにおける最適化基準，あるいは管理人モデルによる満足基準においても説明が困難である．

　このような意思決定の過程を説明する理論がゴミ箱モデルである．ゴミ箱モデルは，決定に加わる参加者，問題，解，選択機会という4つの概念を用いて決定を説明する．決定がおこなわれるプロセスにおいては，参加者，問題，解，選択機会がそれぞれ独立して存在している．選択機会とは，組織において決定がおこなわれる機会を指している．この選択機会に，決定を必要とする問題，決定へ加わる参加者，問題に対する解がゴミ箱へゴミを放るように投げ込まれることで，決定は生み出される，と理解する理論が，ゴミ箱モデルである．ゴミ箱モデルによれば，いわばあいまいさの中で，決定は生み出されている．

3-2　モチベーション

　さて，組織において人がどのように決定をおこなっているのかについては，理解が深まってきたものの，これらの人々は，何に動機づけられてそのような決定をおこなうのだろうか．あるいは，私たちは組織のなかで，どのようにしてやる気を維持しているのだろうか．このようなモチベーションを理解するた

めの理論は，大きく実体理論，プロセス理論に分けて理解することができる．

1. モチベーションはなぜ大事なのか[20]

　組織について研究が始められた当初，人間は金銭面の欲求に基づいて働くものだ，という仮定に基づいて理解されていた．さらに，組織の参加者は，外部から与えられた刺激にただ反応する，機械のような人間であるという前提に立ってとらえられていた．したがって，機械としての人間に組織で働いてもらうためには，金銭面の欲求に応えるとともに，人間の機械的な側面に注目して作業条件を改善する必要が生じていた．

　この観点に立って1920年代におこなわれた実験が，ホーソン研究とよばれる調査である．ホーソン研究は，ウェスタン・エレクトリックのホーソン工場で，どのような作業条件を準備すれば，労働者の生産性が高まるかという観点から実施された．休憩時間を設ける，賃金を上げる，軽食を提供するなど，作業条件を変更させ，その都度，生産性が高まるかあるいは低くなるかという点が調査された．その結果は，驚くべきものであった．確かに，作業条件を改善すると，生産性は改善される．しかし，改善された作業条件を元に戻しても，一度高くなった生産性は低下しなかった．

　この予想外の結果から導かれた知見が，人はお金のみ，あるいは作業条件がよいから働くとはかならずしもいえない，ということである．ホーソン研究は，多くの作業者のなかから，特定の人を選抜しておこなわれたが，その付随する結果として，選抜された作業者は，特別な実験に選ばれたのだ，という意識をもち，周囲から注目され，敬意を払われているということが生産性の向上に影響を与えていた．

　皆さんも，同じような経験があるかもしれない．作業条件をただ改善されるだけではなく，そのことによって，自分が他者から大切にされている，敬意を払われていると感じたとき，作業条件が一時的に悪くなったとしても，生産性を直ちに下げるわけではない．この知見が，ホーソン実験によって明らかにされた．この知見をふまえ，人間のやる気，モチベーションはどのように高められるのかという点に，光が当てられてゆくことになる．

2. 欲求階層理論[21]

　ホーソン研究は，組織で働く成員の感情に，改めて注目を当てる研究であっ

た．この実験をふまえ，主として心理学者によっておこなわれていたモチベーションに関する研究の知見が，経営組織論の領域で活用されるようになってきた．

　なかでも古典的な理論は，欲求階層理論とよばれる理論である．欲求階層理論に基づくと，人間の基本的な欲求は5つに分類される．第一は，睡眠，食事といった，自分の生命を維持するための生理的欲求である．第二は，害を及ぼす人を避け，安定した生活を維持するといった，危険や不確実性を回避する安全の欲求である．第三は，友人や家族の愛情を求めるといった，集団への帰属，仲間を求める所属と愛の欲求である．第四は，周囲から尊敬を受け，安定した，しっかりした根拠を持つ自己に対する高い評価，といった承認の欲求である．第五は，自分がなりうるものに，なる，という自己実現の欲求である．これらの欲求は，第一の欲求を底辺，第五の欲求を頂点として，階層化されている．人は，低次元の欲求を満たすと，さらに高い次元の欲求を求める．しかし，第五の欲求については，どこまで求めても満足することがない，として人間のモチベーションを理解する理論が，欲求階層理論である．

3．E.R.G. 理論 [22]

　しかし，欲求階層理論には疑問が残る．果たして，私たちは，自らの欲求を，生理的欲求，安全欲求，所属欲求，尊厳欲求，自己実現欲求の順番に満たそうとするだろうか．日々の生活を振り返ってみれば，生理的欲求が満たされていない状態でも，尊厳欲求を捨てないという行動を，しばしば観察できる．また，これらの5分類を子細に検討すると，他の観点からの分類も可能である．

　人間を開放システム理論に見立てる視座を下敷きとしつつ，これらの点をふまえて生み出された理論が，E.R.G. 理論である．E.R.G. 理論は，欲求を5つではなく，3つに分類する．第一の欲求は生存欲求である．生存欲求とは，睡眠，食事をはじめとする，生きてゆくために必要となる，対物関係の欲求である．第二は関係欲求である．生存欲求がモノに対する欲求であったのに対し，同僚や家族といったヒトに関する，対人関係の欲求である．第三は，成長欲求である．成長欲求は，自らに対して，さらに人間としての成長を求め，創造的であることを求める欲求である．

　3つの欲求である生存（existence），関係（relatedness），成長（growth）の頭文字をとって，E.R.G 理論とよばれる．E.R.G. 理論は欲求階層理論と同様，

第5章　経営組織論 ● 137

低次の欲求から，欲求を充足するための行動がなされると理解する．しかしその一方，高次の欲求を，低次の欲求と同時に満たす行動を認めている．生存を欲求しながら，同時に成長を求めるという，私たちが経験する心的内容を，射程に収めている．また，欲求が満たされない場合についても興味深い発見をしている．特定の次元における欲求が満たされない場合，人間はその欲求を満たし続けるべく努力をするのではなく，より低次の欲求を求めるようになる．関係欲求，たとえばアルバイトで同僚との関係が満たされなかったとき，帰りのラーメン屋さんでついヤケ食いをしてしまった経験はあるだろうか．あるいは，人生をいかに生きるべきかという成長欲求が満たされないとき，関係欲求である家族や友人との関係が恋しくなったことはないだろうか．これらの心の動きは，高次の欲求が満たされないことで，低次（低次であるからといって重要ではないわけではないのでご注意ください）の欲求を充足するための行動なのである．

4．X理論・Y理論 [23]

　ここまではモチベーションの射程を個人にあわせてきた．しかし，組織における個人は，人間と人間との関係においてモチベーションを高め，あるいは低下させている．そして，このような側面をもつからこそ，経営組織論でモチベーションを扱うことは重要になる．検討すべきは，欲求をもつ人間とどのように働くのか，あるいは，上司の視点に立てばどのように働いてもらうのか，である．この観点から参考になる理論がX理論とY理論である．

　X理論，Y理論では，モチベーションを検討する上で，社会の状況へ着目する．社会のあり方が，混乱に満ち，衣食住に事欠くような状況であるとする．欲求理論をふまえると，このような社会では，組織の成員もまた，生理的欲求，あるいは安全の欲求を満たしていない状態にとどまる．したがって，これらの成員を参加者として組織を形成する場合，組織の経営者は，モチベーションを高く保つため，生理的欲求，あるいは安全の欲求を満たすマネジメントが必要であると考えることだろう．自己実現欲求を追及する段階でなければ，このような人にとって，自分を高めるための仕事というものは考えられない．これらの人に働いてもらうためには，社員食堂を整備し，健康保険制度を充実させるといった対策が必要になる．このような状況において，人間は仕事自体から喜びを得るということはできない．このような人間行動に関する仮定を，X理論

138

とよぶ.

これに対して，豊かな社会ではどうだろうか．社会が豊かであり衣食住に困らず，治安も保たれている社会では，組織の成員は所属欲求，承認欲求，あるいは自己実現の欲求を求める人で構成される．これらの人々を参加者とする組織では，当然のことながら，低次の欲求を追及する人とは異なるマネジメントが必要になる．仕事において自己実現を目指す人に対しては，仕事自体から喜びを得ることができない人とは異なったマネジメントが必要となる．このような人間行動に関する仮定がY理論とよばれている.

5．動機づけ－衛生理論[24]

では，人間は外部から与えられた様々な条件に対し，モチベーションをどのように変化させるだろうか．このような観点からおこなわれた調査から明らかにされた理論が，動機づけ－衛生理論である．動機づけ－衛生理論の特徴は，モチベーション，とくに仕事における肯定的な態度である職務満足に影響を与える要因と，否定的な態度である職務不満に与える要因とが異なっていることを明らかにした点にある.

皆さんは，作業条件が改善される，たとえばアルバイト先にエアコンが設置されたとき，どのように感じるだろうか．この暑いなかで働くのか……という不満は解消されるかもしれない．しかし，もっと頑張って働くぞ！とまで思うことはないだろう．このように，それが満たされていないと不満を抱いてしまう，しかし満たされていれば職務の不満を防ぐ役割がある要因が，衛生要因である．公衆衛生を整備して，社会における健康が維持される（しかしかならずしもより向上するわけではない）ように，職場の衛生環境を維持するための要因ということである.

他方，アルバイトで何かを達成したときの喜びはどうだろうか．たとえば，高い成果をあげて，上司に認められたとしよう．これは，皆さんにとっても，喜ばしい経験であり，職務満足を満たすものであるはずである．しかし，とはいえ，上司に認められるという特別なことがなかったとしても，（ある程度は必要ですが）直接，職務に対する不満へ直結することはないだろう．このように，職務満足の側へ主として影響を与える要因は，動機づけ要因とよばれる.

この理論をふまえると，組織のマネジメントは，まずもって衛生要因を整備し，その上で，満足にかかわる動機づけ要因を高める必要がある．なお，仕事

第5章　経営組織論 ● 139

の対価として支払われる給与は，不満足と満足の双方に働きかけるということが明らかにされている．人間関係論が明らかにしたように，物的条件のみで人間は働くわけではないものの，給与もまた，大切な要因としてかかわっている．

6．内発的動機づけ[25]

　しかし，その後の調査によって，給与はかならずしもモチベーションを高めるわけではない，ということも明らかにされてきた．皆さんは，心の底から湧いてくる善意で，周囲の人を助けてあげたことがあるだろう．そのとき，対価としてお金をもらったけれども，本当はお金など必要ない，むしろお金など要らなかったのに……と感じた経験はないだろうか．仕事そのものが面白かった，別に，お金をもらうためにやっているはずではなかったのに，お金をもらったらなぜかやる気が下がってしまった，というように．

　外的な刺激によらないモチベーションは内発的動機とよばれているが，このような内発的動機は，外部の要因，たとえば金銭を与えた場合に，低下してしまうことがある．

　内発的な動機づけを阻害する要因は，金銭に限られない．たとえば，部活動のことを考えてみよう．スポーツそのものの面白さという内的な動機に基づいて部活動をおこなっている場合もあれば，入学試験に役立つ，就職に役立つという外的な要因に基づいておこなっている場合もあるだろう．前者と後者，そのどちらがより長くスポーツを続けているだろうか．応用問題として，このような事例についても考えてみてほしい．

7．期待理論[26]

　さて，ここまではモチベーションの内容論とよばれる理論を説明してきた．しかし，モチベーションは，どのような要因によって高められるのか，という観点から明らかにすることもできる一方，どのような過程で高められるのかという点からも検討できる．後者の視点からモチベーションを解明する理論の代表が期待理論である．

　たとえば，1時間の労働に対して，2000円の報酬が支払われる仕事があったとしよう．もし，あなたが1億円の宝くじを当てたばかりであれば，2000円の報酬に対して，魅力を感じることは少ないだろう．他方，お金がなくてカツカツだ，というときには，大きな魅力を感じ，仕事に対するやる気も生まれ

140

ることだろう．したがって，モチベーションの形成にあたっては，主観的な，その人にとっての魅力が大事になる．

しかし，モチベーションはそれだけで決まるわけではない．報酬に加えて大切になるのは，仕事の努力がなんらかの業績につながるという期待である．たとえば，その仕事が，あまりにも困難なものであったとすればどうだろうか．その仕事が達成困難な仕事内容であれば，最初からあきらめてしまい，やる気をだすどころではなくなってしまうかもしれない．

更に，考慮される必要があるのは，そもそも，その達成された業績が，どのような報酬に結びつくと考えられるかである．仕事を達成しても，それが期待する報酬へと結びつくと考えられなければ，やる気は出てこないだろう．そして，これら一連のプロセスを一つにまとめた理論が，期待理論である[27]．

モチベーションの領域ではこのように，従来の理論で十分に説明できない現象を，さらに説明すべく，理論が改定されてきた．ここまでの理論で，皆さんのやる気は，十分に解明できただろうか．どこかまだ納得いかないという点があれば，そこをじっくりと考えてみてほしい．そこから，新たなモチベーションの理論が生まれるかもしれない．

3-3　リーダーシップ

私たちはこれまで，組織を形成し，維持するためには，組織の均衡が大切であることを理解してきた．組織を維持するためには，様々な取り組みが必要になる．そのなかでも，とくに重要な役割を果たすのはリーダーシップである．組織は，異なる個人から形成される．これらの個人を，一つの組織で協働へと導くためには，組織の参加者に影響を与える仕組み，あるいは人間が必要である．もっとも広いリーダーシップの定義は，組織のメンバーに対して影響を与えること，であるが，リーダーシップの内実が何であるのかについては，様々な議論が積み重ねられてきた．

1．資質論

初期のリーダーシップ研究は，資質論とよばれている．リーダーたるもの，もって生まれたリーダーにふさわしい特性があり，この特性を解明しよう，というアプローチである．具体的には，過去にすばらしいリーダーシップを発揮した偉人がどのような特性をもった人間なのかを明らかにし，独創性，人気，

第5章　経営組織論 ● 141

社交性，判断力，積極性等を備えていることがリーダーシップの資質であると
みなされた.

2. 行動論

しかし，資質論には問題があった. もって生まれた資質は，既に誕生してし
まった人間にとって左右できる条件ではないためである. リーダーとして兼ね
備えるべき資質を列挙し，該当する資質を有する人間を選抜する作業に，この
知見は利用できる. しかし，このような資質を最初から兼ね備えた人間はかな
らずしも多くはないだろう. リーダーの資質は，実質のところ，行動にあらわ
れるものであり，資質ではなく行動であれば，ふさわしい行動を学ぶことで，
各組織で必要となるリーダーを育成することができる. このため，資質論のア
プローチは，行動論に取って代わられることになる.

3. 行動論：ミシガン研究[28]

組織において高い水準の成果をあげるためには，どのようなリーダーシップ
が有効であるか. これを明らかにするための一つの方法は，高水準の生産部門
と，低水準の生産部門のそれぞれについて，監督のリーダーシップを比較する
ことである. このような調査手法を採用して，同課題にアプローチしたのがミ
シガン研究である.

第一の発見は，高水準の生産部門におけるリーダーは，部下たちの人間的問
題の配慮を第一義にしながらも，高度の遂行目標をもつ効率的な作業集団をつ
くるための努力を行っている一方，低水準の生産部門では，規定された方法で，
かつ標準時間に定められた割合で，一定の作業手順通りに，忠実に仕事を続け
させようとする監督方式がみられたことである.

第二の発見は，従業員が自分たちと監督者との間に存在すると思っている葛
藤の量と，従業員の生産性水準との間に強い関係があることである. 監督者と
従業員の間に葛藤が存在する，つまり監督者に対する信用と信頼が低い場合，
仕事の遂行に対する圧力を，従業員はほとんど感じない. その結果，圧力を感
じない従業員は，高い生産性をあげることになる.

第三の発見は，具体的な監督方法としては，こまごましい監督方式を採用し，
仕事の失敗に対して処罰的，批判的な対応をとるよりも，一般的な監督方法を
採用し，仕事の失敗に対して非処罰的，支援的に接する，いわば支持的な監督

を行う方が生産性は高くなることである．

　上記の発見をふまえると，リーダーは，従業員からの信頼を得ることが仕事圧力を生産性につなげるための条件であり，その条件を整えるためには従業員中心の監督，ならびに支持的な監督方式を採用する必要があるといえる．

4．行動論：オハイオ研究[29)]

　他方，有効なリーダーシップのありかたについては，軍隊や学校，企業におけるリーダーの行動を部下がどのように捉えるかという点を通して把握し，その行動を採用している部門の生産性と比較するという方法も採用できる．このような方法で，高い成果をあげるリーダーシップを解明したのが，オハイオ研究である．

　同研究では，フォロワーに対する様々な気配りである配慮と，自らの役割を期待されていることを明確に定義する構造づくりといった行動をとることが，基本的には高い生産性に結びついていることが明らかにされた．

5．コンティンジェンシー理論[30)]

　しかしながら，上記のリーダーシップはどのような状況下においても，高い生産性に結びつくだろうか．この疑問を追求することで生み出された理論が，コンティンジェンシー理論である．

　リーダーは，さまざまな条件下でリーダーシップを求められる．例えば，リーダーとフォロワーの関係が良好であり，やるべき仕事が定型的で構造化されており，リーダーの権限が強い，つまりフォロワーがリーダーの指示に従う状況であれば，その状況はリーダーにとって好意的であるといえる．他方，上記の状況が逆であれば，リーダーにとって状況は好意的でない．

　状況が好意的，ないしそうではない状況下では，仕事志向のリーダーシップが有効であり，状況が中程度の場合は，対人関係志向のリーダーシップが有効である．従って，常に高い成果を維持するためには，状況に応じてリーダーシップを使い分ける，あるいは状況そのものを変化させることが必要となる．

　このように，組織を維持するためには，さまざまな取り組みが必要になるのである．

第5章　経営組織論 ● 143

4．経営組織論と組織論 [31]

　ここまで，本章では組織とは何か，という点を皮切りとして，組織の仕組み，組織で働く個人のあり方について，理解を深めてきた．

　本章を読みすすめてきた皆さんは，根本的な問題に気付いたかもしれない．それは，経営組織論の射程とは，実はもっと広いのではないか，という疑問である．経営組織論は，経営学の一領域として，組織を解明するために生み出された領域である．しかし，現在では，学として，組織学を構築するための試みもなされている．組織は，まだまだ未解明なところが残る領域なのである．

　また，組織とは，目に見えない対象であるにもかかわらず，私たちにとってもっとも身近な社会現象の一つである．経営組織論は，こうした組織を運営するための学問である．理論を頭で学ぶだけではなく，ぜひ，実際の毎日の生活のなかで，理論を活用してみてほしい．もしかすると，経営組織論を教えている先生は，あなたの講義やゼミ，日々の対人関係も，経営組織論の理論を通じて理解しているのかもしれない．そして，組織に関する問題に突き当たると（それは日々の組織的なトラブルとして顕在化されます），理論を通して自分の行動を振り返りながら，また，理論の限界に対しても試行錯誤を繰り返しているかもしれない．君も，そのような試行錯誤を通じて，組織を理解しようとする仲間の一員に，ぜひ加わってほしい．組織理論は，経営の，あるいは社会的な実践のなかで生み出されてきた．そうであるならば，新しい組織理論を生み出すのは，あなたかもしれないのですから．

注

1 ）Morgan "Images of Organization" SAGE Publications, 1996
2 ）バーナード『経営者の役割』ダイヤモンド社 1968 年
3 ）サイモン他『組織と管理の基礎理論』ダイヤモンド社 1977 年
4 ）高橋伸夫編『超企業・組織論：企業を超える組織のダイナミズム』有斐閣 2000 年
5 ）スミス『国富論』中央公論新社 2010 年
6 ）デイビス他『マトリックス経営：柔構造組織の設計と運用』ダイヤモンド社 1980 年
7 ）テイラー『科学的管理法』産業能率短期大学出版部 1969 年
8 ）チャンドラー『組織は戦略に従う』ダイヤモンド社 2004 年
9 ）ウェーバー『官僚制』恒星社厚生閣 1987 年
10）Hall "Organizations: Structure and Process" Prentice-Hall, 1977
11）ファヨール『産業ならびに一般の管理』未来社 1972 年
12）個人の生活においては，個人の利益が優先されることはいうまでもありません．また，

144

倫理に照らして，優先すべきでない全体の利益があることもいうまでもありません．この取り違えによって組織的な不祥事というものは生じてしまうのですから．

13) マートン『社会理論と社会構造』みすず書房 1961 年
14) Burns and Stalker "The Management of Innovation" Tavistock Publication, 1961
15) トンプソン『行為する組織：組織と管理の理論についての社会科学的基盤』同文館出版 2012 年
16) サイモン『経営行動：経営組織における意思決定過程の研究』ダイヤモンド社 2009 年
17) マーチ他『オーガニゼーションズ：現代組織論の原典』ダイヤモンド社 2014 年
18) サイモン『システムの科学』パーソナルメディア 1999 年
19) マーチ他『組織におけるあいまいさと決定』有斐閣 1986 年
20) メイヨー『新訳 産業文明における人間問題』日本能率協会 1967 年
21) マズロー『人間性の心理学：モチベーションとパーソナリティ』産業能率大学出版部 1987 年
22) Alderfer "Existence, Relatedness, and Growth: Human Needs in Organizational Settings" Free Press, 1972
23) マグレガー『新版 企業の人間的側面』産業能率短期大学出版部 1970 年
24) ハーズバーグ『仕事と人間性』東洋経済新報社 1968 年
25) デシ『内発的動機づけ』誠信書房 1980 年
26) ブルーム『仕事とモティベーション』千倉書房 1982 年
27) Porter., et al., "Managerial Attitudes and Performance" R. D. Irwin, 1968
28) リカート『経営の行動科学：新しいマネジメントの探求』ダイヤモンド社 1968 年
29) Stogdill. "Handbook of Leadership" The Free Press, 1974
30) フィードラー『新しい管理者像の探究』産業能率大学出版部 1970 年
31) 岸田民樹『組織学への道』文眞堂 2014 年

参考文献

岸田民樹・田中政光『経営学説史』有斐閣 2009 年

　　　定評あるテキストを提供している有斐閣アルマシリーズの一冊である．タイトルに組織の名前がみられないけれども，経営組織論の諸学説をまとめたテキストである．本章でもふれたように，組織の定義はいまだ定まっていない．しかし，定まっていないながらも，組織がどのような存在であるのかについては，系統だった検討が進められている．その過程を，シンプルな枠組のもとで俯瞰することができるテキストである．

稲葉元吉『経営行動論』丸善 1979 年

　　　こちらも，タイトルこそ『経営行動論』と組織の名前は冠されていないものの，経営組織について体系的に論じた書籍である．出版は 1979 年と古いが，複数の立場がある組織についての理解を並列するのではなく，特定の組織理論を土台として，包括的な組織理論を構築して組織全体を説明している．文体は固いものの，論理だって構築された組織理論の世界を体験したい学生諸君はぜひ手にとってみてほしい．

第6章

地域の街・建物の調査

渡邊　道治

1. はじめに

　特定の街や地域の観光について計画をたてたり，あるいは地域の活性化を考えたりするためには，まずその対象となる街や地域の現状を把握しその特徴をよく理解することがすべての基礎となる．そのためには，たとえば，気温や日照，風向きなどの気候であったり，経済活動であったり，そこに住む人々の意識であったり，あるいは街の大きさや人口についてであったりと，様々な観点からの調査と分析が必要とされる．このようにきわめて多様な観点から街や地域について知ることが可能である．そこで本章ではとくに街のつくりや建物といった物理的・空間的な観点に限定して対象となる街や地域を調査するために，どのようなことに注意して調査をおこなえばよいのか，どのような資料にアクセスし，収集した情報をどのように整理していけばよいのかについて述べることにする．本章で街や地域の物理的・空間的な観点からの調査について限定したのは次の2つの理由による．一つは，街のつくりや建物そのものがその地域の特徴を決定づけるもっとも重要な要素の一つとなっていることは明白な事実といえるからである．もう一つは，街や地域の特徴をとらえる様々な観点の中でも，住民の意識のような形として目に見えないものではなく眼前に現実としてすべての人に具体的な姿として見えるため，その違いや変化がもっともわかりやすくとらえることができるからである．

　特定の街や地域を調査するには，文献による調査，現地での調査，聞き取りやアンケートによる調査など様々な手法が用いられる．また，調査の進め方についても，事前調査，現地調査，事後調査といった具合にいくつかの段階に分かれている．本稿ではこうした調査方法や進め方による違いについてはあまり触れずに，街や地域の現状を知り，特徴を明らかにするための広義の調査をおこなう視点ごとに述べることとする．したがって，本章では，街のイメージ，街の立地，街の歴史，街の構成，建物の調査の各項目ごとに説明することとする．また，「街」と「都市」の定義は本来異なるものであるが，本章では調査をおこなう対象として取り扱うに際し，ほぼ同意語として使用することとする．

2. 街のイメージを調べる

　特定の街あるいは都市について知る，あるいは理解しようとする場合にその

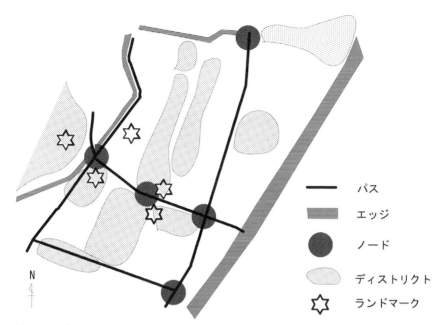

図6-1　都市のイメージ（ケヴィン・リンチによる5つの要素で熊本市中心部を表現した場合）

とらえ方には2つの面がある．一つはその街についての具体的なとらえ方であり，たとえば街の大きさ，人口，どこに位置しているかなど物理的に示すことのできる資料に基づくものである．もう一つが，その街に対するイメージである．とくにここで取り上げるのは調査対象となる街に対し人々がもつ空間的なイメージである．この空間的なイメージはそれぞれの街の特徴を理解する上できわめて重要であり，とりわけ観光の観点からみると決定的な役割を果たす場合がしばしばみられる．

街に対するイメージは個人ごとにそれぞれ異なるものであるが，たくさんの個人のイメージが重なり合った結果として一つのパブリック・イメージが存在する．この概念を都市のデザインのなかに取り入れたのがアメリカの都市計画家ケヴィン・リンチである．彼の称するパブリック・イメージはまさしく個人の相違を超えて多くの人々が共有するイメージを意味している．ここでは彼の理論に従い，それぞれの街がもつこの共有する都市のイメージをどのような観点から調べればよいかについて述べる．この調査をおこなう場合には，そこに住む人々が自分の街に対してもつ場合と他の地域の人がもつ場合の2つの場合

を知る必要がある.

　リンチによれば都市のパブリック・イメージを構成する具体的な要素は5つある. すなわち, パス（道路）, エッジ（縁）, ディストリクト（地区）, ノード（結節点）, ランドマーク（目印）である. 図6-1には熊本市の中心部を対象にして著者がリンチの5つの要素をあてはめてみた例を示している. パスとは街路, 鉄道, 運河など人々が通る道筋であり, 人々が抱くイメージの支配的な要素である. エッジはパスとして用いない線状の要素で, 海岸, 開発地の縁など2つの局面の境界を指す. ディストリクトは都市の一部分で, 2次元の広がりをもち, その内部の各所で共通する独自の特徴がある. そしてそのなかにいる人が「なかにいる」ことが自覚でき, もし外から見ることができれば外から認識できるものである. ノードは都市内部の主要な地点であり, たとえば主要な道路の交差点や広場など, そこへ向かったり, そこから出発したりする強い焦点である. ランドマークは塔, 高層建築, 山など外部から見るもので, 遠くから眺められ, 都市の内部にも外部にも存在しうるものである.

　空間的な都市のイメージを構成するこの5つの要素を調査者はまず地形図, 航空写真などで調査するとともに, 現地調査をおこなうことで抽出する. それによってその街がもつ空間的なイメージがどのように生み出されているかを把握することが可能となる. さらに, 対象となる街の住民, また地域外の人々への調査（アンケートや聞き取り調査）によって, 調査対象の街の住民と外の世界の人々のその街に対する空間的イメージを決定づけている要素の共通点や相違が明らかになる. それによって空間的イメージによる街の特徴が浮き彫りとなるとともに, どのような道路や鉄道, 場所や地点が街の特徴を決定づけているかを知ることができる.

3. 都市空間を調べる

　街の特徴をとらえる観点の一つとして都市空間があげられる. 都市空間とは都市あるいは街の建物が占めている場所以外, すなわち内部空間以外の空間を指すともいえよう. しかしここでは本稿の目的である街の特徴を明らかにするという観点から, 都市空間を以下の3つに限定して記述したい. すなわち, ここで扱う都市空間とは街路空間, 街のなかのオープンスペース, 水辺の空間である. この3つの空間は街の構成の上で重要な役割を果たし, その特徴をとら

図 6-2-1　街路空間（銀座）　　　　図 6-2-2　街路空間（三重県関宿）

えることは街の特徴を理解することにつながる．

　まず，街路空間は人や車などの交通のための空間にとどまらず，街をより魅力的にする空間，すなわち人間の意思によって快適さや美しさを持ち合わせる空間であり，その存在が街の魅力を決定づける大きな要因の一つとなっている（図6-2）．この街路空間を特徴づける主な要素として次の項目があげられる．まず街路の平面の形，つまり直線街路なのか，緩やかな円弧をえがいているのか，鋭角に屈折しているのかなどである．それとともに街路が平坦であるのか，高低差による傾斜がどのようなものであるかも意味をもつ．さらに街路の幅員，そして両側に並ぶ建物の高さと幅員とのプロポーションも重要である．また街路に配置されている街路樹やストリートファーニチャーも街路空間の特徴に影響を与えている．

　街路空間の特徴を決定づけるもっとも大きな要素は街並みの景観であろう．街路に面した建物の連続性が生み出すのが街並みであり，その街並みの特徴を知るために建物のファサードを中心にして次のような項目に注目して調べる．

　まず，建物の街路に対する配置の状態をみる．建物が連続して一直線に並ぶのか，スペースを挟みながら建物が並ぶのか，そしてまた凹凸を持ちながら並んでいるのかどうかをみる．次に立ち並ぶ建物の高さ寸法，高さの統一感について調べる．屋根の形態や材質についても注意して調査をおこなう．伝統的な街並みでは切妻や平入りの屋根が連続して並び，瓦屋根となって統一した街並みを形成している．あるいは鉄筋コンクリート造のビルが立ち並ぶ場合も，類似した壁面の扱いや窓の取り扱い，そしてほぼ等しい高さで立ち並ぶことで統一感ある街並みを生み出している場合もみられる．それとともに軒の高さや庇の高さ，その材質や意匠の統一感についてもみる．同様にそれぞれの建物の開

図6-3 水辺の空間（熊本市白川沿いの遊歩道）

口部や出入り口の配置や大きさ，意匠に共通した特徴がみられないかを調べる．とくに開口部においてはその大きさ，配置，そこに施された格子や手摺，戸などの形，施された意匠における共通する特徴が見られないかを調べる．最後に材質や色彩についても注目しておく．類似の材質や色彩を用いることは統一感ある街並みを生み出す大切な要素である．

　次に広場や公園，空地など街中のオープンスペースに関して，街路空間と同様にいくつかの観点について調査する．こうした場所は都市景観の上からのみでなく，都市のイメージの項で述べたように，都市のノードを作り出す上からも重要である．このオープンスペースの街中での配置上の特徴を主要な街路や主要な建築物との関係から明らかにしておく．当然のことであるが，オープンスペースの平面形が計画的な幾何学性を備えているのか，あるいは自然発生的な不規則な形態をなしているかについても検討する．またオープンスペースとそこにいたる街路との関係，オープンスペースを囲む建物の用途や高さ，立面意匠の特徴についても調査をおこなう．さらにオープンスペースとそれを囲む建物，そしてオープンスペース内に置かれる記念碑や植栽などによって，そこに何らかのシンボル性が形成されているかについても検討する．

　最後の水辺の空間をとくに都市空間の一つとして取り上げるのは，多くの都市あるいは街は実際歴史的に河川沿いに生まれ，整備されていった経緯を示しており，河川と街との関係，そして水辺の空間の扱いが街の特徴や魅力にきわ

めて重要な役割を果たしているからである（図6-3）．調査するに際して，ま
ず水辺の種類，すなわち河川，湖，運河，水路，堀や池などに特定する．次に
それらの水面と両側の土地との高低差，市街地の建物との距離について調べる．
また水辺の空間を形成する重要な役割を果たす親水性への工夫がなされている
かについても調べる．たとえば，水辺に階段，テラス，散歩道は整備されてい
るのか，街路樹やストリートファーニチャーは適切に配置されているのかなど
である．それらの工夫によって水辺の空間にどのような都市的な機能を担わせ
ているのかについて理解しておく．水辺はしばしば，都市のイメージの項でも
ふれたエッジ（縁）の役割を果たすことが多く，調査対象となる街あるいは地
域における水辺の空間の豊かさはその街の特徴を形成する重要な要素となる．

4．街の立地を調べる

　それぞれの街がそれぞれに特徴を持ち合わせている背景には、その街が位置
する場所の特性が反映されているからである．各街の特徴を知るために必要と
される知識はその街の立地の特徴を知ることからも得られる．立地の特徴をと
らえるための視点としてここでは地形，地質，水系，植生を取り上げる．

　まず，地形は土地の高低や起伏など地表の状態を指し，一般に大地形，中地
形，小地形，微地形にその大きさから分類される．大地形は陸地や山脈など地
殻変動によって形成された大規模な地形，中地形は武蔵野台地などの洪積台地
ほどの規模の地形，小地形は河川・雨水などの侵食作用や風などの外力により
作り出された三角州や扇状地，自然堤防などの地形を指し，これらは地形図よ
り読み取ることができる．一方，微地形は風食凹地などのように現地での肉眼
により判明するようなわずかな地形であり，地形図で判別することはできない．

　土地の自然条件による基礎的な資料は国土地理院による土地条件図（図
6-4）でみることができる．それぞれの地域の土地が山地，台地・段丘，山麓，
低地そして田畑のような人口地形などと区分がなされた2万5千分の1の地図
として示されている．現在のところ，国土地理院のホームページ上で公開され
ているのは残念ながら全土の一部のみに限定されている（http://www.gsi.
go.jp/bousaichiri/lc_index.html）．

　地形図と称される地図は1万分の1，2万5千分の1，5万分の1の3つの縮
尺があり，国土地理院より発行されている．この他に大縮尺の地図として

第6章　地域の街・建物の調査 ● 153

図6-4 土地条件図(熊本県県央部). http://maps.gsi.go.jp/#12/32.737617/130.541439/&base=std&ls=std%7Clcm25k_2012&blend=0&disp=11&lcd=lcm25k_2012&vs=c1j0l0u0t0z0r0f0&d=vl より

2千5百分の1と5千分の1の地図,少縮尺の地図として20万分の1,50万分の1,百万分の1,3百万分の1,5百万分の1の地図がいずれも国土地理院より発行されている.地域の調査をおこなう場合,上記のなかでも2万5千分の1と5万分の1の地形図で必要とされる一般的な情報はほとんど読み取ることができる(図6-5a,b).前者は明治23年から,後者は明治43年から全土を対象に作り続けられているので,新旧の同一地域の地形図を比較検討することで,対象地域の経年変化を正確に追跡することが可能である.

　上記2つの縮尺の地形図を用いると土地の高低や起伏,土地利用の状況,水系を知ることができる.2万5千分の1の地形図には10mごとの等高線が描

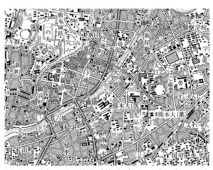

図6-5（a） 地形図（熊本市の一部（5万分の1），国土地理院（熊本8号，平成8年発行）

図6-5（b） 地形図（宇土市の中心部（2万5千分の1）），国土地理院（熊本8号-2, 平成24年発行）

かれ，主要な岡や山の標高が記されているので任意の地点の海抜を知ることができ，等高線の間隔から土地の起伏や傾斜も読み取ることができる．また田畑の区別，竹林，笹地，果樹園の区別，さらに山林における紅葉樹林，針葉樹林，ハイマツ，ヤシ科樹林の区別も明らかとなる．土地の傾斜が8度くらいを超えると牧草地や山林となりやすく，15度を超えるとほとんどが山林として利用されるとみてよい．地形図に示された表記や土地の傾斜を参考にして地形図より大まかな土地利用を把握することができる．

一方，より詳しく土地利用の状況を必要とする際には国土地理院が発行している土地利用現況図を参照するとよい（図6-6）．これは2万5千分の1（昭和50年より），5万分の1（昭和26年より），20万分の1（昭和57年より）の3つの縮尺の図面があり，多色刷りとなって視覚的にわかりやすく表示されている．いずれも国土地理院のホームページからアクセスできるようになっている（20万分の1の地図は http://maps.gsi.go.jp/#11/35.770829/139.325407/&base=std&ls=std%7Clum200k&blend=0&disp=11&lcd=lum200k&vs=c1j0l0u0t0z0r0f0&d=vl）．

水系について調べる場合には前述の地形図からその平面形や流れの方向，他の河川との関係などを読み取ることができる．さらに詳細で正確な資料が必要となる場合には国土地理院のホームページ内の国土地理情報の河川データからダウンロードできる（http://nlftp.mlit.go.jp/ksj/jpgis/datalist/KsjTmplt-W05.html）．植生に関する情報は環境省が作成している現存植生図を利用すること

第6章 地域の街・建物の調査 ● 155

図 6-6　土地利用図（姉崎市の一部）．http://tochi.mlit.go.jp/wp-content/uploads/2012/02/mihonzu.pdf

図6-7 植生図（熊本県県央部）．http://map.ecoris.info/vege.html#zoom=12&lat=3857925.8435&lon=14556118.99123&layers=B00TTT

で得られる（図6-7）．5万分の1の地図で1973年より5年ごとに作成されており，陸域，陸水域，海域の3つの領域に分けて全国を対象に作成されている．その図は平成11年より2万5千分の1の縮尺で作成整備が進められ，環境省のホームページより入手可能となっている（http://gis.biodic.go.jp/webgis/sc-043.html）．各都道府県および市町村が作成する緑の基本計画はこの図を使って作成されている．また地質についての情報は20万分の1と5万分の1の縮尺の地質図が独立行政法人産業総合研究所で作成されており，同法人の地質naviを利用することができる（https://gbank.gsj.jp/geonavi/）（図6-8）．

　街や地域の立地を調べる上でその地域がもつ地形上の本来の姿を知る一つの手がかりが地名である．場所によっては市町村の合併や行政区分の変更で地名が変更されることがしばしば起きているが，地名変更がおこなわれている場合にはその変遷をさかのぼってできるだけ当初の地名を求めていくとよい．たと

図 6-8　地質図（熊本県県央部）．https://gbank.gsj.jp/geonavi/geonavi.php#11, 32.70608,130.74690

えば，島の字は沖積地のなかの自然の堤防や中洲を指し，谷や沢の字は小さな侵食谷を意味している．東京にみられる「富士見坂」や「汐見坂」はしばしば指摘されてきたようにかつてそこから富士山が見える場所であったり，あるいは海岸線の近くであったりしたことを示すものであり，その地区の元々の成り立ちを知ることができる．

5．街の歴史を調べる

　調査対象の街の現状を理解するだけでなく，より深くその街を知るためには
その街がたどってきた歴史に目を通しておくことは不可欠である．なぜなら，
それぞれの街の現状はこれまでの様々な経緯の積み重ねの上に成り立っている
からであり，その延長上に今後の街の展望が開けるからである．

　それぞれの街の歴史を的確にたどり，街がもつ特徴が形成された背景を探る
ためには文字資料と画像資料の両方にアクセスする必要がある．まず，文字資
料について最初にすべきことは各市町村史に目を通し，必要な情報を抽出する
ことである．その際に，刊行されている市町村史の旧版も見ておくべきである．
なぜなら版が新しくなった際にいくつかの情報が欠落する場合があるからであ
る．次に新聞記事，各市町村や町内会刊行物（たとえば広報誌や町内会の会報
など），町内会や商店街あるいは地元の学校の記念事業に際に発行された印刷
物，郷土史家による刊行物などがある．これらの様々な文字資料のなかで，街
の形成の過程やその背景を示すような情報を適宜抽出し，それらを時系列，地
域ごとに整理しておく．こうした資料は調査対象地域の県立図書館や市町村図
書館，および各市町村の情報公開部門で収集するとよい．とくに公立の図書館
には郷土資料室が整備されており，そこに関連する資料が比較的よく集められ
ている．また郷土資料室のレファレンスサービスを活用して，関連資料をもっ
ておられる方などを紹介していただくなどの方策も可能であろう．

　次に画像資料についてみると様々な種類のものが考えられる．まず明治以降
の時期に関しては地図があげられる．測量に基づく地図以外にも絵図，名所図
絵，場所によっては浮世絵や絵はがき，写真などがあげられ，近年では Goole
Earth による画像データも活用できる．こうした画像資料は地元の公立の図書
館，またその郷土資料室，そして市町村の情報公開部署等で収集することがで
きる．近年はインターネット上でも種々のこうした画像資料が公開されている
のでより広範囲にかつ簡便に情報の収集が可能となりつつある．

　ここで述べた文字資料と画像資料を収集した上で，調査対象となる街や地域
の歴史をたどり，その特徴を探り，必要に応じ観光の分野に生かしていくこと
が求められる．その際に重要なことは，上記2つの資料から抽出した必要な情
報を時系列に整理し，それぞれの事象の相互の関係を明確にしながらまとめる
ことである．街におけるそれぞれの事象に対してできるだけ文字資料と画像資

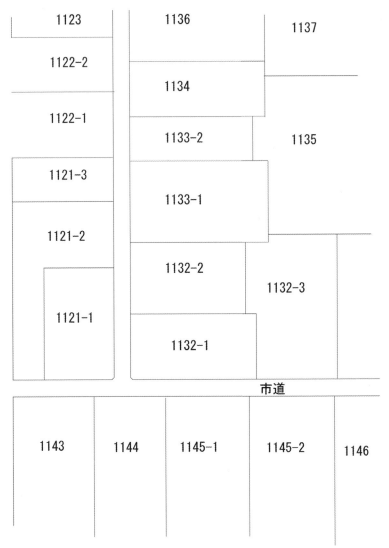

図6-9 地籍図（筆者作成）

料を対応させて整理しておくことが大切である．

　画像資料についてそれぞれの種類ごとに少し説明を加えることとする．地図資料にも異なる情報を伝える各種の地図があるので，目的に応じ適宜収集する必要がある．もっとも基本的な地図は国土地理院発行の地形図であり，それに

関しては既に街の立地で触れたようにいくつかの縮尺の異なる地図が発行され，明治期から継続して発行され続けているので，同じ街においても少なくとも明治以降の移り変わりを測量に基づく正確な地図の上でたどることが可能である．とくに，社会基盤施設である道路，鉄道，市街地の広がりや縮小の様子，河川の変化など街の全体像を変容させるような要素の変化を検討していくことができる．

　街の建物の移り変わりを調べる場合には住宅地図を利用するとよい．昭和30年代から発行が始まり，千2百分の1から6千分の1の間の縮尺表現となっており，毎年地図が更新されている．建物の建て替え，敷地の変化などを毎年とらえることができる．ただし，建物形状はそれほど正確ではない．調査においてとくに敷地について正確な情報が必要な場合あるいは敷地形状の変遷を明らかにする場合には地籍図を用いる（図6-9）．市街地における敷地の統合や分割などで街の建物や景観が大きく変化した場合における変容の過程をより詳しく順次追跡する調査では，地籍図は重要な資料となる．地籍図では一筆ごとに描かれ，所有の境界線，地所番号，地目，字名，等級などが記されている．とくに平成15年以降国土交通省や法務省による測量し直しによって全土の新しい地籍図作成が進んでおり，市町村役場で閲覧できる．

　全国の主要な都市のとくに中心市街地などでかつてどのような店舗や会社が立ち並んでいたのかについて調べる際には商工地図を参照するとよい．商店や会社をお知らせする目的で，明治末から戦後しばらくの間までの全国の主要な都市を対象に作成されている．とくに参考となるのは大正6年の「大日本職業別明細図」である．縮尺は地形図よりやや大きく，地形図ほどの正確さはなく若干のデフォルメが施されている．しかし，各商店や会社，著名人の住居などが地図に表記され，その一部写真は地図の周りに並べられている．図書館などで閲覧することもできるし，また最近は復刻版も出版されている．

　同じように大正から昭和の戦前にかけての時期には，観光振興のために全国各地を絵師が描いた鳥瞰図がある．この図は発行者が重要と思われるもののみを強調して描いており，きわめてデフォルメされた図となっているが，それぞれの地域の街のつくりや風景で特徴ある部分がある意味わかりやすく表現されている．様々な絵師が描いているが，とりわけ吉田初三郎の手になるものがよく知られている．

　こうした地図や図以外にも，場所によって古図や絵図，宿場町を描いた街道

第6章　地域の街・建物の調査 ● 161

絵図，名所図絵，浮世絵，あるいは街並みを撮影した写真などがある．この種の絵や図は縮尺，大きさや長さなどはあまり正確とはいえないが，それぞれの街や地域における諸要素の配置や並び，景観の特徴，建物同士の関係，都市空間の特徴をきわめてよく表現している利点も持ち合わせている．したがって，調査対象地域の街の変遷をたどる上で，その街がこれまでに持ち続けてきた特徴の由来や変化の背景を知る上で貴重な資料となり得る．

　昭和 40 年代以降になると各地の空中写真が撮影され，入手可能となった．国土地理院は 5 年ごとに撮影しており，インターネット上でも公開されている．空中写真の資料としての特徴は撮影時の現状をありのままで示していることである．道路，建物，河川，宅地，農地などの状況を形態のみならず，カラー写真の場合には色彩も含め，材質感を伴ってとらえることができる．そのなかでもとりわけ，樹木による植栽，草地，耕作農地など緑の現状とその変化を知る上では貴重な情報源となる．近年では Goole Earth によってより簡便に最新の状況を衛星写真によって閲覧することが可能となっている．

6．街の構成を調べる

　それぞれの街の特徴は多くの異なる観点からを明らかにされる．ここでは現在の街の特徴を物理的・空間的な観点からみることにする．そうした見方をするために，どのような項目について調査をおこない整理しておくかについて述べる．さらに，現在の街の基本的な構成を物理的・空間的な観点から明らかにするとともに，そうした現状が形成された過程および背景を知るために，対象とする街でおこなわれてきた様々な事業についての調査についても言及する．

　まず，現在の街の構成を物理的・空間的な観点からみる項目として，道路などの公共交通関係，公共施設，土地利用を取りあげる．公共交通機関は基本的に鉄道，道路，水運があげられる．調査対象となる街における鉄道の種類（新幹線とその他の JR，私鉄の区別）および路面電車とその駅が市街地や道路とどのような位置関係にあるのかをおさえておく必要がある．道路に関してはその機能の観点から主要幹線道路，幹線道路，補助道路，その他に分類して，調査対象の街の道路を分類した図を鉄道網も記入して作成する．また各道路の基本的な情報として，その平面形と幅員および車線数は調べておき，前述の道路の分類図に記載しておく．この図によって種々の道路同士そして鉄道を含めた

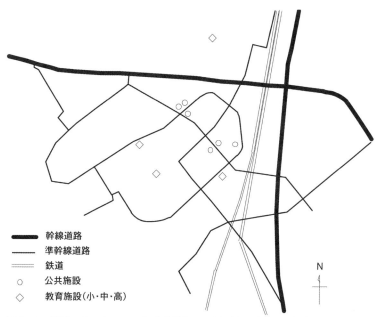

図6-10　道路のネットワークと公共施設の配置（宇土市の場合）（筆者作成）

交通のネットワークがわかりやすい1枚の図で示されることとなる（図6-10）.

次に公共施設の配置を，上記の道路と鉄道網を記入した図に書き込み，道路のネットワークと公共施設の配置との関係をあらわした図として作成しておく（図6-10）．公共施設としては市役所や町役場，コミュニティセンター，図書館，美術館，警察署や税務署，交番などがあげられる．道路，鉄道，公共施設に関するこれらの情報は5万分の1もしくは2万5千分の1の地形図からほぼ読み取ることができるし，その配置についても明示されている．幅員については2千5百分の1の地図を用いれば，およその値を得ることができる．道路に関してより詳細な情報が必要な場合には道路台帳を利用するとよい．そこにはそれぞれの道路の路線名，起点と終点，幅員，経過地が記載されている．さらに地形図には病院，小中学校のような教育施設，神社や寺院のような宗教施設，記念碑や史跡名勝天然記念物の位置も表示されている．これらの情報を交通網とともに目的に応じ適宜整理することで，対象となる街の物理的・空間的な特徴が明らかにされる．

街や地域の土地がどのように使われているかを概観するには先に述べた国土

交通省による土地利用現況図（図6-6）を利用するとよい．昭和50年から平成5年にかけて全国の主要な平野部を対象として2万5千分の1の縮尺で作成されたもので，土地の利用状況を住宅地区，商業地区，工業地区，公共地区，施設，空地，農地，林地などに分けて多色刷りで仕上げられた地図である．そのほかにも5万分の1や20万分の1の縮尺の異なる図も場所によっては作成されている．この図を用いれば，商業地，工業地，住宅地の場所や範囲，その広がりが一目瞭然であり，個々の建物の配置も部分的には読み取ることができる．また，都市部の周りの農地や林地の状況も把握することが可能である．

　街の構成を決定づけるもっとも重要な項目の一つはそれぞれの都市が定める都市計画であり，それを地図上にあらわしたのが都市計画図である．都市計画は都市計画地域に対して，その区域内での計画，規制，各種事業を定めている．都市計画区域は行政区分と一致しているわけではなく，市街化区域と市街地調整区域に分かれている．それぞれの市町村は都市計画を定めるとともに都市計画法に基づいて都市計画マスタープランを定めている．この都市計画マスタープランはそれぞれの市町村の10〜20年度の将来像を示しているものである．したがって，各街のこれまでの歩みと今後の姿は都市計画の変遷と都市計画マスタープランに主に見出せるといっても過言ではない．

　都市計画で決定された道路を都市計画道路と称し，市街地を良好な状態で形成するために整備される道路であり，そこには自動車専用道路，幹線道路，区画街路，特殊街路，そして駅前広場が含まれる．また計画区域内の建物についてもその用途，容量，高さについての規制をおこなっている．計画区域内は近隣商業地域，商業地域，住宅地（低層専用地域，中高層専用地域，住居地域，準住居地域），工業用地，準工業地域に分けられている．それぞれの地域では建ぺい率や容積率が指定されており，建物の容量が規制されている．都市計画は必要に応じ，都市計画審議会の審議等を経て，常に変更と追加を積み重ねながら現在にいたっている．したがって，その変化の状況を適切にたどることでそれぞれの街が形成されてきた過程，そのなかで生み出された特徴を導き出すことが可能となる．

　さらに都市計画では様々な事業がおこなわれ，その規模や場所，そこで作り出された街路，オープンスペース，建物によって街の構成や景観に大きな変化が起こってきたのが一般的である．そうした各種の事業のなかで重要なものとして都市再開発事業と住宅市街地の再開発についてここで指摘しておく．こう

した各種の事業がいつ，どのような背景のもとに計画され，実際にどの時期に工事がおこなわれ，完成した結果と影響についてのよい面のみならずうまく行っていない面についてもよく調べておく．そのことが調査地域の特徴を知り，その変遷の過程と背景を理解する上で重要な項目となる．

まず都市再開発事業には市街地の中心地でその区域の活性化，環境の改善のためにおこなわれる市街地再開発事業（第1種と第2種）や土地区画整理事業がある．市街地再開発事業では街路が歩車分離で整備され，かつ街路の変更によって街区の大きさや形態が変更され，建物の高さや床面積のみならず用途の上でも大きな変更を受ける場合が多く，その区域の都市空間や景観が激変することもあるのでよく調べておく必要がある．また都市再開発を進める制度には特定街区制度や総合設計制度などがあるが，ここでは地区計画制度について若干ふれておく．地区計画制度は1980年に始まり2002年に大きな改正を受けている．この制度の特徴は都市計画が都市全体を対象とすることに対し限定された地区を対象としていることと，地区住民の積極的な計画参加を取り入れていることにある．

次に住宅市街地の再開発に関しては，スラムクリアランスのような全面建替えを目指す住宅地区改良事業，部分的な住宅地改良と公共施設の整備をおこなう密集住宅市街地整備促進事業，工場跡地など中心にして住宅地と公共施設を整備する住宅市街地整備総合支援事業，住環境が比較的よい環境の水準の維持を目的とする街並み整備事業がある．

地区によっては優れた住環境や景観をもち，それを維持している場合も見受けられる．そうした地区では美観地区，風致地区，景観地区・準景観地区，緑地保全地区，伝統的建造物群保存地区，歴史的風土特別保存地区および歴史的風土保存地区（第1種と第2種）などの制度が活用されている場合もある．そうした制度が使われている様子や効果について調べておくことも大切である．

最後に防災という観点から調査対象の街や地域について見ておくことを忘れてはならない．それぞれの街や地域では広域避難計画が立てられ，広域避難施設や避難場所が選定されている．また，災害に対応するために防災マップやハザードマップが作成されている．ハザードマップは河川浸水・洪水，津波浸水・高潮，土砂災害，火山防災，地震災害について図示されている．それらは各市町村のホームページ，そして国土交通省のハザードマップポータルサイトから得ることができる．

7．建物を調べる

　街は道路や鉄道などの社会基盤施設いわゆるインフラストラクチャーとともにそこに建つ建物が重要な構成要素となっている．地域の特徴を明らかにする上で建物の特徴を正しくとらえることはきわめて重要である．建物の特徴をとらえるには建築の観点からの客観的な調査と分析が必要なことはいうまでもない．しかしながら，観光の観点からみると調査において別の観点も忘れてはいけない．それはそれぞれの建物のもつ由緒やいわれ，建物が伝える物語も意味をもつことである．

　建築の観点からの調査については以下に詳しく述べるとして，ここでは後者の点について若干の説明を加えておく．たとえば吉田松陰の生家や寺田屋事件のおきた旅館である寺田屋，新選組の壬生郷士の八木邸宅などは，歴史上の人物の生家，歴史的事件が起きたあるいはそれにかかわる建物としての意味がきわめて高い．しかし，一方では，建築そのものの観点からみればそれほど重要な意味をもつ建物とはいえない．こうした観点は史実として真実であるのか，あるいはその建物が実際にそれに該当するものであるのかといった事実とは若干かけ離れていたとしても意味をもつ場合があるので，その点も留意して調査をおこなう．

　調査対象地域の現在の特徴を知る上で重要な要素はそこに立つ建物である．その建物の現在の状況についての調査は住宅地図や都市計画地図，あるいは写真などによるものと，現地調査によるものがある．現地調査をおこなう際には以下の点を心がけておく．まず，地図や図面を用意し，必要に際してはスケッチ，図面作成，写真撮影をおこなう準備をしておく．また，気づいたことは必ずメモをとるようにし，メモは図面や地図と一緒に整理するようにするとよい．また，街並みや景観を調査する場合には連続写真を撮影することとする．

　建物について調査する場合の具体的な項目はその調査の精度に関係するが，基本的に次のような点を基づいて調査をおこなう．すなわち①建物の名称，②建てられた時期（年），③敷地の形状と大きさ，④建物の大きさ，⑤階数あるいは高さ，⑥用途，⑦構造，⑧意匠の特徴，⑨建物の履歴などである．

　敷地の形状や大きさは道路に面する間口幅と奥行きを調査する．およその大きさは地形図で十分に得られるが，より正確さを必要とする場合には，実測あるいは地籍図を参照する．建物の大きさについては、その幅と奥行きは国土地

理院発行の2千5百分の1の地図を利用すればおおよその寸法を得ることができる．ただし，ここでも正確な情報が求められる場合には，実測あるいは家屋台帳や土地条件図を利用するとよい．建物の高さは木造であれば階高3mほど，鉄筋コンクリート造であれば階高4mとみなして，およその高さを設定して検討するとよい．

建物の用途について調べる場合にはまず宗教建築と非宗教建築に分ける．宗教建築は神社，寺院，キリスト教関係の教会，その他に大まかに分類する．神社は本殿や拝殿，寺院は本堂，塔，講堂など複数の建物からしばしば構成されていることに留意し，それぞれの建物の呼称についても調べておく．また，神社や寺院は地域コミュニティの中心的役割を果たしている場合が多く，街や地域の空間構成の上でしばしば重要な役割を果たしているので，それらの配置上の特徴を把握すべきである．非宗教建築の用途は公共施設，医療施設，教育施設，商業建築，住宅，工場，その他に大きく分類すると便利である．医療施設と教育施設には公立と私立あるいは個人経営のものを含める．商業建築には店舗や飲食店，事務所，ホテル，映画館などの娯楽施設や遊戯施設が含まれる．公共建築に分けられるのは市役所，図書館，警察署，消防署などである．住宅は戸建て，アパート，マンションなどの住居用の建物すべてを含む．

建物の構造については次の7つに分類して整理する．すなわち，木造，積石造，鉄筋コンクリート造（RC造），鉄骨造（S造），鉄骨鉄筋コンクリート造（SRC造），混構造，その他である（図6-11）．木造の建物では場合によってはさらに真壁造と大壁造に分けられる．真壁造は柱や梁などが外観に見える構造であり，大壁造は柱や梁などの構造材が外壁で覆われて見えない構造を指す．近年の木造住宅では漆喰によるものはほとんどなく，モルタル仕上げや新建材の外壁によるものが多い．積石造は石材や煉瓦材を積み重ねて壁が作られているもので，日本ではきわめて少数である．街中の多くの中層から高層の事務所や店舗はほとんどが鉄筋コンクリート造である．一方，超高層のビルは鉄骨で造られ，最近では住宅メーカーによる住宅やアパートには鉄骨造のものも多い．鉄骨鉄筋コンクリート造はそれほど多くはなく外観からは鉄筋コンクリート造と区別がつきにくいのでよく調べる必要がある．また，混構造とは異なる構造形式が併用されている場合を指す．

建物を調べる項目のなかで重要な項目の一つが意匠についてである．調査対象地域のなかの特徴ある意匠を備えた建物は，それが面する街路そしてその街

図 6-11-1　建物の構造：木造（真壁造り）（熊本市）

図 6-11-2　建物の構造：木造（1 階は真壁造り、2 階は大壁造り）（熊本市）

図 6-11-3　建物の構造：木造（土蔵造り）（川越市）

図 6-11-4　建物の構造：木造（モルタル仕上げ）（熊本市）

図 6-11-5　建物の構造：積石造（旧門司税関）

図 6-11-6　建物の構造：鉄筋コンクリート造（RC 造）（熊本市 NTT）

区，ひいては調査地域全体の特徴や印象に大きな影響を与える．建物の意匠を調査する場合に，当然ながら建物の外観とりわけファサードと内部の 2 つの面から見る必要がある．しかしながら，街路や街区などの特徴づけの上でより意味をもつのは外観である．この特徴ある建物の意匠の調査に関しては，大まかに次のように分類するとよい．まず江戸時代までの伝統を継承した伝統的建築，西洋の様式建築の意匠を取り入れた建築，近代建築，町家，民家，近代和風建

図 6-11-7 建物の構造：鉄骨造（S 造）（新宿）

築，看板建築（通称）である（図 6-12）．

　伝統的建築は基本的に江戸期までに造られた木造の宗教建築や武家の建築を指す．幕末から昭和初期にかけて西洋の様式建築を取り入れた建築あるいはその西洋建築の意匠を見よう見まねで取り入れたいわゆる擬洋風建築が各地に残り，一般に洋館とよばれている．近代建築は 18 世紀中頃以降の西欧で起きた近代建築の思想の影響を受けた建築であり，現代建築の意匠もその流れを受けたものとして扱う．町家は室町時代以降に形成された商人や職人の住居の総称であり，近世以降の城下町につくられたものが現在各地に残っている．民家は古代および封建時代の伝統的農家の意匠で，地域性がきわめて強く，その特徴を継承して明治以降に建てられたものも含める．

　近代和風建築とは江戸時代までの木造の伝統的建築の意匠を継承して明治以降に造られた建築を指し，その場合に伝統的意匠が受け継がれていればかなら

第 6 章　地域の街・建物の調査 ● 169

図6-12-1 西洋の様式建築を取り入れた意匠（明治生命館）（丸の内）

図6-12-2 西洋建築の意匠を取り入れた建築（熊本市）

図6-12-3 町家（川越市）

図6-12-4 民家（吉野家 江戸東京たてもの園）

図6-12-5 近代和風建築（高橋邸 江戸東京たてもの園）

図6-12-6 看板建築（川越市）

図6-12-7 DOCOMOMO認定の近代建築（旧熊本貯金局：花畑町別館）

170

ずしも木造に限定されず鉄筋コンクリート造のものも含む．よく見受けられる事例は明治期以降の鉄筋コンクリートでつくられ，木造の意匠を取り入れた寺院があげられる．

　看板建築とは正式な名称ではなく通称であるが，町家形式の平面と構造でありながら，建物正面が垂直で，看板を兼ねており，自由な意匠が施されている．この正面の意匠は西洋建築の影響を受けた洋風が多く，金属板やタイルなど耐火性の高い材質でつくられている．そのほとんどが２～３階建ての店舗併用住宅であり，関東大震災以降から戦後にかけてつくられている．この意匠はややキッチュな面もあるが独特の姿をみせ，主に各地の商店街の街並みに独特の景観を生み出す要素となっている．

　上記のような項目に従って建物調査をおこなう上でさらに注意すべき点は，建物において生じた用途の変更，そして建物に加えられた増改築について調べておくことである．建物が街のなかで人々の暮らしの舞台であり，社会の変化とともに建物がその用途を変え，増改築を経ていくことは当然の結果である．したがって，調査する街の対象地域の経年的な変化，街の特徴の変化が建物のそうした変化にあらわれるのは必然であり，そこから街の特徴の変遷を明らかにすることが可能となる．その調査は現地調査による場合もあるし，航空写真，住宅地区，街並みの写真などからも明らかにできる．

　ここで述べた建物の調査，つまり敷地の形状や大きさ，建物の大きさ，階高や高さ，用途，構造，意匠などそれぞれの項目ごとに調査し，その目的に応じて建物を分類し，その結果を地図上に色分けなどによって表示して情報を整理するとわかりやすく，かつ見やすくなる．こうした図を作成することで，街区ごと，特定の街路沿い，あるいは特定の地域における建物によって作り出された特徴やその場所のみがもつ魅力が明らかとなる．さらに，たとえば構造と意匠，あるいは用途，階高，建てられた時期など複数の調査項目の結果を重ねあわせて検討することで，調査対象の街そして地域の建物が生み出す特徴が浮かび上がる．そうした特徴の把握が，その結果を観光や地域活性化のためにどのように生かしていけばよいのか，今後どのような対応を進めていくべきかの指針となる．また，こうした調査や分析を以前の年代においてもおこない，その経年変化を比較検討することで調査対象の街や地域がどのような方向性に向かってきたのかをたどることができる．

　調査をおこなう街や地域には調査をするまでもなく，その重要性が既に明白

な建物が存在していることがある．そうした建物についてはどのような特徴を
もち，どのような価値付けがおこなわれ，どこに位置しているかを調べておく．
建物の価値付けが既に明確となっているものについては関連する部署のホーム
ページや書籍にて容易に確認することができる．文化庁のホームページには世
界遺産，日本遺産，国宝や重要文化財（建造物），重要伝統的建造物群保存地
区，重要文化的景観，登録有形文化財（建造物）についての全国の情報が網羅
されている．そこでそれぞれの建物の建築年代，構造，規模，特徴などの基本
的なデータを確認することができる．また各県や市町村の指定する文化財（建
造物）や景観重要建造物は多くの市町村のホームページに記載されており，そ
うでない場合にはそれぞれの市町村史を参照すれば，同様に建物に関する基本
的な情報を見ることができる．また，近代の建築を対象としたものに
「DOCOMOMO Japan 日本におけるモダン・ムーブメントの建築」があり，
DOCOMOMO Japan のホームページに選定された建物の一覧が掲載されてい
る（図 6-12-7）．これらの情報は常に更新され続けているので常に最新の情報
にアクセスするように心がけておく．こうした既に価値づけが固定されてきわ
めて重要な意味をもつ建物は調査対象地域の特徴づけに大きな影響を与えるこ
とが多く，とりわけ観光の分野においてしばしば中心的役割を果たすことにな
る．

参考文献

1）尾留川正平（編），地域調査，1976 年，朝倉書店
2）芦原義信，街並みの美学，1979 年，岩波書店
3）青木　繁他 8 名（編），建築大辞典，昭和 62 年（第 10 刷），彰国社
4）鳴海邦碩，田端　修，榊原和彦（編），都市デザインの手法，1993 年（第 3 刷），学芸出
　版社
5）市川健夫，フィールドワーク入門，2005 年（第 9 刷），古今書店
6）日本建築学会（編），日本建築史図集，2007 年（新訂第 2 版），彰国社
7）加藤　晃，竹内伝史（編），新・都市計画概論（改訂第 2 版第 4 刷），2008 年，共立出版
　株式会社
8）ケヴィン・リンチ著，丹下健三，富田玲子訳，都市のイメージ，2008 年（第 4 刷），岩
　波書店
9）西村幸夫，野澤　康（編），街の見方・調べ方，2013 年（第 5 刷），朝倉書店

第7章

観光地域づくりのマネジメント

鈴木　康夫

1. 観光を上手く利用して地域をつくる「DMO やつしろ」

DMO とは Destination Management Organization の略で，Destination は旅の目的地を，Management は管理・運営を，Organization は組織・団体をそれぞれ意味する[1]．八代市の「八代よかとこ宣伝隊」は「八代シティプロモーションセンター」が改名・愛称化された組織であったが，2016 年 3 月に「一般社団法人・DMO やつしろ」（以下，DMO やつしろと略す）として再スタートしている．

DMO やつしろは，八代市を着地型観光[2] の目的地として位置づけ，その会員，産業界，市役所，市民等が一体になって観光地域づくりをおこなう行政主導による観光協会再編型の DMO である．法人化によって，これまでの業務を続ける一方，これまでできなかった様々な業務をおこなうことができるようになった．国が登録制度を開始した「日本版 DMO」に 2016 年 8 月に登録が認可されたことから，今後は国・県等からの補助金・交付金等の受け皿としても組織が機能していくことが期待されている．

ところで，DMO やつしろは，八代市民や地場産業に従事する人たちを広く巻き込んでどのように地域づくりを仕掛けていくのであろうか．図 7-1 でみるように，これまでは八代市観光振興課と密接な関係にあった広義の観光協会として存在していた．これからは観光振興課だけでなく，観光以外の部局とも連携しながら，また，観光協会の会員だけでなく，商工会議所，農協，漁協，市民グループなどとも連携しながら，観光を上手く利用してまちづくり・むらづくりを進めていくことになろう．

筆者は，八代市観光振興課から委員の委嘱を受けて，「八代よかとこ宣伝隊」の一般社団法人化，DMO やつしろの設立，DMO やつしろの日本版DMO 登録までの一連の諸業務にかかわってきた．本稿では，DMO やつしろの観光を絡めた地域づくり構想を紹介するとともに，理想の地域を実現するための仕組みや仕掛けについて，戦略を含めて検討を試みる．

174

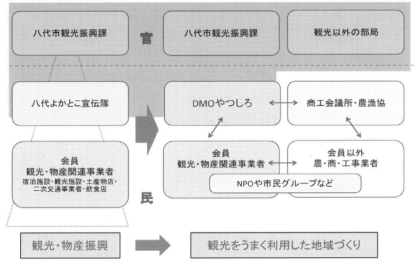

図 7-1　よかとこ宣伝隊から　DMO やつしろへの変化イメージ図
大社　充（2013）『地域プラットフォームによる観光まちづくり』より引用・加筆
(「DMO やつしろ読本」2016 年，p.1 より転用)

2．DM による着地型観光と観光地域づくりの展開

2-1　DM（ディスティネーション・マネジメント）と DMO

　一般的に，観光地域づくり法人としての機能は，①マーケティング，②プロモーション（広告・宣伝等），③マネジメントの3つがある．DMO を Destination Marketing Organization と称するケースもあるが，DMO やつしろは，マーケティング業務を含んだマネジメント機能を広く展開する法人である．
　DM（Destination Management）[3] による着地型観光の推進においては，旅の到着地が主になって，大都市圏つまりは旅の出発地の顧客や旅行会社に商品をプロモーションする．図 7-2 は，DMO やつしろと地域との関係イメージ図であるが，着地型観光の受け皿組織としての DMO やつしろが，八代ならではの着地型観光商品を発信し，直接，観光客やその出発地である都市圏マーケットに「きなっせ八代」と呼び掛けることが可能になる．
　これまでは，観光協会やホテル・旅館などが，大都市圏の旅行会社に対して，

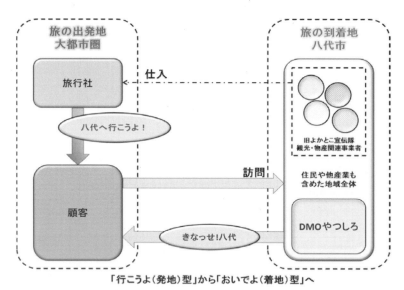

図7-2 DMOやつしろによる着地型観光への移行イメージ図
大社　充（2013）『地域プラットフォームによる観光まちづくり』より引用・加筆
（「DMOやつしろ読本」2016年，p.3より転用）

「八代に来てください」とお願いに行くパターンが主で，買い手市場（旅行会社優位）のプロモーション活動であった．DMOやつしろの誕生によって，直接，旅行者である顧客に対して，「八代にきなっせ」とセールスすることが可能になった．また，従来の旅行会社による顧客に対するセールスもできるから，多様な形で，仕入と訪問の形を新たに作り出せるようになったわけである．

　加えて，観光物産関連事業者だけではなく，住民や他産業も含めた地域全体で，新たに着地型の観光商品（旅の到着地が，体験交流型の新しいツアー等）を開発・販売する仕組みを有する．その結果，DMOやつしろは旅行業という収益事業を新たに開設することになり，売り手市場（観光地が優位になる）のプロモーション活動も可能になった．

　着地型観光は，欧米では主流な観光形態である．DMOという観光地域づくり組織も欧米では特別な存在ではない．その背景には，バカンス法（ILO132号条約）の批准があり，国民の長期連続休暇の取得が，各観光地ごとに顧客を勧誘する土壌が必然的に生まれた．ところが日本では，長期休暇はほとんどなく，滞在・保養型の観光地域の形成はみられなかった．マスツーリズムと称す

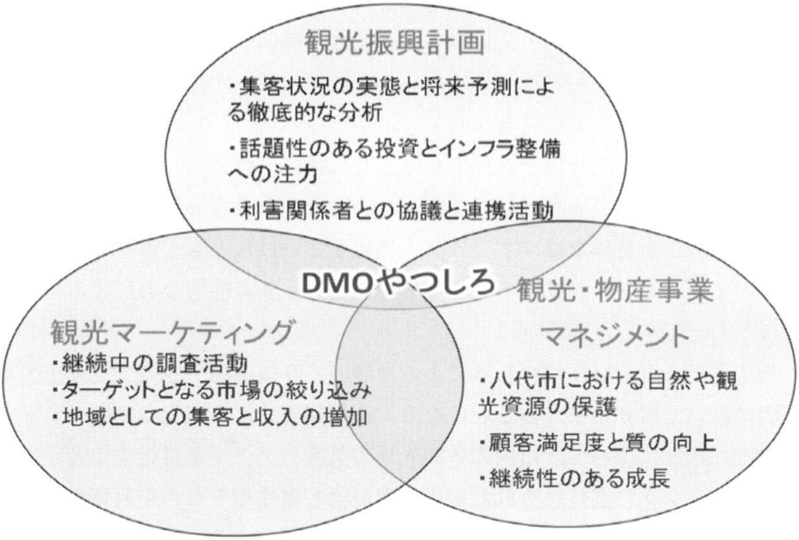

観光振興計画
・集客状況の実態と将来予測による徹底的な分析
・話題性のある投資とインフラ整備への注力
・利害関係者との協議と連携活動

DMOやつしろ

観光マーケティング
・継続中の調査活動
・ターゲットとなる市場の絞り込み
・地域としての集客と収入の増加

観光・物産事業マネジメント
・八代市における自然や観光資源の保護
・顧客満足度と質の向上
・継続性のある成長

図 7-3　DMO やつしろの主要事業部門イメージ図
大社　充（2013）『地域プラットフォームによる観光まちづくり』より引用・加筆
（「DMO やつしろ読本」2016 年，p.6 より転用）

る団体旅行タイプの慰安旅行が，温泉観光地を中心にホテル・旅館の集積をもたらしてきた.

　それではなぜ，今，日本で着地型観光や DMO が脚光を浴びてきたのかというと，以下のような背景がある. 2020 年の東京オリンピック誘致が決定してから，インバウンド（海外からの旅行者）対応として急に脚光を浴びてきた. 東京にやってきた外国人観光客は，オリンピック観戦の前後に日本の地方を観光したいとするケースが，かなり多く発生するものと考えられる. そのため，日本の観光庁は，地方・郡・市町村単位の DMO づくりに着手し，旅の到着地側からの観光プロモーションと地域づくりを仕掛けさせようとしているわけである.

2-2　DMO やつしろによる観光地域づくりマネジメント

　DMO やつしろは，観光を上手く利用する地域づくり法人（観光地域づくり法人）であることは先に述べた. 法人のタイプは一般社団法人で，NPO 法人に比べて公益性の高い事業をおこなうことができる.

第7章　観光地域づくりのマネジメント　● 177

法人格のない観光協会（八代よかとこ宣伝隊）では不可能だった信用取引（カード決済等），補助金・交付金事業の受け皿機能，収益事業への着手などが可能になり，地域住民・社会を巻き込んだ観光地域づくりにかかわる幅広い取り組みが実施できるようになった．

　従来の八代市観光行政や八代よかとこ宣伝隊は，組織的とも非組織的ともいえずマネジメント機能が弱い存在だった．また，会員である個人や企業体とともに取り組む事業体ではマネジメント機能が強いけれども，カリスマ的なリーダーのマネジメントが成功の鍵を握っていたし，非組織的な力に劣る取り組みがほとんどであった．

　新法人であるDMOやつしろによる地域づくりは，図7-3のような主要事業部門において取り組まれることになる．市場調査による観光の需要やターゲットの絞り込みによって，市内の各観光地の集客力アップを目指すことができる．マーケティングに裏付けられた観光振興計画と戦略やそれらを具体的に実行するアクションプログラムは，観光地としての質を高めるマネジメントを基調として展開されることになる．

　DMOやつしろと地域コミュニティの間で様々な着地型観光商品や物産が生み出されることになるが，そこでは，観光関連業者だけではなく地域の産業界をも広く巻き込んだ形で，新たな観光商品や物産を世にだす仕組みや仕掛けづくりが望まれる．

　DMOやつしろは，一般社団法人の法人格の取得によって，様々な事務や事業の実施主体になるが，経営的視点から観光地域づくりにかかわる事務・事業を総合的にマネジメントする必要性が生じてくる．観光を科学的にマーケティングし，計画や戦略を打ち出し，八代市の観光地としてのブランド化をめざすことになろう．

2-3　DMOやつしろの業務運営

　DMOやつしろは，観光地域づくりの扇の要の役割を果たす事務的機関にすぎない．八代市との間には，協議会的な組織を設け，市の観光推進計画とDMOやつしろのアクション・プログラムの整合性をはかる必要が生じる．また，DMOやつしろと会員・振興会・市民などの地域づくり取り組み母体との間には，ランドオペレーター[4]と称される人材が必要になろう．扇の要の役割を果たすためには，図7-4にみられるような複数の機能のマネジメントに迫られる．

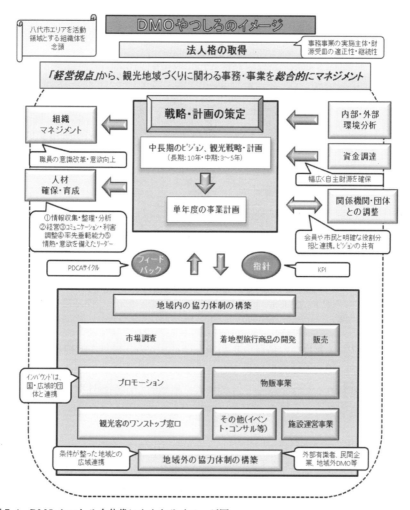

図7-4 DMOやつしろ全体像にかかわるイメージ図
日本政策投資銀行（2014）「日本型DMO形成による観光地域づくりに向けて」より引用・加筆 （「DMOやつしろ読本」2016年, p.7 より転用）

　DMOやつしろの会員は，八代よかとこ宣伝隊会員とほぼ一致する．DMOやつしろとして一般社団法人化された後も，基本的に会員との関係は変わることはない．この点が組織の法人化をスムーズに進める要因になった．
　新しい法人組織として，新規の事務・事業を開始することになるから，むし

第7章　観光地域づくりのマネジメント ● 179

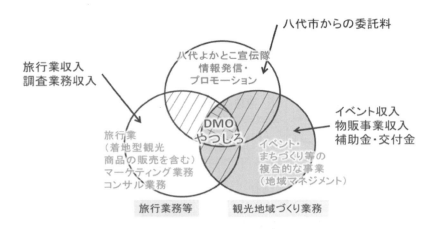

旅行業務と観光地域づくり業務を新たに加えたDMOやつしろ

図7-5　DMOやつしろの主要業務と資金調達
大社　充（2013）『地域プラットフォームによる観光まちづくり』より引用・加筆
（「DMOやつしろ読本」2016年，p.11より転用）

ろ今まで以上に会員との結びつきが強くなる．一方，会員が納める会費に見合うかたちで，新法人は会員に恩恵を与える義務を負うことになる．ただし，会員は恩恵を求めるだけではなく，新法人に積極的なかかわりを求め，参加・協働型の観光地域づくり活動を事業展開し，ともに成長していく過程をたどることになる．

　会員とDMOやつしろは，運命共同体的な関係を構築することになる．また，観光地域づくり活動は，市民や振興会など様々な地域づくり団体を巻き込んで展開されるから，会員は地域づくりの主体として位置づけられることを自覚する必要がある．会員は，地域社会に貢献する義務を負い，DMOの一員としての責任をも負うことになる．

　DMOやつしろは，公益的性格をもつ業務だけでなく様々な収益事業に着手することができる．また，八代よかとこ宣伝隊時代の収入源，つまりは委託料や花火大会運営[5]を継承することもでき，これら2つが資金調達の主な源になる．

　図7-5には，資金調達のイメージ図を示している．大きな輪が3つあるが，これらは主たる収益事業部門をあらわしている．宣伝・販売にかかわるプロ

モーション業務は，会員からの会費や市からの委託料によって賄われる．今後においては，広告・宣伝にかかわる掲載料や，販売収益の手数料の徴収によって，組織の経営を支える資金調達の一部が確保可能となる．

　新組織が旅行業を開業することによって，着地型観光商品の造成・販売，宿泊・航空券予約手数料等の収入が確保できる．会員である観光関連業者と連携しながら，様々なこれまでにないビジネスの展開を視野に入れて，観光地域づくりをおこなうことにもなる．

　イベントは花火大会だけでなく，学会等コンベンションの誘致，スポーツ大会の運営等の観光まちづくり事業を実施することも可能である．観光まちづくり・むらづくりにかかわる国や県の補助事業や交付金事業に申請する団体として，新法人は受け皿的役割を果たすこともできる．

3．DMO やつしろと八代市の観光地域づくり戦略

3-1　地域づくりと観光戦略の整合性

　八代市の観光戦略・計画は，DMO やつしろの設立によって，これまでの観光振興や観光客誘致の戦略・計画とは異なる目線で取り組まれることになる．端的にいえば，住民目線による観光を上手く利用した地域づくりの戦略・計画となる．

　これからの八代市の観光地域づくりは，住民目線で自らの地域の「〜らしさ」を追求することになる．観光や観光客のための地域づくりではなく，自らが暮らす地域の幸福度や暮らしの質を高める地域づくりを実践できる．

　「八代らしさや八代ならでは」の追求は，地域に根ざした景観や生活様式のなかから特定の部分を宝として再発見し，磨き上げる戦略から始まる．戦略を裏付ける計画は，八代市の観光や地域づくりの現状分析，資源の存在形態の把握等を通じて，八代市の環境や生活空間の質の向上をめざす様々なアクション・プログラムに反映することになる．

　自らが暮らす地域をよりよい状態にしようとする取り組みは，訪れる人たちの目線では，地域の誇りやアイデンティティに反映する．「きなっせ・やつしろ」キャンペーンでは，訪れる人たちに，八代ならではのおもてなしの心を感じとってもらえる．

第7章　観光地域づくりのマネジメント ● 181

現在，八代市が取り組んでいる観光ビジョンは，「八代のそれぞれの魅力が光り，つながることによって，質の高い時間を提供するまち」[6]である．着地型観光や観光地域づくりの理念を反映している．したがって，新法人と八代市のビジョンや理念は既に整合性がはかられていることになる．

　また，ビジョンを実現するための4つの指針「資源をつなぐ」,「文化をつなぐ」,「思いをつなぐ」,「食をつなぐ」も，コンセプト「きなっせ・やつしろ，小さな感動，心に残るおもてなし」も同様である．

　ただし，これらにつづく2つの基本戦略，4つの基本施策，3つの重点プロジェクトは，八代市とDMOやつしろの間で棲み分けや分担，協働の取り組みなどにおいて整理が必要となろう．市の計画は理想的ではあるが，総花的で具体性に欠ける要素も多くもっている．このため，DMOやつしろはそれらのうち確実に受け継ぐ部分を，事業や経営ベース，または会員・市民・地域との関係性をふまえて，一定の基準をもとに検討していく必要が生じてくる．DMOやつしろの観光戦略・計画においては，具体的な目標達成の手段を明記する必要があろう．

　これまでの観光産業としてのツーリズム（発地型観光[7]）から，これからの文化・交流産業としてのツーリズム（着地型観光）への移行が，DMOやつしろの介在によってなされることになる．旅行素材提供者はサプライヤー[8]とよぶが，彼らとDMOやつしろの間にはランドオペレーターの介在が必要になる．ランドオペレーターは，DMOやつしろのスタッフがこなすケースもあるし，会員中の旅行事業者，ガイド協会，青年会議所，振興会など地域づくり団体や市役所の支所担当者などが，仲介・調整役として介在するケースもあろう．

　ツーリズムの主役は八代市民であり，もてなされる顧客は旅行者にあたるが，自己実現や地域の誇りの醸成などのキーワードにあるように，両者間にはWin–Winの関係が築かれることが望ましい．体験・交流プログラムからなる様々な着地型観光商品をDMOやつしろによって提供されることになろう．観光を上手く利用した地域づくりが実を結ぶ結果が望まれる．

　着地型観光商品は，観光客の滞在時間を少しでも長く伸ばすことや，一泊でも多く泊まっていただくことを前提にした滞在型旅行商品として位置づけられる．商品化の成否の鍵は「八代らしさや八代ならでは」を発信できるか否かにある．旅行者に癒しを与える体験・交流は，ホストとしての八代市民をして，暮らしの根幹にある自然や文化を見直す機会になる．体験・交流の仕組みづくり

は，市内各地域に宝として眠っている素材を発掘することから始まる．

3-2　DMO による着地型旅行商品開発の背景

　滞在プログラム・旅行商品の造成は，DMO やつしろにとって，経営の視点から独自性の高い組織運営と組織の持続可能性を確保する上で重要視される．これらの取り組みは，着地型旅行商品の開発・販売として位置づけられ，DMO やつしろが自由度の高い自主財源を可能な限り確保していく最大の武器になり得る．

　以下の5点は，DMO やつしろが着地型旅行商品の開発・販売に取り組む大きな理由となる．

①観光客の本物志向が高まる中，観光客の居住地では体験できず，八代市でなければ体験できない・提供できない，当地ならではのリアリティある過ごし方・体験を観光客に提案することが求められていること

②八代市内での観光消費額を増加させるため，また，観光客の満足度を高めるためには，観光客の隙間の時間にはめ込むことができる，観光客の寄り道を誘うことができる商品が求められていること

③宿泊客数の減少傾向のなか，これを補うため，1泊から2泊・3泊，さらに長期の滞在へと，地域内での一人あたり宿泊日数を増加させる手段として，滞在期間を楽しむことができる商品が求められていること

④八代市や市内各地域でおこなう意義を対外的に説明できるイベント，地域に根づいているイベントを実施し，観光客の減少傾向に歯止めをかけ，地方財政が厳しく資金的にも限界であるなかにおいても，これらイベントの開催が求められていること

⑤着地型旅行商品が八代市のめざす地域ブランドのイメージを支えることに寄与し，その効果を観光以外の分野にも波及させる可能性があること

　なお，DMO やつしろが，滞在プログラム・旅行商品を造成するにあたっては，八代市，農林水産業者，商工業者，ボランティアガイド，各種団体，地域住民等の幅広い関係者の協力を得ながら，八代市内各地のその地ならではの魅力あるメニューを盛り込むことが大切になる．

　地域資源の発掘と磨き上げによる商品化には，地域外の方に第三者的・客観的観点から，目利きしてもらえる仕組みが必要になる．目利きの内容は，素材は旅行者・旅行会社にとって魅力的なものなのか，商品は売れるものとなって

第7章　観光地域づくりのマネジメント ● 183

いるかの吟味である.

　また，地域や地域住民との関係も重要視される．どのような滞在プログラム・旅行商品が既に各地域で造成・販売されているのかを情報共有し，その上で各地域に観光客を受け入れてもらうことが大切である．滞在プログラム・旅行商品の情報発信はとりわけ重要になる．観光地域づくりと地域活性化についての啓発活動も必要である.

　DMO やつしろは，幅広い関係者の意見を集約し，地域住民の理解と協力のもとで商品開発が円滑に進むよう，主導的役割を担うことが期待される.

　具体的な着地型旅行商品の開発においては，地域課題の解決をイメージして取り組むことが重要視される．以下の２点はその一端である.

①八代市は，観光資源に恵まれた熊本都市圏や阿蘇地域などの中間に位置していない観光地域である．八代市で教育旅行を主要なターゲットとして取り組む場合には，教育旅行の目的に適合した誘客のコンテンツとなる体験型の着地型旅行商品のあり方を，具体的にイメージして開発することが大切である．八代市ならではの商品を造成し，それを目的に来訪させる「目的・誘客型」の商品開発といえる.

②八代市が，滞在型の観光地をめざすためには，八代市に観光客を立ち寄らせるシステムが重要視される．宿泊や飲食でできるだけ消費してもらう手段，コミュニティビジネスの創造，農林漁業の活性化といった非観光事業者にも恩恵が及ぶことを想定して，地域住民を巻き込む観光地域づくりを実践し，来訪した観光客の満足度を高めることが大切になる．来訪時に，旅の満足度をさらに高めるため，隙間時間を埋める「寄道・満足型」の商品開発といえる.

4．DMO やつしろの日本版 DMO 登録と観光地域づくりコンセプト

4-1　コンセプト策定の重要性

　既に諸外国の DMO では，着地型観光をベースにして，各種データ等の収集・分析，戦略の策定・KPI[9] の設定，PDCA サイクル[10] の確立等を基礎とした科学的アプローチによって観光地域づくりが展開されている．その仕組み

を八代市の地域づくりに取り入れることになる．

　八代市は，観光振興計画（総合計画の一部となっている場合を含む）を策定し，これに基づき各種観光振興施策を実施していく．このため，観光地域づくりを効果的・効率的に推進するには，八代市と DMO やつしろとの間で，役割分担を明確にし，取り組み内容の整合性をはかる必要がある．

　地域住民との関係においては，住民の観光に対するさらなる意識の向上が求められる．八代市の観光地域としての存立基盤を高めていくためには，八代市の各地を訪れる観光客が，できるだけ長く地域に滞在し，地域住民と交流できる観光地域づくりを進めていく．また，八代市民の観光客に対しての「おもてなしの質」も滞在交流型観光を志向する上では重要なコンテンツとなり，観光客のリピーター率[11]を高めることが重要である．住民の観光に対する意識の向上によって，地域の自然・文化等を管理・保全していこうとする意識の醸成につながる．

　このように「住んでよし，訪れてよし八代市」の観光地域づくりを進めていくためには，地域住民を広く地域づくりに巻き込んでいくことが不可欠である．DMO やつしろが地域住民の理解と関与を確保していくためには，地域住民が地域に対する愛着と誇りをもち，主体的に観光地域づくりに参画できるような意識醸成やコミュニケーションの場づくりが重要である．

　一方，観光客の増大を求めることに偏る観光振興の取り組みは，地域住民の生活の質の悪化を招き，観光地域づくりにマイナスの効果をもたらす．このため，DMO やつしろは地域住民に対して，地域経済における観光の重要性など観光地域づくりの目的・意義を丁寧に住民に説明していくことが求められる．八代市が国際競争力の高い，ブランド力をもった観光地域づくりをおこなうためには，個々の事業者が，それぞれ観光客を囲い込んで商品・サービスを提供するのは避けねばならない．対象とすべき来訪者の客層や，行動範囲となる地域に応じて，宿泊業者や旅行業者のみならず多様な関係者を巻き込み，八代市の各地域が一体となって，地域に存在する多様な観光資源をストーリーによって結びつける等，地域全体のコンセプトに基づいた観光地域づくりに取り組むことが重要になる．

4-2　データに基づく明確なコンセプト・戦略（ブランディング）の策定

　各種データの収集・分析に基づき，八代市全体や個別の各地域において，観

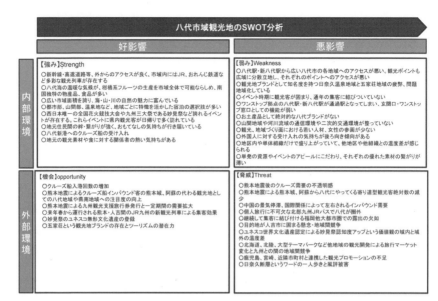

図 7-6　八代市の観光地域　SWOT 分析
筆者ら作成（DMO やつしろ「日本版 DMO 形成・確立計画」2016 年，p.16 より転用）

光マーケティング（とくに，内部・外部環境分析，SWOT 分析[12]，ポジショニング，ターゲット設定等）をおこない，明確なコンセプトに基づいた戦略を策定することが，魅力的な観光地域づくりを進めていく上で重要になる．このため，DMO やつしろは観光庁への日本版 DMO 登録のための「日本版 DMO 形成・確立計画」申請書において，以下に述べるような観光マーケティング分析とともに，明確なコンセプトに基づいた戦略策定について検討している．

外部・内部環境分析から SWOT 分析までの経過

　八代市の観光地域づくりにおいて，地域の活性化をはかる手段を講じることが大切である．それには，観光マーケティングの第一歩として，八代市の個々の観光地や行政区が置かれている現状を適切・客観的に評価するための外部環境と内部環境にかかわる綿密な分析が大前提となる．

　SWOT 分析は地域の強み（Strength），弱み（Weakness），脅威（Threat），機会（Opportunity）に分けて，八代市の地域特性や外部環境を分類・整理する方法で，戦略策定などに用いられた．図 7-6 はその中身を示している．八代

図7-7 八代市の観光地域づくり　ポジショニング
筆者ら作成（DMOやつしろ「日本版DMO形成・確立計画」2016年，p.17より転用）

市に内在する事項なのか，外部環境に関する事項なのか，強みまたは機会なのか，弱みまたは脅威なのかを分類・整理している．視点や分析項目が多岐にわたるので，結果を体系化しながら，八代市全体がもつ強みや弱み，市内の各地域が置かれている環境などを掘り下げるのに役立った．

ポジショニングの確立とターゲットの設定

　ポジショニングとは，八代市と競合する他の観光地域と比較し，自らの地域が相対的にどのような位置にあるのかを明確にすることである．ポジショニングによって八代市の優位性・劣位性を見極め，他の観光地域と差別化をはかることができる．
　データの収集・分析やSWOT分析によって，強みがあるとして整理された観光資源・施設等をもとに，八代市への旅行を動機づけ，旅のイメージとスタイルを形づくることを検討した結果が図7-7である．クルーズ船の八代港への

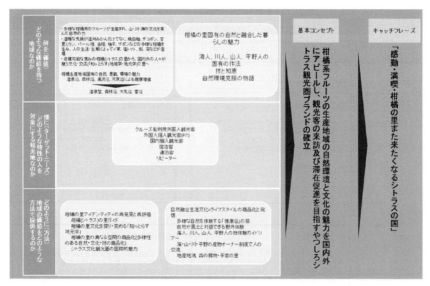

図7-8 八代「シトラス観光圏」地域づくりビジョン
筆者ら作成（DMOやつしろ「日本版DMO形成・確立計画」2016年，p.23より転用）

受け入れの優位性を最大限に活かす積極的な攻勢をはかることと，国内客をターゲットとしながら八代市各地の観光イメージを高め，競合地との相対的優位性をはかる差別化戦略を打ち出している．

　また，八代市の弱みとして整理された項目（日奈久温泉[13]や五家荘[14]など疲弊・問題地域化の改善等）については，八代市全体の課題として関係者間で共有するとともに，実施する観光地域づくりに関する事業やDMOやつしろの理念やビジョンを啓発活動等を通じて，改善をはかっていく必要がある．

明確な戦略ビジョンとコンセプトの策定

　データの収集・分析等にもとづき，筆者とDMOやつしろのスタッフは協議を重ねながら，図7-8のような戦略ビジョンとコンセプトを設定した．その内容を要約すると以下のようになる．

　やつしろ「シトラス観光圏」地域づくりビジョンと題しているところに第1のオリジナリティがある．キャッチフレーズに込められているように，「感動・満喫・柑橘の里，また来たくなるシトラスの国」を観光圏として創るとしている．基本コンセプトでは「柑橘系フルーツの生産地域の自然環境と文化の

魅力を国内外にアピールし，観光客の来訪及び滞在促進を目指すやつしろシトラス観光圏ブランドの確立」をはかるとしている．なお，シトラスは「柑橘」と「知っとらす（知っている）」の掛け言葉である．

戦略ビジョン図には，八代市がどのような価値をもつ地域なのかを示し，どのような特性の人たちに対して価値を発信し，地域の価値をどのような方法で提供していくのかについて，シトラスの里の自然・文化・暮らしのストーリーを描きながら農村・山村・漁村空間の商品化にまでつなげていくところに第2のオリジナリティがある．

5．日本版 DMO 登録と今後の観光地域づくり

筆者は八代市観光振興課から委員の委嘱を受けて，八代よかとこ宣伝隊の社団法人化，DMO やつしろの設立，DMO やつしろの日本版 DMO 登録申請にいたる一連の業務にかかわってきた．その成果物として，「DMO やつしろ読本」，「一般社団法人 DMO やつしろ組織づくりマニュアル」，「DMO やつしろ日本版 DMO 形成・確立計画書」の3点がある．本稿では，これらの成果物に含まれる中身を断片的に抽出しながら，DMO やつしろがこれから展開するであろう観光地域づくりの取り組みの斬新性について紹介してきた．本稿をしめくくるにあたって，これまでの取り組み経過と成果物の位置づけについてかんたんに述べることにしたい．

「DMO やつしろ読本」は，「八代よかとこ宣伝隊」の一般社団法人化に向けて，会員や一般市民に対して理解を得やすいように，新組織のあり様について図を多く掲載して「見える」化してやさしく解説している．読本では，DMO やつしろの基盤を，①新法人の性格，②八代市との関係，③会員との関係，④資金調達，⑤人材確保と育成という5つの観点から，これまでにない組織であることをイメージさせるよう工夫を凝らした．読本によって，会員の理解が深まり，一般社団法人 DMO やつしろの設立がスムーズになされることになった．読本発行後においても，八代市民に広く DMO やつしろという組織と観光地域づくりの取り組みを知ってもらえるような啓発・啓蒙活動に活用されている．外部からの視察受け入れと説明のための配布資料としても活用されている．

「一般社団法人 DMO やつしろ組織づくりマニュアル」は，一般社団法人としての DMO やつしろの制度設計をするために，新組織の体制や活動がイメー

第7章　観光地域づくりのマネジメント ● 189

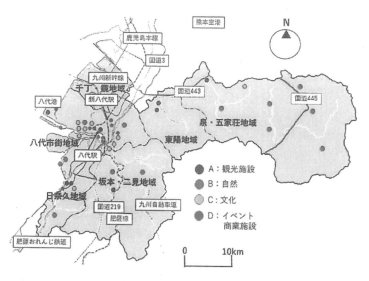

図 7-9　DMO やつしろがマネジメントするエリア図
筆者ら作成（DMO やつしろ「日本版 DMO 形成・確立計画」2016 年, p.12 より転用）

ジしやすいように制作された．DMO やつしろを日本版 DMO に登録する際の申請書づくりに貢献した．観光庁が 2015 年 11 月に発行した手引書「日本版 DMO の形成・確立に係る手引き（第 1 版）」を下敷きにして，DMO やつしろバージョンとして作り替えるかたちで制作された．マニュアルでも図版を多用し，新組織の体制や活動をイメージして設計図が描けるように工夫が凝らされている．とりわけ，SWOT 分析，協議会の体制，マーケティング・マネジメントする区域設定，戦略ビジョンとコンセプトづくりなどのたたき台として活用された．

「DMO やつしろ日本版 DMO 形成・確立計画書」は，登録認可後に観光庁のホームページに掲載されている．図 7-9 は計画書に付帯されている DMO やつしろの「やつしろシトラス観光圏」の資源分布図である．これら資源を観光に上手く利用する形で八代市の観光地域づくりが，DMO やつしろが扇の要になって開始されている．

周知のように，八代市は平成の大合併により八代郡のほとんどの町村を編入し[15]，県内有数の広域の市域を形成している．図 7-9 の DMO やつしろがマーケティング・マネジメントする区域設定をみてもそれが色濃く反映している．

全体で6つの地域に区分されるが，いずれも地域性が異なり，それぞれの地域において地域づくりの様相や課題も異なる．観光を上手く利用しながら地域を創る取り組みが，基本的には6つの地域ごとに展開されることになる．

また，A・B・C・Dの各取り組み項目にあるように，観光施設，自然，文化，イベントといった全域を網羅した取り組みもなされることになる．その際，実施体制図にあるように，新たな協議会[16]とワーキンググループ[17]を立ち上げ，DMO やしろが扇の要になって，行政，経済団体，宿泊業者，交通事業者，農林漁業団体等の多様な関係者が密接に連携した観光地域づくりが取り組まれることになろう．

〔付記〕
　本稿は，拙著「観光を上手く利用して地域を創る――一般社団法人 DMO やしろの観光地域づくり構想―」熊本学園大学経済論集第 23 巻 1 - 4 合併号，2017 年を補筆したものである．八代市観光振興課と DMO やしろのスタッフと筆者がともに取り組んだ成果物（「DMO やしろ読本」「一般社団法人 DMO やしろ組織づくりマニュアル」「DMO やしろ日本版 DMO 形成・確立計画書」）の一部を編集した．原著は筆者の草稿による．ともに取り組んだ関係者各位に感謝したい．

注
1）「八代よかとこ宣伝隊」は，2014（平成 16）年 9 月に八代市観光協会，日奈久温泉観光協会，八代物産振興協会の 3 つを併せて組織された「八代シティプロモーションセンター」が平成 18 年 5 月に名称を変更したものである．DMO やしろは，行政主導の観光協会（よかとこ宣伝隊）再編型組織である．なお，「八代よかとこ宣伝隊」の理事長は八代市長，副理事長は八代商工会議所会頭であり，任意団体として以後約 10 年間にわたり，市内外において物産展の開催，観光 PR などをおこなってきた．
2）国土交通省の定義によれば，旅行・観光の目的地である各地域（＝着地）側が有する個別の観光資源（自然，歴史，産業，街並み，文化など）に関する情報やその土地ならではの文化や産業の体験・交流など着地側の人々の視点を重視して企画・立案・実施されるものをいう（北川 2008 による）．
3）ディスティネーション・マネジメントは，一般的には目的地のマネジメント組織によっておこなわれ，観光目的における観光計画の策定，マネジメント，調整の過程などを意味する．ツーリズムは地球規模で成長し続けているため，ツーリズムが依存する資源を保護し，多様な次元で関与する利害関係者の需要と期待を管理し，価値ある観光経験を保証するために，ディスティネーション・マネジメントはますます重要になってきている（小槻 2014 による）．
4）land operator. 海外旅行を企画・販売する全国旅行会社から依頼を受け，その旅行先の現地の交通機関，ホテル，ガイド，レストランなどの手配を専門におこなう旅行会社．旅行者と直接接点をもつことは稀であるが，現地での実際の対応をおこなう．ツアーオペレーターともいう（北川 2008 による）．ツアーオペレーターの場合，顧客や旅行会社

第 7 章　観光地域づくりのマネジメント ● 191

の間に入るため旅行業の資格を有する必要がある．着地型観光では，市町村の観光協会等がDMOの役割を果たし，観光資源や集落との間に入るオペレーターは基本的に旅行業の資格を有する必要はない．

5）主な収益事業である全国花火大会でのバスハイク事業では，もっとも多いときでバス400台，約16,000人の事業実績を残した．

6）2011年3月に発行された「八代市観光振興計画」，2012年3月に発行された「八代市観光振興計画・実践計画」にそれぞれ明記されている．

7）旅の出発地の旅行代理店が旅行商品を販売するために，「送客」システムを構築していくビジネスモデルとしての観光をいう（北川2008による）．

8）観光商品や物産品の提供者・供給者．着地型観光商品の造成に当たる末端の提供者をいう．

9）KPI（Key Performance Indicator：主要業績評価指標）とは，目標達成に向けて業績プロセスが適切に実行されているか判断するための主要な指標をいう．

10）PDCA cycle，plan-do-check-act-cycleのこと．Plan（計画）→ Do（実行）→ Check（評価）→ Act（改善）の4段階を繰り返すことによって，取り組みに関する評価・検証を不断に実施し，取り組みを継続的に改善していく．事業活動における生産管理や品質管理などの管理業務を円滑に進める手法の一つである．

11）繰り返し訪れる顧客をいう．リピート率とは，再入場者数を総入場者数で割った値として得られる経営指標の値．

12）SWOT分析は地域の強み（Strength），弱み（Weakness），脅威（Threat），機会（Opportunity）に分けて，地域特性や外部環境を分類整理する方法で，戦略策定などに用いられる．

13）日奈久温泉は，歴史と伝統のある九州を代表する温泉である．かつては八代の奥座敷として歓楽街的な温泉街として賑わいをみせ，結婚式，忘年会，慰安旅行などを受け入れ繁栄していた．最近は，日奈久断層の存在のほかに，個性を重視する温泉ブームの波にのれずに苦戦している．

14）五家荘は，球磨川水系川辺川の源流域に位置し，平家落人伝説の地として全国的知名度をもつ．最近は，隔絶性や交通条件の不利性などから，観光客の入込が減少している．

15）旧八代市と合併した町村は坂本村，東陽村，泉村，千丁町，鏡町の5町村である．旧八代郡で八代市と合併しなかったのは旧氷川町と旧竜北町の2町で，2町は合併して氷川町となった．

16）観光を経営するという視点にたって総合的かつ戦略的に政策を推進するため，「八代市観光経営戦略協議会設立準備会」の設立を2016（平成28）年度中にめざし，所要の検討および調整をおこなうことを目的に「八代市観光経営戦略協議会」を平成29年度に設置するとしている．内容としては，宿泊施設，交通事業者，飲食店，行政といった従来から組織化された団体に加え，体験プログラムの提供団体や商品開発を担う農林漁業者などをはじめ，地域独自のまちづくりの担い手である団体やNPO・ボランティア団体等と積極的に連携していくとしている．また，地域社会とコミュニケーションをとり，地域の観光関連事業者への業務支援を通じ，観光戦略を多様な関係者間で共有しながら推進していくともしている．

17）6つのワーキンググループの設置が予定されている．シトラス地域づくりWG，スポーツ・文化・イベントWG，インバウンドWG，着地型観光商品WG，二次交通WG，物産プロモーションWGがそれらである．これらWGと各地域をつなぐのがランドオペレーター人材である．

参考文献

井口　貢（2005）『まちづくり・観光と地域文化の創造』学文社

井口　貢編（2008）『観光学への扉』学芸出版社

海野　進（2014）『人口減少時代の地域経営―みんなで進める「地域の経営学」実践講座』同友館

大社　充（2008）『体験交流型ツーリズムの手法―地域資源を活かす着地型観光―』学芸出版社

大社　充（2013）『地域プラットフォームによる観光まちづくり』学芸出版社

尾家建生・金井萬造編（2008）『これでわかる着地型観光』学芸出版社

大橋昭一・橋本和也・遠藤英樹・神田孝治編（2014）『観光学ガイドブック―新しい知的領野への旅立ち―』ナカニシヤ出版

大藪多可志（2010）『観光と地域再生』海文堂出版

北川宗忠（2008）『観光・旅行用語辞典』ミネルヴァ書房

観光庁（2015）『「日本版DMO」形成・確立に係る手引き（第1版）』

日本交通公社編（2013）『観光地経営の視点と実践』丸善出版

小塩稲之編（2011）『観光と地域資源活用―観光コーディネート学―』日本販路コーディネーター協会出版局

小槻文洋編（2014）『観光研究のキーコンセプト』現代図書

佐藤喜子光・椎川　忍（2011）『地域旅で地域力創造―観光振興とIT活用のポイント―』学芸出版社

敷田麻美・内田純一・森重昌幸編（2009）『観光の地域ブランディング―交流によるまちづくりのしくみ―』学芸出版社

松陰大学観光文化研究センター編（2009）『観光キーワード辞典―観光文化への道標―』学陽書房

須田　寛（2009）『観光―新しい地域づくり―』学芸出版社

総合観光学会編（2010）『観光まちづくりと地域資源活用』同文舘出版

十代田朗編（2010）『観光まちづくりのマーケティング』学芸出版社

高橋一夫・大津正和・吉田順一編（2010）『1からの観光』碩学舎

高橋一夫・藤野公孝編（2014）『CSV観光ビジネス―地域とともに価値をつくる―』学芸出版社

千葉千枝子（2011）『観光ビジネスの新潮流―急成長する市場を狙え―』学芸出版社

DMOやつしろ（2016）「DMOやつしろ日本版DMO形成・確立計画書」

西村幸夫（2009）『観光まちづくり―まち自慢からはじまる地域マネジメント―』学芸出版社

日本政策投資銀行（2014）『日本型DMOの形成による観光地域づくりに向けて』

額賀　信（2008）『観光統計から見えてきた地域観光戦略』日刊工業新聞社

深見　聡・井出　明編（2010）『観光まちづくり―地域を活かす新しい視点―』古今書院

森下晶美編（2008）『観光マーケティング入門』同友館

八代市観光振興課（2016）「DMOやつしろ読本」

八代市観光振興課（2016）「一般社団法人DMOやつしろ組織づくりマニュアル」

八代市（2011）「八代市観光振興計画」

八代市（2012）「八代市観光振興計画・実践計画」

山下晋司編（2011）『観光学キーワード』有斐閣双書

第8章

日本の観光政策と観光資源管理

阿部　正喜

1．世界の観光動向と日本の観光政策

2003年以降の観光白書，とくに直近の2017年（平成29年）観光白書（国土交通省）をもとに，世界の観光動向と日本の観光動向を確認しつつ，2016年および2017年の観光関連法規を加えて日本の観光政策について概説する．

1-1 世界の観光動向

2007年から2009年までの間，リーマンショックの影響から世界的に大きく景気が後退したが，多くの地域において景気は回復基調にある．IMF（国際通貨基金）によると，2016年の実質経済成長率は，米国1.6％，EU1.9％，中国6.6％，ASEAN（東南アジア諸国連合）の主要5カ国（インドネシア，マレーシア，フィリピン，タイ，ベトナム）4.8％である．

UNWTO（国連世界観光機関）によれば，2016年の世界全体の国際観光客到着数は12.4億人を記録し，2009年以降は7年連続増加している．国際観光客数と世界の実質GDPは強い相関がみられる．国際観光客受入数の地域別シェアは欧州が過半数を占めていて，過去10年間では横ばい傾向にある．それに対してアジア太平洋は，2006年19.4％，2011年21.9％から2016年24.5％まで拡大し急激な伸びをみせ，今後についても北東アジア・東南アジアは世界のなかでも高い伸び率が予測されている．

外国人旅行者受入数（2015年）についてはフランスが8445万人で1位となり，米国が7751万人で2位，スペインが6822万人で3位である．日本は2014年の1341万人（22位，アジアで7位）から1974万人（16位，アジアで5位）となり，人数，順位ともに上昇している．各国における外国人旅行者受入数の対人口比から考えて，日本の外国人受入数の伸びしろは大きい．

1-2 日本の観光動向と観光政策 （図8-1参照）

2003年1月に，第156回国会における小泉内閣総理大臣が施政方針演説で，観光の振興に政府を挙げて取り組み，2010年に訪日外国人旅行者数を倍増させるという目標が示され，幅広い視点から観光立国としての基本的なあり方を検討するために総理大臣主宰の観光立国懇談会が開催された．同年4月には報告書がまとめられ，2010年までに訪日外国人旅行者を1000万人に増やす政策としてビジット・ジャパン事業が開始された．

2006 年 12 月には，1963 年に制定された観光基本法の全部を改正し，観光を 21 世紀における日本の重要な政策の柱として明確に位置づけ，国際競争力の高い魅力ある観光地の形成，観光産業の国際競争力の強化および観光の振興に寄与する人材の育成，国際観光の振興並びに観光旅行促進を目的とした環境整備に，必要な施策を講ずることを基本施策とした観光立国推進基本法が成立した．2007 年 6 月には同法に基づき観光立国推進基本計画（5 年間）を閣議決定し，2008 年 10 月には観光庁が設置された．2009 年 7 月には中国個人観光ビザ発給が開始され，2010 年 6 月には新成長戦略が閣議決定され，観光立国・地域活性化が戦略分野の一つとして掲げられた．「訪日外国人を 2020 年初めまでに 2500 万人，将来的には 3000 万人とするプログラム」が目標とされた．

2010 年 6 月には経済産業省にクールジャパン室が開設され，自動車，家電・電子機器等の産業に加えて，「衣・食・住」やコンテンツ（アニメ，ドラマ，音楽等）をはじめ，日本の文化やライフスタイルの魅力を付加価値に変えるという事業を展開している．

2012 年 3 月には観光立国推進基本計画（5 年間）が閣議決定され，1）震災からの復興，2）国民経済の発展，3）国際相互理解の増進，4）国民生活の安定向上を基本方針として，1）国内における旅行消費額を 2016 年までに 30 兆円にする【2009 年実績：25.5 兆円】，2）訪日外国人旅行者数を 2020 年初めまでに 2500 万人とすることを念頭に 2016 年までに 1800 万人にする【2010 年実績：861 万人，2011 年推計：622 万人】など，数値目標を掲げている．2016 年 3 月に策定された「明日の日本を支える観光ビジョン」において後述するが，いずれの数値目標も達成することになる．

アベノミクスにおける観光政策

2012 年 12 月に誕生した第二次安倍内閣の経済政策として，アベノミクスが示され，「財政出動」「金融緩和」「成長戦略」という「3 本の矢」で，長期のデフレを脱却し，名目経済成長率 3％を目指した．成長戦略は，鍵を握る重要テーマとして，1）投資の促進，2）人材の活躍強化，3）新たな市場（農業，医療，エネルギー）の創出，4）世界経済とのさらなる統合を掲げ，規制緩和等によって民間企業や個人が真の実力を発揮するための方策をまとめたものであり，日本経済を持続的成長に導く道筋を示している．そのなかで世界経済とのさらなる統合において，「Welcome to Japan!」として，2020 年に向けて訪日

観光対象の変遷（発展段階）	観光・観光地の動向	出来事
1945年（昭和20年）		1945 終戦
《マスツーリズム》《ソーシャルツーリズム》	1946 運輸省鉄道総局に観光課設置	
物見遊山としての観光 行為対象「見る」「訪ねる」「見聞地」	1947 外国人観光客国内旅行許可	
・招待旅行・慰安旅行	1949 国際ホテル整備法、国際観光事業助成に関する法律公布	
・団体、貸し切りバス	1949 国立公園法、上信越国立公園指定（戦後初）	
・修学旅行復活	1950 国鉄団体割引乗車券復活	1950 神武景気
・大型温泉旅館増加	1950 日航国内便就航	1950〜1953 朝鮮戦争
・新婚旅行が普及	1950 新日本観光地100選（毎日新聞社）	
・九州、南紀、北海道、沖縄 など	1950 船橋ヘルスセンター開業	
	1951 「観光事業振興5カ年計画」 ・国立公園整備 ・重点地域・モデルルート指定 ・国際ホテル整備法	
	1952 日本修学旅行協会設立	
1955年（昭和30年）	1956 国民宿舎建設スタート	1960 国民所得倍増計画
多種多様な観光 行為「遊ぶ」「食べる」「買う」対象「開発された観光地」	1962 全国総合開発計画（全総）	1962 ベトナム戦争本格化
私鉄資本の観光地開発	1963 観光基本法公布	
・湘南、箱根、伊豆、日光、軽井沢、万座、苗場	1963 （米国ヒルトンホテル経営導入）	
スキー場開発	1964 東京オリンピック開催	
海水浴場開発	1964 海外旅行自由化	
	1964 東海道新幹線開業	
1965年（昭和40年）	1965 名神高速道路開通	1967 人口1億人突破
日本再発見としての観光 行為対象「知る」「歴史・文化」「学ぶ」「景観」	1965 国際観光地・国際観光ルートの整備方針決定	1969 アポロ月着陸
農漁村の民宿増加	1966 古都保存法公布	1969 GNP世界第2位
別荘地開発	1967 マイカー保有1000万台突破（ドライブ旅行へ）	1971 環境庁設置 （尾瀬自動車道中止）
・伊豆、希望ヶ丘、富士山麓、那須、軽井沢、浅間山麓	1968 新都市計画法公布	1972 沖縄返還
まちなみ・郷土景観	1969 東名高速開通・新全国総合開発計画	1972 「日本列島改造論」
・知床、能登、長崎、金沢、倉敷、高山、萩、津和野、白川村等	1970 大阪万国博覧会開催	1973 オイルショック
	1970 国際線にジャンボジェット就航	
	1970 国鉄ディスカバージャパンキャンペーン開始	
	1971 立山・黒部アルペンルート開通	
	1972 海外旅行者100万人突破	
	1974 上高地・乗鞍・尾瀬等でマイカー規制	
1975年（昭和50年）	1975 文化財保護法改正（伝統的建造物群保存地区の制度発足）	1980 第2次オイルショック
スポーツ・レクリエーション活動	1977 沖縄海洋博覧会開催	1980 「田園都市国家構想」
安・近・短	1978 第3次全国総合開発計画	
温泉・秘湯ブーム	1978 新東京国際空港開港	
	1980 都市計画法改正（地区計画）	
	1980 神戸市まちづくり条例公布	
	1981 東北・上越新幹線開業	
	1983 東京ディズニーランド開業	
	1984 横浜みなとみらい21、第3セクター会社発足	

図8-1 観光対象の変遷（戦後から現在まで）

年	社会的出来事	観光政策等	観光対象
1985年 （昭和60年）	1991 バブル経済の崩壊 1991 湾岸戦争勃発	1985 筑波国際科学博覧会開催 1987 第4次全国総合開発計画 1987 総合保養地域整備計画施行 1987 運輸省「海外旅行倍増計画」発表 1991 海外旅行者1000万人突破 1992 世界遺産条約批准 1992 山形新幹線開業 1992 農水省がグリーン・ツーリズムの定義づけ 1994 関西国際空港開港	リゾート開発 キャンプ場 （オルタナティブ・ツーリズム） ※サステイナブル・ツーリズム
1995年 （平成7年）	1995 阪神淡路大震災 2001 9.11テロ 2001 アフガニスタン空爆 2003 イラク戦争 2003 SARS発生	1996 ウェルカムプラン21発表 1997 秋田新幹線開業 1998 長野オリンピック開幕 2000 「21世紀の国土のグランドデザイン（新しい全総） 2000 道路関連立国促進特別措置法（10年間の時限立法） 2003 観光立国行動計画 2003 観光交流空間づくりモデル事業 2003 美しい国づくり大綱 2003 ビジット・ジャパン・キャンペーン 2004 景観三法公布	グリーン・ツーリズム エコツーリズム 産業観光 インバウンド観光
2005年 （平成17年）	2007 世界金融危機 2008 リーマン・ショック 2011 東日本大震災 2016 熊本地震	2006 特定第三種旅行業者の新設 2007 観光立国推進基本法施行 2008 観光庁発足 2008 エコツーリズム推進法施行 2008 観光圏整備法施行 2008 歴史まちづくり法施行 2010 経済産業省「クール・ジャパン室」開設 2011 スポーツツーリズム推進基本方針策定 2013 「3本の矢」による「アベノミクス」 2014 国家戦略特別区域 外国人滞在施設経営事業 2014 免税対象品目の拡充（一部除く） 2014 まち・ひと・しごと創生法成立、まち・ひと・しごと創生長期ビジョン ・日本版DMOの推進 2015 「新3本の矢」によるアベノミクス第2ステージ 2015 北陸新幹線開業 2016 「明日の日本を支える観光ビジョン」策定 2016 特定複合観光施設区域の整備の推進に関する法律（IR法）施行 2016 国家戦略特別区域 民泊と連携した出入国手続等の迅速化 2017 「通訳案内士法及び旅行業法の一部を改正する法律案」可決(2018年同法施行） ・地域通訳案内士制度 ランドオペレーターの登録制度 2017 「住宅宿泊事業案」（民泊新法）可決（2018年同法施行）	※レスポンシブル・ツーリズム ダークツーリズム スポーツツーリズム ヘルスツーリズム 地方創生 観光地域づくり

豊かなライフスタイルとしての観光　行為対象「体験する」「遊ぶ」「交流する」「癒される」

その土地（風土・世界観）対象「背景」「文脈」（天歴史・地理）を理解する観光

図8-1　観光対象の変遷（戦後から現在まで）観光資源の今日的価値基準に関する研究（中野文彦・安達寛朗他、2011・2012）をもとに加筆して作成

外国人旅行者数2000万人を目指し，「Cool Japan」として世界に日本文化の魅力を伝えることにより，日本のプレゼンス向上，海外マーケットの拡大並びに訪日外国人旅行者の増加を目指している．

2013年1月には，日本経済再生に向けた緊急経済対策を閣議決定し，経済の再生のため，政策の「基本哲学」を「縮小均衡の再分配」から「成長による富の創出」へ発想を転換し，イノベーションや新事業が次々と生まれ，雇用と所得が拡大する「強い経済」をめざすとし，「3本の矢」を同時展開するとした．経済効果を早期にだす工夫として安易なバラマキを止め，実質GDP2%に押し上げ，60万人分の雇用を創出するとし，復興・防災対策，成長による富の創出，および暮らしの安全・地域活性化を緊急経済対策の重点分野とした．

同年6月，観光立国推進閣僚会議において観光立国実現に向けたアクション・プログラムがまとめられ，「オールジャパンによる連携強化・拡大，クールジャパンと一体となった日本のブランド発信，訪日プロモーションの実施」，「ビザ要件の緩和，出入国手続きの迅速化・円滑化」，「多言語化対応の改善・強化」，「魅力ある観光地域づくり」，「ニューツーリズムの創出」，「国際会議等（MICE）誘致体制の構築・強化」などが盛り込まれた．また「日本再興戦略—JAPAN is BACK—」を閣議決定し，「日本産業再興プラン」，「戦略市場創造プラン」，「国際展開戦略」の3つのアクションプランを定め，クールジャパンの推進および訪日外国人旅行者や対内直接投資の受入れ拡大により徹底したグローバル化を進めるとして，成果目標として訪日外国人旅行者を2030年に3000万人超をめざすと明記した．

2014年10月には従来免税販売の対象となっていなかった消耗品（食品類，飲料類，薬品類，化粧品類その他の消耗品）を含めたすべての品目が新たに免税対象となり，消費税免税制度を活用した外国人旅行者の誘客を進めている．また，同9月に「まち・ひと・しごと創生本部」（通称地方創生本部）が設置され，同11月「まち・ひと・しごと創生法」が成立，同12月「まち・ひと・しごと創生長期ビジョン」および「まち・ひと・しごと総合戦略」が閣議決定，2015年1月内閣府では地域活性化推進室から地方創生推進室に改組・体制強化をはかっている．少子高齢化の進展に向けて的確に対応し，将来にわたって活力のある日本社会を維持していくために，まち・ひと・しごと創生に関する施策を総合的かつ計画的に実施している．同長期ビジョン・総合戦略において観光地域づくりが主な施策の一つとして掲げられている．

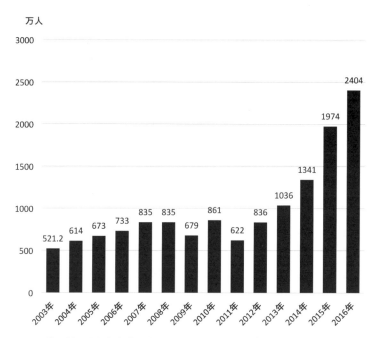

図 8-2　訪日外国人旅行者数の推移，日本政府観光局（JNTO）(2017) 資料をもとに作成

　訪日外国人旅行者数（図 8-2）は，2013 年に初めて年間 1000 万人を突破し，2014 年 1341 万人，2015 年 1796 万人，2016 年 2404 万人（日本政府観光局）となり過去最高を更新している．とりわけアジアからの訪日外国人旅行者は，2010 万人で前年比 22.8％の伸び率となり，訪日外国人旅行者に占める割合は 83.6％に達している．内訳は，中国 637 万人（26.5％），韓国 509 万人（21.2％），台湾 417 万人（17.3％），香港 184 万人（7.7％），タイ 90 万人（3.7％）などとなっている．観光庁訪日外国人消費動向調査（2016 年度）によれば，観光客の 59.3％がリピーターであり，もっともリピーター率の高いのは台湾で 81.2％，香港 81.1％，シンガポール 72.5％，韓国 67.0％，タイ 64.9％と続いており，東アジア圏のリピーターが顕著である．

　2014 年 6 月「観光立国推進会議閣僚会議」において 2020 年には訪日外国人旅行者の目標を 2000 万人とした．2015 年の同会議においては，訪日外国人旅行者数 2000 万人の実現が視野に入り，訪日外国人が急激に増加している状況をふまえて，「観光立国実現に向けたアクション・プログラム 2015」を策定し

ている．その柱は次の通りである．1）インバウンド新時代に向けた戦略的取組，2）観光旅行消費の一層の拡大，幅広い産業の観光関連産業としての取り込み，観光産業の強化，3）地方創生に資する観光地域づくり，国内観光の振興など．また，2020年を重要な通過点として，外国人旅行者3000万人が訪れるような交通機関や宿泊施設等の受入環境整備はもとより，少子高齢化による人口減少が急速に進むなかでもてなす国の姿・社会の態勢を整えて，外国人旅行者3000万人が訪れるような世界に誇る魅力あふれる国づくりを目指す．

ローカルアベノミクスにおける観光政策

2015年6月「日本再興戦略改訂2015 ―未来への投資・生産性革命―」が閣議決定され，アベノミクス第二ステージとして，民間投資拡大等により経済の好循環を加速させるとともに，財政健全化を着実に実施し，従来の「3本の矢」を束ねて一層強化した「強い経済」の実現とともに，「夢をつむぐ子育て支援」「安心につながる社会保障」の施策を強力に推し進め，安心できる社会基盤を築くことにより，「成長と分配の好循環」を構築するとした．そのなかで「ローカル・アベノミクスの推進」を掲げ，観光産業が地域経済を牽引する基幹産業へと成長させるとして，世界に通用する観光地域づくりとマーケティングを官民一体でおこなう日本版DMO（Destination Management Organization）の確立と集中支援をおこなうとした．観光庁が推進する日本版DMOは，観光地域づくりの舵取り役を担う法人であり，地域の稼ぐ力を引き出すとともに地域への誇りと愛着を醸成する「観光地経営」の視点に立った観光地域づくりの舵取り役として，多用な関係者と協同しながら，明確なコンセプトに基づいた観光地域づくりを実現するための戦略を策定するとともに，戦略を着実に実施するための調整機能を備えた法人である．2017年8月までに157件が登録されている．

明日の日本を支える観光ビジョン2016

2016年3月「明日の日本を支える観光ビジョン構想会議」（議長：内閣総理大臣）において「明日の日本を支える観光ビジョン」を策定している．観光は，真にわが国の成長戦略と地方創生の大きな柱であるとの認識のもと，以下の3つの視点を柱とし，10の改革をとりまとめている．

2020年までに目標達成達成を掲げられた主な事業を加えて以下に紹介する．

視点1：「観光資源の魅力を極め，地方創生の礎に」

「魅力ある公的施設」を，ひろく国民，そして世界に開放：赤坂迎賓館と京都迎賓館を2016年より一般開放し，その他公的施設についても観光資源として価値のあるものについて公開を検討する．

「文化財」を，「保存優先」から観光客目線での「理解促進」，そして「活用」へ：従来の保存優先とする支援から地域の文化財を一体的に活用する取り組みへの支援に転換する．文化財活用・理解促進戦略プログラム2020（仮称）を策定；地域の文化財を一体とした面的整備やわかりやすい多言語解説などの事業を実施；日本遺産をはじめ，文化財を中核とする観光拠点を整備；観光コンテンツの質の向上として学芸員や文化財保護担当者等に対する文化財を活用した観光振興に関する講座を新設；美術館や博物館における参加・体験型教育プログラムへの支援．

「国立公園」を，世界水準の「ナショナルパーク」へ：国立公園満喫プロジェクトとして「国立公園ステップアッププログラム2020」（仮称）を策定し，外国人国立公園利用者数を年間430万人から1000万人に増やすことを目指す．

おもな観光地で「景観計画」をつくり，美しい街並みへ：主な観光地で景観形成を促進しモデル地区に重点支援；歴史まちづくり法の重点区域などの無電柱化を促進；国営公園の外国人向けガイドツアーの開催やWi-Fi環境の整備推進．

その他，滞在型農山漁村の確立・形成，地方の商店街等における観光需要の獲得・伝統工芸品等の消費拡大，広域観光周遊ルート世界水準への改善，東北の観光振興が掲げられている．

視点2：「観光産業を革新し，国際競争力を高め，我が国の基幹産業に」

古い規制を見直し，生産性を大切にする観光産業へ：近隣アジア諸国からの訪日旅行者数の増加への受入体制を整備し，安全確保，生産性のある国際競争力のある基幹産業の育成・強化の観点から，通訳案内士，ランドオペレーター，宿泊業，旅行業について制度の見直しをおこなう；産業界ニーズをふまえた観光経営人材の育成・強化をおこなうため，育成拠点を大学院段階に形成，大学の観光学部のカリキュラム変革による地域観光を担う人材育成の強化をおこなう；宿泊施設不足の早急な解消および多様なニーズに合わせた宿泊施設の提供として，旅館等のインバウンド対応を支援（1/2補助）；クラウド等を活用した旅館等の空室情報の提供体制支援，古民家の宿泊施設へのリノベーションに

第8章　日本の観光政策と観光資源管理 ● 203

対してまちづくりファンドによる金融支援；民泊サービスへの対応としてルールづくりに向けて検討して必要な法整備をおこなう.

あたらしい市場を開拓し，長期滞在と消費拡大を同時に実現：東京オリンピック・パラリンピック後をみすえた訪日プロモーションの戦略的高度化；インバウンド観光促進のための多様な魅力の対外発信強化；MICE 誘致・開催の支援体制を抜本的に改善；訪日に当たってビザが必要となる 5 カ国（中国・フィリッピン・ベトナム・インド・ロシア）を対象にビザの戦略的緩和；地域における調整・相談窓口の構築および観光部局と教育部局の連携促進などによる訪日教育旅行の活性化，観光教育の充実，若者の旅行費用を軽減するなどによるアウトバウンド活性化に向けて旅行業団体等と連携して若者割引等のサービス開発・普及.

疲弊した温泉街や地方都市を，未来発想の経営で再生・活性化：2020 年までに世界水準の DMO を全国で 100 組織を形成するため，情報支援・ビッグデータの活用促進；地方創生交付金により，KPI（Key Performance Indicator, 目標達成度を評価するための主要業績評価指標）を設定して PDCA サイクルの確立のもと，組織の立上げから自律的な運営まで総合的に支援；温泉街等のまとまりのあるエリアを一体で丸ごと再生し，観光地としてのポテンシャルを強力に引き出すために，「観光地再生・活性化ファンド（仮称）」を展開；次世代の観光立国実現のための受益者負担による財源確保を検討.

視点 3：「すべての旅行者が，ストレスなく快適に観光を満喫できる環境に」

ソフトインフラを飛躍的に改善し，世界一快適な滞在を実現：最先端技術を活用した革新的な出入国審査等の実現，出発時の航空保安検査にかかわる旅客の負担を抑えて検査の円滑化をはかることにより，出入国審査の風景を一変させる．キャッシュレス環境の飛躍的改善のため，海外発行カード対応 ATM の設置促進；外国人が訪れる主要な商業施設，宿泊施設および観光スポットにおいて「100％のクレジットカード決済対応」および「100％の決済端末の IC 対応」を実現；通信環境の飛躍的な向上のため，主要な観光・防災拠点における無料 Wi-Fi 環境の整備を促進；誰でも一人歩きできる観光の実現等に向けて，病院・商業施設等における多言語音声翻訳システムの社会実装化；IoT おもてなしクラウド事業において交通 IC カードやスマートフォン等を活用して外国人旅行者への観光・交通情報，災害情報の選択的配信；中小企業者がインバウンド需要を取り込めるようにウェブサイトの多言語化；急患等にも十分対応で

きる外国人患者受入態勢の充実；「世界一安全な国，日本」の良好な治安を体感できる環境整備．

　「地方創生回廊」を完備し，全国どこへでも快適な旅行を実現：新幹線，高速道路などの高速交通網を活用した「地方創生回廊」の完備に向けて，これまで出発前に海外の限られた旅行代理店でしか購入できなかった「ジャパン・レールパス」を日本到着後に購入可能とする．新幹線開業やコンセッション空港（民間への経営委託）運営等と連動した観光地へのアクセス交通充実の実現して地方への流れを創出；新幹線全駅の観光拠点としての機能強化；地方空港のゲートウェイ機能強化と LCC 就航促進；クルーズ船受入の拡充，北東アジア海域をカリブ海のような世界的なクルーズ市場にする；日本各地をカジュアルからラグジュアリーまで幅広く対応したクルーズディスティネーションにする；公共交通利用環境の革新，新幹線・高速バス等主要な公共交通機関の海外インターネット予約の可能化；全国公共交通機関を網羅した経路検索の可能化（外国語対応），世界水準のタクシーサービス，手ぶら観光カウンターを全主要交通結節点に設置．

　「働きかた」と「休みかた」を改革し，躍動感あふれる社会を実現：2020 年までに年次有給休暇取得率 70％へ向上並びに休暇取得の分散化に向けて，5 日間の年次有給休暇付与を使用者に義務付け．家族が休暇をとりやすい制度の導入をはかる．

　以上述べてきたように，観光産業を基幹産業化するための政策がとりまとめられている．また，同観光ビジョンでは以下の通り，数値目標化により質の高い観光交流の成果を求めている．

★訪日外国人旅行者数　2020 年：4000 万人，2030 年：6000 万人
（従来目標：2020 年 2000 万人，2030 年 3000 万人）

★訪日外国人旅行消費額　2020 年：8 兆円，2030 年：15 兆円
（従来目標：2000 万人が訪れる年に 4 兆円）

★地方部（三大都市圏以外）での外国人延べ宿泊者数　2020 年：7000 万人
　泊，2030 年：1 億 3000 万人泊

★外国人リピーター数　2020 年：2400 万人，2030 年：3600 万人

★日本人国内旅行消費額　2020 年：21 兆円，2030 年：22 兆円

観光ビジョン2016以降の観光に関連する法改正

2016 年 5 月に国家戦略特別区域民間と連続した出入国手続きなどの迅速化が成立し，外国人観光客に対する空港等での手続を迅速・快適なものにするため，出入国に際して必要な手続について民間事業者等との十分な連携のもと，必要な施策が講じられる．

2016 年 12 月に特定複合観光施設区域の整備の推進に関する法律（IR 法）が施行された．この法律は，特定複合観光施設区域の整備の推進が，観光および地域経済の振興に寄与するとともに，財政の改善に資するものであることに鑑み，特定複合観光施設区域の整備の推進に関する基本理念および基本方針その他の基本となる事項を定めるとともに，特定複合観光施設区域整備推進本部を設置することにより，これを総合的かつ集中的におこなうことを目的としており（同法第 1 条），「特定複合観光施設」とは，カジノ施設および会議場施設，レクリエーション施設，展示施設，宿泊施設その他の観光の振興に寄与すると認められる施設が一体となっている施設であって，民間事業者が設置および運営をするものと定義されている（第 2 条）

2017 年 3 月に観光立国推進基本計画が閣議決定されている．「明日の日本を支える観光ビジョン」（2016 年）をふまえ，観光はわが国の成長戦略の柱，地方創生への切り札であるという認識の下，拡大する世界の観光需要を取り込み，世界が訪れたくなる「観光先進国・日本」への飛躍をはかるものとして策定され，計画期間は平成 29 年度〜32 年度（4 年間）とされている．

2017 年 6 月に「通訳案内士法及び旅行業法の一部を改正する法律案」が参議院で可決され，2018 年 1 月に施行され，地域通訳案内士制度，ランドオペレーターの登録制度が整備される．また，2017 年 6 月には住宅宿泊事業法案（民泊新法）参議院で可決され，2018 年 6 月に施行され，個人も民泊事業をおこなう場合には住宅宿泊事業者の届け出が義務付けられるなど一定のルールを設けて普及がはかられる．

日本経済における観光産業

日本経済は，2013 年においては，金融緩和，財政出動，成長戦略の「3 本の矢」による「アベノミクス」で株高となり，内閣府「日本経済 2013-2014」によると，景気は穏やかに回復しつつあると判断されたが，内閣府「日本経済 2014-2015」によれば，2014 年の景気は緩やかな回復基調を持続しているもの

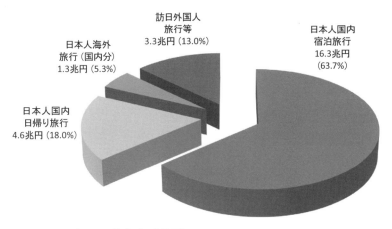

図 8-3　国内における旅行消費額（2015 年）
　　　　観光庁ホームページの国内における旅行消費額（2015 年）をもとに作成
*「付加価値誘発効果」とは，生産物の販売額から中間投入額を差し引いた額（付加価値額）が消費をおこなうことにより直接的または間接的に誘発される効果のこと．
**「雇用誘発効果」とは，就業者数が消費をおこなうことにより直接的または間接的に誘発される効果のこと．

の，消費税率の引き上げや輸入物価の上昇などによる物価上昇のなかで個人消費に弱さがみられているとされている．内閣府「日本経済 2015-2016」によれば，景気は緩やかな回復基調のもと，支出面の改善が遅れているとされ，内閣府「日本経済 2016-2017」によれば，景気は，雇用・所得環境の改善が続くなかで，緩やかな回復基調が続くとされた．

　このような日本経済の背景において，観光が国内経済に与える影響は大きい．2015 年の観光消費がもたらす国内経済への波及効果を図 8-3 に示す．観光消費額 25.5 兆円に対して，生産波及効果は 52.1 兆円，このうちの付加価値誘発効果は 25.8 兆円，雇用誘発効果は 440 万人となっている．とりわけ訪日外国人旅行者による日本国内における消費額は，2012 年から 2016 年で急拡大し，2016 年に 3 兆 7476 億円となり，日本の経済を下支えするまでに成長している．2014 年 10 月から，従来免税販売の対象となっていなかった消耗品（食品類，

飲料類，薬品類，化粧品類その他の消耗品）を含めたすべての品目が新たに免税対象となったことから，大量購入（爆買い）につながった．インバウンド消費が拡大した主な要因として経済成長による個人所得の上昇，日本製品の品質の対する根強い信頼感，高級品を中心とした割安感（円安方向への動き，消費税免税制度），ショッピングをテーマとした訪日プロモーションの実施などがあげられる．このような外国人旅行者の日本におけるインバウンド消費は，2020年には東京オリンピック・パラリンピックが開催されるなどから，日本の海外からの注目度が高まっており，インバウンド消費に大きな期待が寄せられる．

　今や「インバウンド」が観光業界のみの言葉ではなく，あらゆる業種に影響を与え，「都市から地方へ」インバウンド観光が地域に新たな需要を生み出すことにより，観光関連産業は活力にあふれた地域経済を牽引するものとして期待されている．実際，都道府県別外国人述べ宿泊者数によれば，2014年において山梨県94.2万人（前年比91.3％），滋賀県23.3万人（77.0％），香川県15.2万人（59％），岐阜県66.2万人（58.9％），沖縄県231.3万人（55.3％）などと前年比を大きく上回り，2016年においても大都市圏の伸びが3.4％増に対して地方部の伸びは9.8％増とその傾向は続いており，香川県35.8万人（前年比70.3％），岡山県28.2万人（65.2％），福島県7.8万人（39.8％），愛媛県14.7万人（37.3％），群馬県21.4万人（33.7％）などとなっている．東京，京都，大阪というゴールデンルートのみならず，地方を観光目的地とする外国人旅行者も確実に増加している．

国際機関によって評価された日本の観光資源

　一方，日本の観光資源が世界的に高く評価され，2014年以降の動向を以下に示す．世界遺産では，2014年の「富岡製糸場と絹産業遺産群」（群馬県）に続き，2015年に「明治日本の産業革命遺産 製鉄・製鋼，造船，石炭産業」（福岡県，佐賀県，長崎県，熊本県，鹿児島県，山口県，岩手県，静岡県），2016年に「ル・コルビュジエの建築作品―近代建築への顕著な貢献」（国立西洋美術館＝東京都），2017年に「神宿る島」宗像・沖ノ島と関連遺産群（福岡県）が登録され，日本の世界遺産は文化遺産が17件，自然遺産が4件となった．世界無形文化遺産では2014年の「和紙：日本の手漉和紙技術」，2016年の「山・鉾・屋台行事」が登録され，21件となった．世界記憶遺産では国際登録

として 2015 年の「東寺百合文書」（京都府）と「舞鶴への生還」（福井県），地域登録として 2016 年の「水平社と衡平社国境を越えた被差別民衆連帯の記録」（奈良県）が登録され，日本では国際登録 5 件と地域登録 1 件となった．ユネスコ創造都市では，音楽分野で 2014 年の浜松市（静岡県），クラフト＆フォークアート分野で 2015 年の篠山市（兵庫県），および食文化（ガストロノミー）分野で 2014 年の鶴岡市（山形県）が登録され，日本の 7 都市が認定を受けている．世界ジオパークでは 2014 年に阿蘇ジオパーク（熊本県）および 2015 年にアポイ岳ジオパーク（北海道）が認定され，日本では世界ジオパークに 8 件が認定された．日本のラムサール条約登録湿地では，2015 年に芳ケ平湿地群（群馬県），涸沼（茨城県），東よか干潟（佐賀県）および肥前鹿島干潟（佐賀県）が登録され，日本のラムサール条約登録湿地は 50 件となっている．また，世界でもっとも影響力をもつ旅行雑誌「Travel + Leisure」誌がおこなった読者投票「ワールドベストアワード」において，世界の人気都市を決める「ワールドベストシティ」ランキングで，京都市が 2014 年〜 2015 年に 2 年連続で 1 位に選ばれている．2016 年は 6 位，2017 年は 4 位と上位に位置している．

2．観光資源管理の政策

　観光資源管理の政策を論じるため，レジャー，レクリエーション並びに観光との関係を明らかにする必要がある．また，観光資源の定義をおこなう過程において具体的な観光資源の事例を取り上げることにより，観光資源の分類における視点とその特徴を把握したい．また，観光政策が観光立国推進基本法のもとに観光立国推進基本計画によってまとめられているものの，それらの施策は内閣府，文部科学省，環境省，農林水産省，経済産業省，国土交通省および総務省に跨っており，各省庁所管の関連法規による総合政策として位置付けられる．同様に観光資源管理政策も複数の所管省庁によって連携しておこなわれている．本節では地方自治体設立の博物館による地域資源管理の可能性を探るため博物館について言及する．なお，地域資源とは，特定の地域に存在する特徴的なものを資源としてとらえ，人的資源を含めた広義の総称として地域を構成するすべての構成物ととらえることもあるが，地域経済が潤うことを前提としていることを明記したい．地域資源は，観光ビジネスの対象として観光目的で

あれば磨き上げにより観光資源となり得る.

2-1 レジャー，レクリエーションと観光

　観光，観光資源および観光地の定義をすることを目的に，まず，レジャーとレクリエーションとの関係を明確にしたい．地方博物館による地域資源管理の可能性を探るため博物館学を論理展開の基本とすることをお許し願いたい.

　博物館法の第1条に「この法律は社会教育法の精神に基づき，博物館の設置及び運営に関して必要な事項を定め，その健全な発達を図り，もって国民の教育，学術及び文化の発展に寄与することを目的とする.」，第2条に「この法律において，「博物館」とは，歴史，芸術，民俗，産業，自然科学等に関する資料を収集し，保管（育成を含む）し，展示して教育的配慮の下に一般公衆の利用に供し，その教養，調査研究，レクリエーション等に資するために必要な事業を行い，……」と続く．このレクリエーションについては，2007年7月に開催された中央教育審議会，生涯学習分科会，制度問題小委員会（第5回）の議事録によれば，委員より「調査研究の研究活動，収集・保存の保存活動，展示及び教育の教育活動は先行してきたが，国際博物館会議（ICOM）やイギリス博物館協会の提言にも3つの機能のほかに，娯楽とレクリエーションが入っていることを指摘し，日本における博物館の在り方についてそのエンターテイメント性の重要性が求められる.」との趣旨で発言されている．このレクリエーションの定義については，社会教育法だけでなく文化，生涯学習の定義の整合性からも考える必要があり事務局で検討するとしながら，2008年博物館法改正においてはレクリエーションについては変更をしていない．教育基本法から社会教育法，そして博物館法という基本的法体系から考えて整合性をとるため維持したものの考えられる．しかしながら，2011年文部科学省告示「博物館の設置及び運営上の望ましい基準」第1条2項では「博物館は，この基準に基づき，博物館の水準の維持及び向上を図り，もって教育，学術及び文化の発達並びに地域の活性化に貢献するように努めるものとする.」とある．地域振興という博物館法第2条に定める4つの役割のほかに新たな役割について告示で明確にした点に注目したい.

(1) レジャー

　古代ギリシャにおいては，「人間としてよりよく生きる」ことを理想とした

自由市民は，時間的精神的「ゆとり」を意味する schole（スコレー）を大事にし，思索にふけることや音楽，芸術を大切にして輝かしいギリシャ文化を生んだ．その後，繁栄をきわめたローマ帝国においては，スコレー的なレジャー観が衰退し，仕事で忙しいことを是とし，仕事のためにはときとして休み，自身を回復することが必要であるという認識へと変化していった．ギリシャのスコレーの理想はローマ時代にも受け継がれてきたものの，それは，少しずつ変わっていったと思われる．ラテン語でレジャーは「otium オティウム」であり，仕事をあらわす言葉は，オティウムの否定形「negotium ネゴティウム」であった．レジャーに相当する言葉として，何もしないことを意味する otium（オティウム）が一般的であり，ローマ市内には，ヘルスセンターとしての浴場や，真剣勝負を見世物とした円形闘技場（コロッセウム）など，娯楽施設が多く作られた（西野 1988b）．レジャーは見る立場や目的によって異なったとらえ方により，「時間として」：労働や生活を維持していくために必要な時間を除いた，自由に使うことのできる時間（自由裁量時間）とする立場，「活動種目として」：「スポーツ」や「趣味・娯楽」，「観光」などの代表的な活動種目でとらえる立場，「経験あるいは行為として」：行為者の主観的態度によってとらえようとする立場がある（西野 1988b）．「博物館」は英語の museum，フランス語の musée，イタリア語の museo の訳語であるが，これらの語源は，古代ギリシャ語のムセイオン（museion）である．ギリシャではもともと学芸の女神であるムーサたちの神域を指し，やがてこの語は広く学術研究や教育をおこなう場を意味するようになり，ギリシャ文化の末期であるヘレニズム時代には様々な場所にムセイオンが作られた．レジャーには人間としてよりよく生きることを希求したギリシャの思想が込められているのである．スコレーは本質的にはレジャーに相当する言葉であり，スコレーが，やがて自由時間を過ごすに適した音楽や美術，討論や講義，そしてそれらがおこなわれる場所としての school を意味するとともに，リベラルアーツ（Liberal Arts）への道を開くことになったことは，レジャーと博物館の関係を考える上で大変興味深い．

(2) レクリエーション

レジャーを内発的動機や満足などのために，比較的自由に選ばれる経験や行為とした場合，それらの活動は多岐にわたる．一方，レクリエーションはキャンプ，体操，集い，創作活動など，個人あるいは社会にとって，何らかの「利

点や利益」が期待されるプラスのものに限ってそうよぶ傾向が見受けられる．その意味ではレクリエーションは，レジャーのなかの，教育的で，いわゆる健全なものとして万人に了解されやすい経験や行為と解することができる．このようなとらえ方の背景に，近年ではレジャーとレクリエーションをセットにした「レジャー・レクリエーション」という使われ方がなされている（西野1988a）．

戦後におけるレクリエーション概念

　第二次世界大戦から現在にいたるわが国のレクリエーションの定義をめぐる研究者の論議の流れは，すべてそれぞれの時代的特徴を反映している．第二次世界大戦後のレクリエーションの概念の歴史について，仲村要（1987）をもとにしてその要点をまとめて紹介する．

　(1)「復興期」（1945 〜 55 年）にあっては，G.H.Q の民主化路線による政策的配慮を含む社会教育的な意味で一般化した．総司令部の民間情報局(C.I.E.)やアメリカ教育使節団の直接の指導，助言による文部省の体育行政や各種レクリエーション関係団体の結成にみられるように，当時のレクリエーションは，民主主義の名のもとに新しい生き方，楽しみを啓発するため，社会政策あるいは教育政策的配慮から啓発という形で定着したといえる．そして，この時期の社会教育的な意味内容を含んだレクリエーションの啓発的定着は，後にみられるレクリエーション論における価値志向的定義の展開に多大の影響を与えている．1947 年社会教育法，1949 年図書館法，そして 1951 年博物館法が成立した時代である．

　(2)「成長期」（1955 〜 60 年）には，産業優先の時代下で経営あるいは労務管理との関係で職場レクリエーションが盛んになり，労働再生産論的レクリエーション論は，まさにその理論的支柱としての役割を果たしたとみなされる．現代のレクリエーションの根本的意義は，生産活動，職業活動への能率強化のため身心の疲労の回復という点に焦点がある．

　(3)「高度成長期」（1960 〜 73 年）に入って大衆余暇時代状況が到来した．レクリエーションの定義は，「よりよく働くため」から，「よりよく生きるため」へとその概念内容を拡大していく．レジャーという言葉が登場して定着するにつれて，人間生活におけるレクリエーションの有効性は，レジャーの独立存在性がいわれるなかで，かつての労働再生産論的な意味のみでそれを定義す

ることが困難になり，したがってレクリエーションの意味は先の人間性回復論へ拡大されていく．マス・レジャー時代におけるレクリエーション概念の拡大が，レジャーの現実，あるいは実際の言葉の使用状況と合いまって，「レクリエーションの没価値的定義」にまで波及し，ここからいわゆる「レジャー論」とのからみで，レクリエーションとレジャーの概念の異同についての議論が巻き起った．

レクリエーションとレジャーを概念的に区別して，レクリエーションとは，1）結果的には人間教育の一端を担う教育活動であると受け止めること，2）客観的に，社会的な評価に耐えうるものでなければならないということとしている（三隅 1970）．

しかし，レジャーとレクリエーションを一つのセットと考え，両者を相互補完的関係で位置づけ，レジャーとレクリエーションは，峻別されるものではなく，いわば"セットとしての補完関係"のなかで理解され，いずれも文化的承認を得た遊びとして，普遍的な生活行動の一つとみなされていると同時に，背後をとりまくヒューマニズムの思想によって，共通な「意味的世界」を形成する存在とする（薗田 1976）．

また，レジャー，レクリエーション峻別論，両者の補完論に加えてレジャー優位論ともいうべき所論がある．レクリエーションを生産や労働に帰属する下位概念として近代余暇と称し，これに対してレジャーを生活全体に「ゆとり」や「豊かさ」をもたらす上位概念として現代余暇とする説である．先のレクリエーションの側からその概念の現代的優位性を強調するものである．

(3) 内閣総理大臣諮問第9号に対する観光政策審議会答申（1970）

内閣総理大臣の諮問第9号「経済社会の発展に伴う国民生活水準の変化に対応する観光のあり方及びそれを達成するための基本的方策いかん」（昭和43年9月25日）に対して，観光政策審議会がおこなった第1次答申「国民生活における観光の本質とその将来像」を取り上げ，その要点をまとめて紹介する．結論的には「観光」の定義について観光政策審議会答申（1970）に基づくこととする．

観光は生活環境を一時的に移動させたいという変化の欲求をその本質としている．都会等の人工物は累積が可能であるが，観光やレクリエーションのための空間のように本質的にそれができない空間をいかに確保していくかが大きな

問題となる．人間は変化を無意識的にあるいは意識的に求めようとする．変化は人間が人間として存在するための本質的な欲求といえよう．この欲求は，人間の明日への「活力の保持」，人間の本質は創り出すよろこびを体得することにあり，文化創造につながる「創造性の開発」，人間と遊び，人間性の回復といった態様となってあらわれる．余暇はまさしく，このような変化欲求を充足させるための重要な場であることができる．余暇や観光は，人間の本質に基づく不可欠な行動であって，単なる「暇つぶし」や「物見遊山」のためのものではない．余暇は労働では得られない人間性の発見や，社会連帯感を強める場となっていき，その価値は生活全体のなかでますますその比重を増していく．

［観光の目的］

①人間は，その本質に根ざす変化を求める欲求に基づいて様々な行動をし，それが生活の活力となり，文化創造の源となる．「移動」は観光の動機の本質を形作るものといえる．

②観光に対し，人々は多くの場合，漠然とした「旅」のみでなく，どこで何をしたいかという欲求（＝目的）をもち，多くの目的が複合することがしばしばである．目的：鑑賞（風景，美術館……），知識（博物館，博覧会……），体験（食事，交通手段……），活動（運動，釣魚……），休養（温泉……），参加（団体旅行……），精神の鼓舞（登山……）．

③労働時間以外の自由に使える時間内の行動でなければ，観光とはいわない．家事や義務のために旅行は入れない．

④宗教のための旅行は，古来わが国の習慣では，同時に観光的要素を多分に含んでいたし，その方が実質的に主目的とみられることも多いので，観光に含ませる．

［観光とレジャー］（図8-4 参照）

⑤自己の居住地附近での行動であれば観光とは呼ばないのが普通である．日常の生活圏を離れようとする「移動」が観光の本質である．観光の対象は，自己の生活圏を離れたところに存在することが必要条件である．

⑥観光，レジャー，レクリエーションという言葉は日常しばしば使用されるが，かならずしも明確な区分がつけられていない．観光政策を考える場合，この混乱を整理し，明確な区分をつけることが必要である．

　　レジャーは，通常，労働時間に対する個人の自由時間と解される．個人の生活時間全体から，生理的必需時間（食事等），労働時間，労働付属時

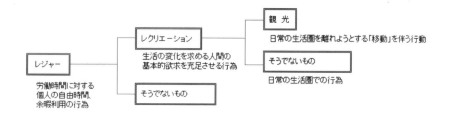

注：以上の分類に対し，次のように観光とレクリエーションを分離した使用法もしばしば見られる。この方が実際的な用法ともいうことができる。

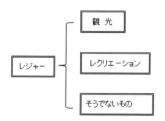

図 8-4 観光とレクリエーションの関係，内閣総理大臣官房室「観光の歴史的意義とその方向」(1970) P.13 の図に本文を引用して加筆

間（通勤等）を差し引いた個人が自由に使える時間である．レジャーをこのような時間概念でなく「余暇利用の行為」と解することも多い．この場合，レジャーは観光やレクリエーションをも包含した広い意味での自由時間内の行動と解してよい．

レクリエーションは，生活の変化を求める人間の基本的欲求を充足させる行為であると解され，その目的において観光とまったく一致するものと思われる．したがって，レクリエーションは観光を包含した概念である．両者の本質的差異は，観光が日常の生活圏を離れようとする「移動」を本質とする行動である．

[観光の定義]

「観光とは，自己の自由時間（＝余暇）のなかで，鑑賞，知識，体験，活動，休養，参加，精神の鼓舞等，生活の変化を求める人間の基本的欲求を充足するための行為（＝レクリエーション）のうち，日常生活圏を離れて異なった自然，文化等の環境のもとで行おうとする一連の行動をいう．」

2-2 「観光資源」の定義

　観光資源の定義を導くため，さらには観光の構造を理解するため，観光基礎概念研究会（1998）を引用してその要点を紹介する．同研究会では観光政策審議会答申（1970）の定義について問題点を指摘しているが，実際的な用法も合わせて示されているので，努めてその箇所は省略した．慎重に議論を要すると考えるが，前項（2-1）で述べたレクリエーション概念をふまえて，観光政策審議会答申（1970）を実用的にとらえることを優先した．

(1) ツーリズムと観光の定義

　ツーリズム tourism は「各地を旅行して回る」という意味で，tour に -ism がついた語である．Tour は，ギリシャ語 tórnos，ラテン語 tornus に由来し，ぐるぐると回転する「ロクロ」を指す．旺文社のサンライズ英和辞典では，「Travel：「旅行」を意味する最も一般的な語，遠い未知の土地への旅行から単にある場所から他の場所への移動も意味する；Trip：あらゆる旅行を意味するが，しばしば目的は期間の明確な「小旅行」を意味する；Journey：陸路の長い旅行，必ずしも帰ることを示さないので，「人生」のたとえになる；Tour：いろいろな場所，特に名所を回って戻ってくる旅行；Excursion：短期間の団体［遊覧］旅行，遠足；Voyage：船または宇宙の旅，しばしば「人生」のたとえに用いる．」とある．

　観光は「他の国や地方の風景・史跡・風物などを見物すること．」（デジタル大辞泉）とある．観光の語源は，中国の書物「易経」の六四爻辞（りくしこうじ）の「觀國之光　利用賓于王」に由来するといわれ，訓読では「国の光を観るもって王に賓（ひん）たるに用いるによろし」となる．1912 年にジャパン・ツーリスト・ビューローが中国大連に「日本国際観光局」を開設し，1930 年に鉄道省が「国際観光局」を設置した．戦後，国際観光文化都市，運輸省観光部，観光事業審議会等に使用され，そのほかにも観光白書，全日本観光連盟，日本観光旅館連盟など，「観光」という用語が定着した．国際的には WTO の定義が，世界各国の観光政策や観光学会，観光業界で広く受け入れられている．24 時間以上 1 年以内で居住地に戻ってくる旅行がツーリズムである．観光目的以外のビジネスや友人・親戚訪問の旅行者を含むとする．ツーリズムに該当する日本語は「旅行」となる（溝尾 2009）．

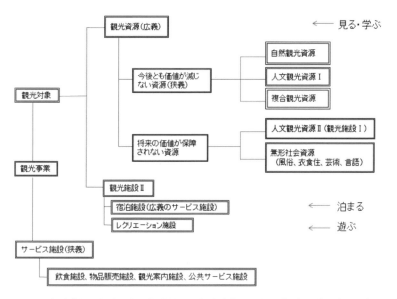

図 8-5　観光資源，観光対象，観光施設，観光事業の関係　（観光基礎概念研究会 1998）

(2) 観光資源・観光対象の定義

　観光資源を，観光対象，観光施設，観光事業との関連を示したのが，図 8-5 である．ヒトの旅行を引き付ける対象となるのが観光資源である．したがって，山岳・湖沼・滝などの自然資源や史跡・城郭・寺社などの人文資源のほかに博物館，テーマパーク，食，宿泊施設など，地域資源と冠される何でも観光資源になり得る可能性がある．観光対象は時代によって変化する．テレビの大河ドラマによってクローズアップさせるものがあれば，時代の趨勢によって観光の対象として価値を失うものもある．観光事業は，観光対象，観光者にサービスする施設並びに公的事業（図中では除く）で成立する．観光対象とは，「観光」の定義からいえば，広義の観光に属する観光・レクリエーションあるいは旅行対象を意味するものである．近年，地域住民の役割が増大して，地域住民を加えることもあるが，広く観光対象（地域）に含める．観光行動は，基本的には観光主体としての観光者と観光客体としての観光資源，さらには観光資源が集積した観光地との関係で成立する．観光者は目的の観光対象に接するために居住地を離れて旅行し，観光対象である観光資源に接して，再び居住地に戻

第8章　日本の観光政策と観光資源管理　●　217

ってくる.

　観光施設IIのなかの宿泊施設もサービス施設に含まれるが，サービス施設は，狭義にとらえて，訪れた観光者を円滑に誘導し快適にする施設を意味する．次に観光対象を観光資源と観光施設IIに分ける．前述の広義の観光「見る・学ぶ」に対応する資源を観光資源と定義する．観光対象のなかの，「泊まる」，「遊ぶ」に対応する施設を観光施設IIとする．観光施設のなかで，テーマパークや博物館，文学碑，近代建築物のような施設を，観光施設Iとして，これを人文観光資源IIとよび，広義の観光資源に含める．狭義の観光資源に含まれている人文観光資源Iとの相違は，「長い時間の経過を経て，価値が出た資源で，今後とも，その魅力を減じえないもの」が人文観光資源Iであり，それに対して，人文観光資源IIとは，「現在は，魅力があり，多くの観光者を集めているが，その魅力が将来にわたって保証されるとは限らないもの」である．近代建築物や近代公園で評価が定まってきたときには，人文観光資源Iになる可能性も秘めている資源である．広義の観光資源には，前述の人文観光資源IIのほかに，無形の社会資源が含まれる．民俗舞踏，言語，風俗等であるが，これらも変容したり，模倣されるおそれがあり，人文観光資源IIと同様の性格をもつ．狭義の観光資源は，「人間の力で創造できない」自然観光資源と，先に定義した人文観光資源I，それに自然と人文が複合されている，郷土景観，農村景観，歴史景観などの複合観光資源である（観光基礎概念研究会 1998）.

　資源とは資産の源の意味で，人間が社会生活を維持向上させる源泉として働きかけの対象となる自然や労働力である．資源は英語で resources で，「源，元，出所」の source に，「後へ，元へ，再び」の re がついた．よって resources は何かに役に立つ原材料であり，途中で消耗される性質をもっている．観光資源とは，英語では resources for tourists あるいは resources for tourism であり，1920 年代に慣用されてきた resources for tourists を観光資源と訳したのは鉄道省国際観光局である（溝尾 2009）.

(3) 観光地の定義

　観光地とは，通常「観光者が多く集まる地域」と定義されるが，その対象範囲となると定かでない．観光地とは「一定地域内の観光資源や観光施設集積状態から」，「資源・景観のまとまり状態から」，「観光地経営としての一体的な範囲から」定めて，それに観光地名を冠して，外部に向って公表して，認知して

もらう以外にない（観光基礎概念研究会 1998）．溝尾（2009）によれば，「等質の単体の自然資源か，いくつかの自然資源・人文資源が徒歩圏内に集積しているか，あるいは1日行動圏のなかで各観光資源が機能的に強く関係しあっている圏域」を観光地と定義し，規模という広がりには曖昧さを残すと指摘している．外国人には日本が観光地であり，国内の人には東京も東京の一部である原宿も観光地となる．また，観光政策・事業における観光地域づくりの特質から，行政の範囲が色濃くでているのも否めない．

2-3　観光資源の種類と分類

(1) 日本の法律・条約で保護されている観光対象

　観光立国推進基本法第13条において「国は観光資源の活用による地域の特性を生かした魅力ある観光地の形成を図るため，史跡，名勝，天然記念物等の文化財，歴史的風土，優れた自然の風景地，良好な景観，温泉その他の文化，産業等に関する観光資源の保護，育成及び開発に必要な施策を講ずるものとする．」と定めている．旧観光基本法第14条の解釈として，寺前（2006）は観光基本法解説を引用して「観光基本法が基本法として，文化財保護法，自然公園法等に対する指針性をもたない以上，観光基本法に規定されていた観光資源として例示された用語が文化財保護法等の用語と一致するものではないとされるのも当然であるが，制度論としては例示されたものは全て観光資源と解釈する方が素直である．」として，「観光基本法体系において，観光資源に関する具体的な助成や規制に関して具体的な規定が存在しないので規範性があるものとなっておらず，保護，育成及び開発に関する具体的助成，規制措置は，文化財保護法により，あるいは自然公園法により行われるものであり，観光資源として総合的に行われるものとなっていない．」と指摘する．また，同解説を引用して，旧観光基本法第14条の観光資源は，文化財等の例示のほかにその他産業，文化等に関する観光資源という規定をしていることから，観光資源の範囲に限定があるとされ，「観光旅行者の需要が相当予想されるものであることが必要である」として「限られた人のみが興味の対象とするようなものは，本条の観光資源にはあたらないものと考えるべきである．」としている．旧観光基本法を全面改定した観光立国推進基本法においても条項の解釈は引き継がれていると考えられる．

現在，日本の法律あるいは日本が締約している条約で指定されている観光資源となり得る資源をまとめると表8-1となる．前述したように観光振興の目的以外で保護されている資源が，同時に観光資源であるという性格を有している．観光資源管理の施策は文部科学省，環境省，農林水産省および国土交通省に跨っており，各省庁所管の関連法規による総合政策である．世界遺産の登録についても自然遺産は環境省所管であり，文化遺産は文部科学省所管であり，世界遺産を登録し保護していくのは観光分野ではない．

(2) 観光資源の種類と分類

観光資源の分類として，公益財団法人日本交通公社の観光資源評価委員会が作成した観光資源の分類体系（2014）を採用したい（表8-2参照）．

公益財団法人日本交通公社（2014）は，全国の観光資源を評価し，特A，Aクラスに限定し，「美しき日本　旅の風光」を刊行している．日本の各地に立地する数多くの観光資源のなかからとりわけ魅力があり，"わが国を代表するもの，日本人の誇り，日本のアイデンティティを示すもの，人生のうちで一度は訪れたいもの"をA級観光資源として，さらにそのなかでもとくに"世界にも強く誇れるもの"を特A級観光資源としている．B級観光資源を特別地域観光資源として，その都道府県や市町村を代表する資源であり，その土地のアイデンティティを示すもの，その土地を訪れた際にはぜひ立ち寄りたいもの，また，その土地に住んでいる方であれば一度は訪れたいものとして紹介している．これらのB級ランク以上の観光資源については，公益財団法人日本交通公社のホームページに観光資源台帳として公開している．

観光資源の評価

評価の視点は「美しさ」，「大きさ」，「古さ」，「珍しさ」，「静けさ」，「日本らしさ」，「地方らしさ」，さらに「住民とのつながりの深さ」を基本とし，資源の種類ごとに着眼点を設けている．観光活動の対象として既に知られており，アクセスが可能で，特別な装備や技術がなくても一般的に観光利用ができることを選定の前提条件とし，一時の社会的流行や風潮によらず，資源が本来もっている魅力を評価するために，観光対象となってから原則としておおむね20〜30年が経過し，既に社会的な評価が定まったと考えられるものを中心に取り扱っている．評価基準を以下の通り引用する．

表8-1 国が保護する主な自然資源・文化資源

事項別	資源別	法律・条約・国連事業等	資源・施設・人・地域
環境保全	自然	自然公園法	国立公園・海中公園, 国定公園, 都道府県立自然公園
環境保全	自然	森林法	森林（森林生態系保護地域, 生物群集保護林, 希少個体群保護林, 自然休養林, 自然観察教育林, 風景林, 森林スポーツ林, 野外スポーツ林, 風致探勝林など）
環境保全	自然	温泉法	温泉
環境保全	自然	生物多様性に関する条約	生物種, 遺伝子, 生態系
環境保全	自然	自然環境保全法	自然環境保全地域
環境保全	自然	鳥獣の保護及び管理並びに狩猟の適正化に関する法律	特別鳥獣保護区, 鳥獣保護区
環境保全	自然	絶滅の恐れのある野生動植物の種の保存に関する法律	稀少野生動植物
環境保全	自然	絶滅の恐れのある野生動植物の種の国際取引に関する条約（ワシントン条約）	稀少野生動植物
環境保全	自然	動物の愛護及び管理に関する法律	動物
国連事業	自然	世界ジオパークネットワーク（2016年よりユネスコの事業となる）	世界ジオパーク（日本ジオパークを経て）
国連事業	自然	国連ユネスコ人間と生物圏計画における事業	生物圏保存地域（ユネスコエコパーク）
条約	自然	渡り鳥及び絶滅のおそれのある鳥類並びにその環境の保護に関する日本国政府とアメリカ合衆国政府との間の条約	渡り鳥, 鳥類とその環境
条約	自然	渡り鳥及びその生息環境の保護に関する日本国政府と中華人民共和国政府との間の条約	渡り鳥, 鳥類とその環境
条約	自然	特に水鳥の生息地として国際的に重要な湿地に関する条約（ラムサール条約）	登録湿地
環境保全	自然	地域自然資産区域における自然環境の保全及び持続可能な利用の推進に関する法律	地域自然遺産区域
水産	自然	水産資源保護法	保護水面
環境保全	自然	瀬戸内海環境保全特別措置法	自然海浜保全地区
環境保全	自然	有明海及び八代海等を再生するための特別措置に関する法律	指定地域（有明海及び八代海等の海域の環境の保全若しくは改善又は当該海域における水産資源の回復等による漁業の振興に関する施策を講ずべき地域）
環境保全	自然・文化	琵琶湖の保全及び再生に関する法律	琵琶湖の保全及び再生（水質, 水源の涵かん養, 生態系, 景観, 農林水産業, 観光, 交通その他の産業の振興）

第8章　日本の観光政策と観光資源管理 ● 221

事項別	資源別	法律・条約・国連事業等	資源・施設・人・地域
環境保全	自然・文化	エコツーリズム推進法	特定自然観光資源（動植物の生息地又は生育地その他の自然環境に係る観光資源，自然環境と密接な関連を有する風俗慣習その他の伝統的な生活文化に係る観光資源）
文化	文化	文化財保護法	登録有形文化財（国宝，重要文化財を含む），無形文化財（重要無形文化財を含む），有形・無形民俗文化財（重要有形・無形文化財を含む），埋蔵文化財，史跡・名勝・天然記念物（特別史跡，特別名勝，特別天然記念物を含む），重要文化的景観，伝統的建造物群保存地区，文化財の保存技術
都市計画	文化	古都における歴史的風土の保存に関する特別措置法（古都保存法）	歴史的風土保存地区
都市計画	文化	明日香村における歴史的風土の保存及び生活環境の整備等に関する特別措置法（明日香村特別措置法）	明日香村
都市計画	文化	京都国際文化都市建設法	文化観光保存地区
都市計画	文化	奈良国際文化都市建設法	文化観光保存地区
都市計画	文化	松江国際文化都市建設法	国際文化都市建設計画，文化観光保存地区は指定されていない
都市計画	文化	長崎国際文化都市建設法	国際文化都市建設計画，文化観光保存地区は指定されていない
都市計画	文化	広島平和記念都市建設法	恒久の平和を記念すべき施設その他平和記念都市としてふさわしい文化的施設
都市計画	文化	伊東国際観光温泉文化都市建設法	国際観光温泉文化都市としてふさわしい諸施設の計画，観光温泉資源の保護
都市計画	文化	別府国際観光温泉文化都市建設法	国際観光温泉文化都市としてふさわしい諸施設の計画，観光温泉資源の保護
都市計画	文化	松山国際観光温泉文化都市建設法	国際観光温泉文化都市としてふさわしい諸施設の計画，観光温泉資源の保護
都市計画	文化	熱海国際観光温泉文化都市建設法	国際観光温泉文化都市としてふさわしい諸施設の計画，観光温泉資源の保護
都市計画	文化	芦屋国際文化住宅都市建設法	国際文化住宅都市として外国人の居住にも適合するように建設，文化観光資源の利用開発
都市計画	文化	軽井沢国際親善文化観光都市建設法	国際親善文化観光都市としてふさわしい諸施設の計画，文化観光施設の整備充実
都市計画	文化	地域における歴史的風致の維持及び向上に関する法律（歴史まちづくり法）	歴史的風致維持向上計画重点区域

事項別	資源別	法律・条約・国連事業等	資源・施設・人・地域
都市計画	文化	都市の美観風致を維持するための樹木の保存に関する法律	保存樹，保存樹林
都市計画	文化	都市緑地法	緑地保全地域，特別緑地保全地区
都市計画	文化	首都圏近郊緑地保全法	首都圏近郊緑地保全区域，文化財の保存，緑地の保全又は観光資源の保全若しくは開発に資する
都市計画	文化	近畿圏の保全区域の整備に関する法律	近畿圏近郊緑地保全区域，文化財の保存，緑地の保全又は観光資源の保全若しくは開発に資する
条約	文化	無形文化遺産の保護に関する条約	ユネスコ無形文化遺産
国連事業	文化	国連ユネスコ記憶遺産事業	ユネスコ記憶遺産
国連事業	文化	国連ユネスコ創造都市ネットワークプロジェクト	ユネスコ創造都市（文学，映画，音楽，クラフト＆フォークアート，デザイン，メディアアーツ，ガストロノミー（食）の分野がある）
国連事業	文化	国連食糧農業機関（FAO）プログラム	世界農業遺産（GIAHS：世界重要農業遺産システム）
観光	文化	特定複合観光施設区域の整備の推進に関する法律（IR法）	特定複合観光施設（カジノ施設，会議場施設，宿泊施設等が一体となっている施設，民間事業者の設置及び運営）
教育	文化	博物館法	登録博物館，博物館相当施設
都市計画	自然・文化	景観法	景観重要建造物，景観重要樹木，景観地区
都市計画	自然・文化	都市計画法	特別用途地区，景観地区，風致地区，歴史的風土特別保存地区，緑地保全地区，伝統的建造物群保存地区など，都市施設（道路，空港，駐車場，都市公園（国営公園，国民公園を含む），広場・墓園など）
都市計画	自然・文化	都市公園法	公園又は緑地（公園施設を含む，園路及び広場，植栽，花壇，噴水その他の修景施設，休憩所，ベンチその他の休養施設，ぶらんこ，滑り台，砂場その他の遊戯施設，野球場，陸上競技場，水泳プールその他の運動施設，植物園，動物園，野外劇場その他の教養施設，飲食店，売店，駐車場，便所その他の便益施設，門，柵，管理事務所，都市公園の効用を全うする施設）
条約	自然・文化	世界の文化遺産及び自然遺産の保護に関する条約	世界自然遺産，世界文化遺産，世界複合遺産

＊ほかにも独立行政法人個別法などもある．たとえば独立行政法人国立博物館法，独立行政法人国立美術館法，独立行政法人国立科学博物館法などがある．

＊文化庁：日本遺産，認定されたストーリーの魅力発信や，日本遺産を通じた地域活性化については，「日本遺産魅力発信事業」として，日本遺産に関する（1）情報発信・人材育成，（2）普及啓発事業，（3）調査研究事業，（4）公開活用のための整備に対して文化芸術振興費補助金を交付するなど，文化庁が積極的に支援する．利活用の意味合いためこのリストには取り上げていない．

第8章　日本の観光政策と観光資源管理 ● 223

表 8-2　美しき日本（公益財団法人日本交通公社監修 2014 年）の観光資源の種別とその例

資源区分	種別名	その範囲や意味	特A級（特A級の選出がない種別にはA級を示す）
自然資源	山岳	2万5千分の1の地形図に山岳として名称が記載されているもの．山頂，山腹，山麓，裾野を含めた範囲	【特A】大雪山（北海道），立山（富山），富士山（山梨・静岡），穂高岳（長野・岐阜），阿蘇山（熊本）
	高原 湿原 原野	2万5千分の1の地形図に，名称が記載されている高原，原野．またこれに類するものと，沼沢以外の湿原	【特A】尾瀬ヶ原（群馬・福島）
	湖沼	2万5千分の1の地形図に湖沼として名称が記載されているもの，またそれに類するもの．自然地形を活かして造成されたダム湖も含む	【特A】十和田湖（青森・秋田）
	河川 峡谷	河川風景（河川＋周辺）および一般的に○○峡，○○峡谷，○○谷と呼ばれるもの．同一河川であっても，上流と中流・下流で，それぞれ観光的に異なる魅力がある場合は別資源	【特A】奥入瀬渓流（青森），黒部峡谷（富山）
	滝	2万5千分の1の地形図に滝もしくは諸瀑として名称が記載されているもの	【A】三条ノ滝（福島・新潟），袋田の滝（茨城），華厳滝（栃木），称名滝（富山），那智滝（和歌山）
	海岸 岬	砂浜，砂丘，砂州，岩礁，断崖などによって構成される海岸風景（後背地も含める）．および容易に見ることができる海中景観	【特A】北山崎（岩手），瀬戸内海の多島景観（広島・岡山・香川），慶良間諸島の海岸（沖縄）
	岩石 洞窟	岩柱，洞窟，洞穴，岩門，鍾乳洞，溶岩流，溶岩原，賽の河原，断崖，岸壁，岩礁，海蝕崖，海蝕洞などの地質および地形上の興味対象	【A】龍泉洞（岩手），鬼押出（群馬），三原山溶岩群（東京），秋芳洞・秋吉台（山口），普賢岳溶岩流（長崎），玉泉洞（沖縄）
	動物	動物，およびその棲息地．棲息地が定まらないもの，見ることが偶然性に左右されるもの，動物園などで活動範囲を限定して保護・飼育されているものは対象外	【A】釧路湿原のタンチョウヅル（北海道），蕉島のウミネコ（青森），小笠原のクジラ・イルカ（東京），御蔵島のイルカ（東京），佐渡のトキ（新潟），立山のライチョウ（富山），地獄谷野猿公苑のサル（長野），豊岡のコウノトリ（兵庫），奈良のシカ（奈良），出水のツル（鹿児島），永田浜のウミガメ（鹿児島）
	植物	森林や樹木や並木，植物や植物群落	【特A】日光杉並木（栃木），吉野山のサクラ（奈良），屋久島の森（鹿児島）
	自然現象	火山現象（噴火・泥火山現象，地獄現象など），潮流現象（渦流，潮流など），気象現象（樹氷，霧氷，流氷など）などの自然現象	【A】オホーツク海の流氷（北海道），八甲田山の樹氷（青森），蔵王の樹氷（山形・宮城），雲竜渓谷（栃木），富山湾の蜃気楼（富山），鳴門の渦潮（徳島・兵庫），竹田城の雲海（兵庫），肱川あらし（肱川の朝霧，雲海）（愛媛），八重干瀬（沖縄）

224

資源区分	種別名	その範囲や意味	特A級（特A級の選出がない種別にはA級を示す）
人文資源	史跡	生活，祭，信仰，政治，教育学芸，社会事業，産業土木などに関する遺跡（城跡は除く）．当時の建造物が残っており，建造物として利用されているものは「建造物」に区分	【特A】百舌鳥・古市古墳群（仁徳天皇陵，応神天皇陵）（大阪）
	神社寺院教会	由緒ある社寺等，建築的に優れた社寺等，文化財を所蔵もしくは付帯する社寺等，境内（庭園を含む，仲見世を含まず）が優れている社寺等	【特A】中尊寺（岩手），日光東照宮（栃木），伊勢神宮（皇大神宮・豊受大神宮）（三重），延暦寺（滋賀），清水寺（京都），鹿苑寺（金閣寺）（京都），平等院（京都），東大寺（奈良），法隆寺（奈良），熊野三山（熊野那智大社・熊野速玉大社・熊野本宮大社・青岸渡寺・補陀洛山寺）（和歌山），高野山金剛峰寺（和歌山），出雲大社（島根），嚴島神社（広島）
	城跡城郭宮殿	近世に至る軍事や行政府等の目的で建造された城跡・城郭・宮殿（庭園を含む）	【特A】江戸城跡（東京），桂離宮（京都），京都御所（京都），姫路城（兵庫）【A】五稜郭（北海道），若松城（鶴ヶ城）（福島），丸岡城（福井），松本城（長野），名古屋城（愛知），彦根城（滋賀），二条城（京都），大阪城（大阪城公園）（大阪），松江城（島根），松山城（愛媛），高知城（高知），熊本城（熊本），首里城（首里城公園）（沖縄），今帰仁城（沖縄）
	集落・街	農山漁村や歴史的街並み，繁華街，商店街などにより，その土地の自然や歴史，文化を表す特徴的な集落・街区を構成している地区	【特A】原宿（東京），白川郷合掌造り集落（岐阜），祇園界隈（京都）
	郷土景観	その土地の産業，生業や風習，人の織りなす風景など，その土地の自然景観や歴史，文化を表す特徴的な景観を構成している地区	【特A】築地市場（東京），小笠原の見送り（東京）
	庭園公園	鑑賞や散策などのために作庭および造成された庭園・公園．社寺，城郭等に含まれるもの，自然公園は対象外．体験要素の強い公園は「テーマ公園」に区分	【特A】修学院離宮庭園（京都）【A】大通公園（北海道），モエレ沼公園（北海道），偕楽園（茨城），新宿御苑（東京），浜離宮恩賜庭園（東京），兼六園（石川），仙洞御所（京都），後楽園（岡山），栗林公園（香川），水前寺成趣園（熊本），磯庭園（仙巌園）（鹿児島），識名園（沖縄）

第8章　日本の観光政策と観光資源管理 ● 225

資源区分	種別名	その範囲や意味	特A級（特A級の選出がない種別にはA級を示す）
人文資源	建造物	建物，橋，塔などの建築物や構築物（社寺，城郭に含まれるものを除く）．複数の建造物が集積しているものは，「集落・街」または「郷土景観」に区分	【A】黒四ダム（富山），東京スカイツリー（東京），東京タワー（東京），国会議事堂（東京），東京駅（東京），大阪市中央公会堂（大阪），太陽の塔（大阪），明石海峡大橋（兵庫），閑谷学校跡（岡山），しまなみ海道諸橋（広島・愛媛），錦帯橋（山口），瀬戸大橋（香川，岡山），閑谷学校跡（岡山），旧グラバー住宅（長崎）
	年中行事	社寺や市町村あるいは各種団体が開催日を決めて定例的に催す祭りや伝統行事	【特A】青森のねぶた・ねぷた（青森），式年遷宮（三重），祇園祭（京都），阿波踊（徳島），博多祇園山笠（福岡）
	動植物園水族館	動植物を収集，飼育，展示する施設	【A】旭山市旭山動物園（北海道），上野動物園（東京），沖縄美ら海水族館（沖縄）
	博物館美術館	歴史的資料・科学的資料や芸術作品（絵画，彫刻，工芸品等）を収集，保存，展示する施設，および歴史の事象などの記録，保存等のために作られた園地	【特A】東京国立博物館（東京），京都国立博物館（京都），広島平和記念公園（広島），沖縄平和祈念公園（沖縄）【A】国立科学博物館（東京），国立西洋美術館（東京），東京国立近代美術館（東京），根津美術館（東京），鉄道博物館（埼玉），国立歴史民俗博物館（千葉），金沢21世紀美術館（石川），奈良国立博物館（奈良），国立民俗学博物館（大阪），大原美術館（岡山），足立美術館（島根），大塚国際美術館（徳島），ベネッセアートサイト（香川），九州国立博物館（福岡），平和公園（長崎）
	テーマ公園テーマ施設	特徴的な概念（テーマ）を表現し，それを体験するために造られた園地や施設	【特A】東京ディズニーリゾート（千葉）【A】三鷹の森ジブリ美術館（東京），博物館明治村（愛知），東映太秦映画村（京都），ユニバーサル・スタジオ・ジャパン（大阪）
	温泉	温泉湧出現象，源泉の活用（入浴）法と施設，温泉文化，情緒を表す温泉場の環境	【特A】草津温泉の湯畑自然湧出泉源広場と温泉街，共同湯と時間湯（群馬），別府温泉郷（八湯）の湯けむり景観と鉄輪地獄，伝統的共同浴場群と入浴法（泥湯，砂湯）（大分）
	食	その土地の自然や歴史，文化を表す特徴的な食事や食文化，食事環境	【特A】江戸前の寿司（東京），京懐石（京都）
	芸能・興業・イベント	地域の歴史，文化を表す興行や芸能，イベント	【特A】国技館で開催される大相撲，歌舞伎座で上演される歌舞伎（東京）

注1） 特A級並びにA級をすべて示した．特A級の選出がない種別もある．
注2） 特A級には【特A】，A級には【A】を付した．
注3） 沖縄美ら海水族館は「美しい日本」では博物館・美術館に分類してあるが，本テキストでは動植物園・水族館に分類した．
注4） 公益財団法人日本交通公社が同ホームページに公開している観光資源台帳（2017.07.20）に基づいた．

美しさ：視覚的な美しさをもつ資源が評価される．たとえば，鮮やかな色彩や洗練された造形，繊細な細工，調和のとれた景観は美しさを感じさせる．美しさは総合評価の性格も有し，雄大さ（山岳など）や季節感（植物など），日本らしさ（年中行事）などと結びつくと評価が高まる．

大きさ：視覚的な大きさ，雄大さ，迫力をもつ資源が評価される．また，山岳の形成史（造山運動）など，視覚的にとらえられなくても背景のテーマに物理的な大きさがあれば評価が高まる．

古さ：資源の形成された年代が古い資源が評価される．また，古いだけでなく，日本の歴史や地域の歴史，伝統にとって重要なものは評価が高まる．

珍しさ：希少性をもつ資源が評価される．解説によって理解が増大する珍しさが一般的だが，視覚的にもその珍しさが理解できるものは評価が高まる．

静けさ：資源と対峙するときに，資源の存在を強調（神秘性や荘厳さ）するような静かな環境や雰囲気をもつ資源が評価される．一方で，観光資源の種類によっては，賑わいや猥雑さが評価を高める場合もある．

日本らしさ：日本の自然や歴史や文化，日本人の心情が反映され継承されてきた資源が評価される．

地方らしさ：地方独自の自然や歴史，文化，風土を感じさせ継承されてきた資源が評価される．

住民とのつながりの深さ：今なお住民の生活に組み込まれていたり，誇りに思われているなど，地域住民のアイデンティティの一部となっているものが評価される．

観光資源の種別と分類体系（表8-2参照）

選定にあたり，観光資源を「自然資源」と「文化資源」に大きく区分して種別を定めて観光資源を次の通り整理している．

自然資源：山岳／高原・湿原・原野／湖沼／河川・峡谷／滝／海岸・岬／岩石・洞窟／動物／植物／自然現象．

文化資源：史跡／神社・寺院・教会／城跡・城郭・宮殿／集落・街／郷土景観／庭園・公園／建造物／年中行事／動植物園・水族館／博物館・美術館／テーマ公園・テーマ施設／温泉／食／芸能・興業・イベント．

自然資源と文化資源に大きく分けているが，溝尾（2009）が述べたように自然資源と文化資源の線引きは視点により複雑な場合がある．たとえば，阿蘇草

第8章　日本の観光政策と観光資源管理 ● 227

原景観は放牧を通した文化的景観としてとらえることができるが，広域にみれば阿蘇火口，五岳，外輪山を外しては語ることができない．複合資源を設けず，人が創造した観光資源はすべて文化資源に含め，文化的景観および産業遺産は文化資源に含める．博物館は収蔵する博物館資料が自然系・理工系に限られていても施設としてとらえて文化資源とする．したがって，動物園・植物園・水族館も文化資源となる．

動産の文化財は種別を設けない．たとえば所蔵館を移動する可能性もあり，展示・教育普及に供される博物館・美術館・神社仏閣などの種別を設けているので問題は生じないと考える．博物館は，来館者を主体と考えて常設展や企画展によって公開することが可能であり，一般公開が一つの条件となろう．

公園には造営物公園と地区別公園があるが，地区別公園は種別に取り上げない．国の造営物公園には国民公園（皇居外苑，新宿御苑，京都御苑）並びに国営公園，そして地方公共団体の造営物公園には都市公園等がある．地域別公園には国立公園，国定公園，都道府県立自然公園がある．地区別公園は領域が広く，複数の観光地を含む場合があるためこの種別の公園には含めない．自然公園に含まれる各観光地を構成する観光資源についてそれぞれ検討を加えることとする．世界遺産並びに日本遺産の登録においてはテーマとストーリー性を有しており，複数の不動産である資産から構成されており，また複数の観光地を有する場合がある．個別にその特徴から判断すべきである．自然公園ビジターセンター，野生生物保護センター，世界遺産センターなど，博物館に類する施設は，自然公園計画では利用計画における集団施設に相当すると考えられる．

内閣府地方創生本部，観光庁などでは，観光地域づくりを施策として推進している．地方観光の振興を考えた場合は，観光資源を広くとらえて取り組んでいるが，公益財団法人日本交通公社観光資源評価委員会が前提としているように，観光対象となってから原則としておおむね20〜30年が経過し，既に社会的な評価が定まったものとするのが妥当と考える．地域資源の観光資源化へのステップは地域住民と行政が協力しておこなわれるものであり，観光地域づくりは地域の生活環境・暮らしを維持し，持続可能な社会づくりをおこなうことに留意すべきである．冒頭に述べたように地域経済が潤うものを地域資源として，地域資源は掘り起こしにより，また磨き上げにより，観光を目的とした観光資源に展開するか判断できるまで時間を要する．

2-4 地方博物館による観光資源管理の可能性

　前節の日本の観光政策で述べてきたように，観光行政は2020年の東京オリンピック・パラリンピックに向けて，急ピッチで準備を進めており，日本経済を下支えしているインバウンド観光に，都市圏のみならず地方の博物館も目を向ける好機である．レジャー白書で確認できるように動物園・植物園・水族館・博物館は日本国内の余暇活動の重要なレジャー・レクリエーション施設として位置づけられており，観光資源である．観光庁「訪日外国人消費動向調査2016」によれば，訪日外国人旅行者の訪日の動機は，1位「日本食を食べること」71.2％で，2位「ショッピング」54.5％，3位「自然・景勝地観光」47.9％である．「テーマパーク」は9位，「美術館・博物館」は11位である．博物館が支援可能な動機としては，「日本の歴史・伝統文化体験」，「日本の現代文化体験」，自然体験ツアー・農漁村体験などが含まれている．Facebook,Twitter, Blog, YouTube などソーシャルネットワークサービス（SNS）の影響力が大きく，訪日外国人にとって，何が動機となっているのか，何に興味があるのか，何を体験したいのか，訪日外国人旅行者の目線で地域あるいは博物館のコンテンツを整理するとともに，外国人旅行者，外国の旅行会社，外国人留学生などに協力を得て，多言語化をおこない，更新頻度を上げて情報発信をおこなっていくことも大事であろう．明日の日本を支える観光ビジョン（2016）では，「文化財を保存優先から観光客目線での理解促進，そして活用へ」と掲げ，従来の保存優先とする支援から地域の文化財を一体的に活用する取り組みへの支援に転換している．日本遺産をはじめ，文化財を中核とする観光拠点を整備して，観光コンテンツの質の向上を目的に学芸員や文化財保護担当者等に対する文化財を活用した観光振興に関する講座を新設して，さらに美術館や博物館における参加・体験型教育プログラムへの支援をおこなうとされている．

　前述したように博物館のインバウンド観光におけるコンテンツを整理し，テーマや分野が関連する都市圏の博物館と連携して地方博物館へ呼び込む戦略を立案したり，次回観光目的地としての訪問に向けてリピーターを呼び込む戦略を立案したり，外国にある現地博物館や旅行会社とコンソーシアムを構築してプロモーションをおこなったりすることなど，地方の公立・私立博物館が連携をとりおこなうべき事業は数多くある．地方自治体の博物館では，地方の財政

状況を考えれば，他部局との業務協力・連携により地域資源の保護と利活用の業務を担い，立地に応じて魅力ある観光地づくりの拠点としての役割を担って，地域観光資源の磨き上げをおこなうとともに，観光分野においては"おもてなし"の人材づくりをおこなう役目を担っている．単に観光案内人を育成することを意味するのではなく，国と郷土に誇りをもった市民を育成することを意味するのであり，このような人材でなければ真のホスピタリティはおこなえないのである．

　博物館による観光地域づくりのためには博物館館長の役割は大きく，博物館経営，とくにマーケティングに精通する必要に迫られている．さらには観光地域づくりの中核施設として，地域プロデューサーとしての視野を広げなければならない．博物館がインバウンド観光，観光地域づくりなど観光分野に携わるのであれば，学芸員・職員も同様に視野を広げ，博物館経営論はもとより観光経営の基礎養成も必要となろう．

　そして，博物館による観光地域づくりの取り組みを考えた場合，DMO（Destination management Organization）として，博物館が中心的な役割を担う日が遠からず到来すると考える．たとえば滞在型エコミュージアムの概念がモデルの一つであろう．現状においてもコア博物館は各種オルターナティブツーリズムの拠点として各種観光情報を提供したり，地域資源の管理をおこない，観光資源の掘り起こしと磨き上げをおこない，展示・教育普及をおこなったり，DMOの役割の一端を担うことも可能であろう．地区指定型公園を例にとっても，現地保存型博物館としての自然公園ビジターセンターや世界遺産センターがその可能性が有していて，たとえばエコツーリズム，エスニックツーリズム，ヘリテージツーリズムなどの拠点となり得る．現地保存型博物館は保護と利活用のための措置が一体となって活動しているため，収集・保存，調査・研究，展示・教育普及の機能を備えた博物館・センターが営利を目的とせず，中立な立場でDMOをおこなうことが望まれる．また，そのための人材育成も必要となろう．日本遺産を例にあげれば，テーマ並びにストーリー設定において，中心的な役割を担うのは観光資源となる構成資産に精通した人材である．すなわち学芸員であり文化財担当にほかならないのである．スーパー公務員，さらには地域プロデューサーとしての視野を広げて，総合政策としての観光政策についてスキルアップをはかることが望まれる．

230

参考文献

阿部正喜（2016）「観光資源とは」「博物館と観光」．中村　浩・青木　豊編『観光資源としての博物館』，芙蓉書房出版．pp.152-169

観光基礎概念研究会（1998）研究分科会報告「観光・観光資源・観光地」の定義．『観光研究』，9（2）：35-37

観光政策審議会答申（1970）「国民生活における観光の本質とその将来像」．内閣総理大臣官房審議室編『観光の現代的意義とその方向，内閣総理大臣諮問9号に対する観光政策審議会答申』，pp.1-46

観光庁ホームページ（2015）国内における旅行消費額，http://www.mlit.go.jp/kankocho/siryou/toukei/kouka.html

公益財団法人日本交通公社（2014）『美しき日本，旅の風光』，JTBパブリッシング，287pp.

公益財団法人日本交通公社（2017）観光資源台帳，https://www.jtb.or.jp/research/theme/resource/tourism-resource-list

国土交通省（2017）平成29年版観光白書，http://www.mlit.go.jp/statistics/file000008.html

首相官邸ホームページ（2017）アベノミクス「3本の矢」，http://www.kantei.go.jp/jp/headline/seichosenryaku/sanbonnoya.html

首相官邸ホームページ（2017）まち・ひと・しごと創生，http://www.kantei.go.jp/jp/headline/chihou_sousei/

薗田碩哉（1975）日本レクリエーション協会編『レクリエーションの科学』，不昧堂出版，pp.65-73

寺前秀一（2006）『観光政策・制度入門』，ぎょうせい，p.82

中野文彦・安達寛朗他（2011・2012）「観光資源の今日的価値基準に関する研究」（自主研究レポート，p.13）

公益財団法人日本交通公社ホームページ（2017）https://www.jtb.or.jp/publication-symposium/jishukenkyu-report-2011-2012

仲村　要（1987）「レクリエーション史研究の現状と課題」．日本レクリエーション学会編『レクリエーション学の方法』，ぎょうせい，pp.17-36

西野　仁（1988a）「やさしいレジャー・レクリエーション論（1）」．『レクリエーション』，日本レクリエーション協会，469：29-31

西野　仁（1988b）「やさしいレジャー・レクリエーション論（2）」．『レクリエーション』，日本レクリエーション協会，470：29-31

三隅達郎（1970）『レクリエーション研究』（6，7月合併号）日本レクリエーション研究会，pp.41-44

溝尾良隆（2001）「観光資源とは」．岡本伸之編『観光学入門 —— ポスト・マス・ツーリズムの観光学』，有斐閣，p.121

溝尾良隆（2009）「ツーリズムと観光の定義，観光資源と観光地の定義」．溝尾良雄編『観光学全集第1巻観光学の基礎』，原書房，pp.13-57

第9章

アーバン・ツーリズム

高野　誠二

1. 観光における都市の役割

1-1 観光の目的地としての都市

多くの都市には，観光の目的地とされる様々な要素が含まれている．歴史的なものでいえば，たとえば古い街並みや寺社仏閣に城郭や庭園，様々な史跡もある．文化的なものでいえば博物館や美術館，動物園や水族館，科学館やプラネタリウムといった施設がある．コンサートや見本市，お祭りといった特定の期日におこなわれるイベントもある．過去も現代も，人間の様々な活動の多くが都市でおこなわれてきたからである．

都市とはそもそも，人間の経済活動の様々なものが集積している場所のことである．そこは，物や情報が集まるだけでなく，何よりも人が集まりやすい場所である．地元の人にとっては，商店や様々な業務・サービス施設が集積している都市は，狭い範囲でいろんな用事を済ませることができるので，生活するにあたって便利な場所である．観光客にとっても，観光施設が集まっている都市のなかで観光することは，移動時間を短くして旅先での時間を有意義に使うことができるので魅力的な選択肢でもある．旅先で必要となる宿泊施設や飲食店なども集まっているので，都市のなかでは比較的探しやすい．地元の人々と違って，遠方から多くの費用を負担してやってくる訪問者は，旅先で過ごす時間に大きなコストを払っているので，時間が一層貴重なものとして認識される．不慣れな訪問地で，行きたいと思う場所に行きやすい，欲しいものを手に入れやすい都市は訪問者にとって都合がよい場所なのである．引率者に従って集団で行動する団体客以上に，個人の判断で移動する個人客にとってはなおさらである．

1-2 都市における交通のもつ意味

都市のなかを動き回る人や都市にやってくる訪問客にとって重要なのが交通手段である．そもそも人が多く集まる都市では，多くの乗客が得やすいので公共交通機関の経営がおこないやすい環境であるといえる．都市では道路も多くの人が利用することから，多くの建設費をかけて広くて走りやすい道路を整備しても需要があるし，それに見合う十分な経済効果も得やすい．このように交通網の整備は，都市の内部や都市を結ぶものに対して力点が置かれてきたこと

から，都市とはつまり，交通の便利な場所であると表現することもできる．

「交通弱者」という言葉がある．移動に様々な制約があるために自由な移動を阻まれている人のことを指すが，とくに自動車交通が発展した現代において自家用車で自由に移動することができない人のことである．自由に自家用車を使うことができない状況にある人，とはつまり自動車運転免許証をもてない人，自家用車を所有できない人のことであり，具体的には高齢者，子ども，障害者，低所得者といった人たちが多く該当する．このような交通弱者にとって，公共交通機関の存在は大変重要である．彼らにとって公共交通機関が使いやすい状況でないならば，生活のなかで必要な食料をはじめとする商品を入手したり，医療などのサービスにアクセスしたりするのが困難になりかねない．毎日の通勤通学のために必要な移動ができないのであれば，就労や就学の機会が制限されてしまうことになる．このような事態は，基本的人権が保障された人間らしい生活を送る上での脅威となりかねない．

この点について，個人の判断で移動する訪問客（観光客）はどうであろうか．移動における制約という意味において，訪問客は地元の人よりも難しい状況におかれる場合が多い．訪問客にとっては慣れない土地であるために不十分な地理的情報しかもっておらず，道に詳しくない場所で自動車を運転するのは難しい．複数車線をもつような広い幹線道路や高速道路，あるいは山道や雪道といった道路の状況も，慣れていないドライバーにとって運転は難しいものとなる．遠隔地からの訪問客にとっては，自宅をマイカーで出発して遠距離を運転してくる選択肢は，自分の労力や時間が多く必要となることから断念される．訪問地でレンタカーを借りて運転することも可能であるが，自分のマイカーとは異なる自動車を運転するのは車両感覚や使い勝手も異なるのでストレスとなるしコストもかかることから，不便を感じてもレンタカーを使わない選択肢を選ぶことも起こりうる．

外国からやってきた訪問客にとって，自動車の運転は一層シビアな問題となる．有効な国際運転免許証が必要となるのはいうまでもないが，それ以外にも道路での左側通行と右側通行の違い，右左折の方法の違い，制限速度，交通標識などの交通ルールの違いにより，一般的にいって外国で自動車を運転するのは一層の困難が伴う．言語の違いやモバイル環境を獲得するのが難しいなどの理由により，自分の母国で過ごすよりも移動する上での必要な情報入手が困難でもある．国によっては交通ルールが有名無実化している場合もあり，現地の

第9章　アーバン・ツーリズム　● 235

様子がわからない者には自動車の運転は非常に危険でもあるし，国同士の間の経済格差などの理由で万一の事故時の保障が十分に受けられないリスクもある．レンタカーを借りようとしても，自分が運転できるギアのトランスミッション方式（マニュアル／オートマチック）や，ハンドルの位置（右ハンドル／左ハンドル）の自動車が入手できない場合もある．結果として，外国からの訪問客にとっては運転に十分な自信がない限り，自動車を自由に運転して移動するという選択肢は，非常に選びづらいものとなる．

　このような点を考えると，自動車を自由に運転して移動する選択肢をとりづらい訪問客も，いわゆる交通弱者に準ずる存在としてとらえる必要があり，彼らにとっては公共交通機関の存在が重要なものであることが理解される．タクシーも経済的な余裕がなかったり，運転手とのコミュニケーションや治安上の不安がある場合には利用が難しいので，低価格で利用しやすい公共交通機関の選択肢があることが望まれる．その公共交通機関が比較的よく整備されている場所というのが都市であることから，基本的にいって都市は訪問客にとって過ごしやすい場所と位置づけることができるのである．

1-3　賑わいの場所としての都市

　人間の経済活動の様々なものが集積する場所が都市であるのだが，それはつまり，需要がある場所であるからこそ供給機能の集積が起こるということである．商品やサービスの需要があればこそ，商店や業務・サービスの提供が経済的に成立する．その都市における需要が大きければ大きいほど，基本的にそこでの集積は大きくなる．需要の多寡は，そこにいる人間の数に大きく左右されるので，一般的にいって，より多くの人口を抱えた都市では，商業施設や業務・サービス施設が多くなり，都市における賑わいがより大きくなる．

　また，都市が有する機能として重要なのは，買回り品を供給できるということである．世に様々ある商品を分ける分類として，「日用品」と「買回り品」という2つのカテゴリーがある．日用品とは人が日々の生活を送る上で必要とする基本的な品々のことであり，高級品ではない普通の食料品や衣料品などが主に該当する．買い回り品とは，特別の機会や特別な嗜好をもつ人によって購入される特別な品々のことであり，値段が高い品々や，特定の趣味や好みをもった人のみが欲しがるたとえば楽器やいわゆるマニアックな品物が該当する．日用品は比較的低価格で購入頻度が高いことから，あまり移動コストをかけず

に自宅の近くで簡単に購入したいと思われる．買回り品は比較的高価格で購入頻度は低く，じっくりと時間やコストをかけても十分に品定めし，購入するまでの時間や労力や費用を多く費やしたとしても購入したいと思われる．

この結果として，多くの人が頻繁に購入する日用品を主に販売するたとえば通常の食料品店やスーパーのような店舗は，経営上必要な商圏人口は少なくてすむために立地できる選択肢は多くなり，そう大きくない町や集落などの比較的多くの場所に立地できる．その一方で購入頻度の低いたとえば贈答品を扱うギフトショップや楽器店のような買回り品を販売する店舗は，大きな商圏人口を確保する必要が生じる．その結果として，買回り品を扱う店舗が出店できる場所は，多くの人が集まりやすい都市ということになる．だからこそ，買回り品を中心に品揃えするデパートのような商業施設は，大きな都市であるからこそ立地することができるのである．魅力的な買回り品を扱う店舗が都市にあるということは，それ自体が観光客を引き付ける要因となる．

観光客がでかけた先で買い求める品は，どういうものであろうか．その場所を訪問した経験を後日も実感させてくれたり，あるいは他人に伝えるため持ち帰るお土産であったり，その場所でしか手に入らないその場所ならではの品物や飲食物に対して，大きな需要がある．それらはどれも日常生活において高頻度で購入するもの，観光客が自分の居住地で手に入れることができるものではないので，買回り品としての性格をもつものである．したがってこのような観光客向けの商品は，地元の人々が暮らす日常生活の場所ではなくて，必然的に観光客が多く集まる観光地や，多くの人が集まりやすい都市において販売されることになる．また，大きな都市の大きな商業施設だからこそテナントとして入っている有名なブランドショップのような店での買い物を目的とする観光客も多い．いわゆる観光施設とは一般的に認識されない商業施設であっても，観光客にとっての優先度の高い訪問対象となりうるのである．

ただし，インターネットが普及しSNSなどによって一般人が情報の発信側になりやすくなった昨今の社会においては，普通な日常を送る人々からの情報を入手するのも簡単になってきた．その効果もあって，特別に観光客向けの場所にでかけて観光客向けの飲食物やお土産を購入するという従来の観光スタイルから脱却し，現地の人にとっては日常のありふれたものであるが訪問者にとっては目新しく新鮮で楽しく感じることを体験したり消費する「日常体験の観光」ともいうべき動向が生じている．このような発想の観光客が求めること

は特別な何かではないので，地元の人にとっての日常の生活空間に近い場所に出入りして消費行動をとるようになるという点の理解も必要である．

1-4　観光客がもたらす都市発展の可能性

昨今のわが国では，少子高齢化が進み，地方での人口減少と過疎化も顕著である．出生率が低下してきた結果，国全体の総人口も減少局面に入った．この傾向の大きな転換は今後も望めないなかで，人口が維持できる見込みのある大都市圏以外では，地域社会をどう維持していくかが大きな問題となってきている．その回答の一つが，訪問する観光客を増加させて消費を増やして経済的な恩恵を大きくし，地域での雇用拡大につなげることで生産年齢人口の維持をめざすという戦略である．これは農山村であっても，地方圏における都市であっても，ともに重要な視点である．常住者人口による需要の拡大や維持をめざすことが難しいなかで，観光客による需要を取り込むことによって，地域の経済と社会の維持をはかるのである．

たとえば国際的にも有名な観光地である岐阜県高山市は，都市の中心部には重要伝統的建造物群保存地区（重伝建地区）に指定された古い街並みである三町や全国で唯一現存する江戸時代の陣屋が残り，2016 年にユネスコ無形文化遺産に登録された春秋の高山祭がおこなわれるなど，その中心部が季節を問わず多くの人で賑わっていて飲食店や宿泊施設などが多く集積している．高山市は岐阜県飛騨地域の中心都市であるものの，その人口は直近の平成 27 年国勢調査で 9 万人弱と大規模な都市でもない．しかし，都市中心部にさほど大きな観光資源が存在せず人口が高山市とほぼ同じ規模の岐阜県の関市，あるいは熊本県県南地域の中心都市である人口 12 万 7 千人の八代市の都市中心部の寂れた様子と比べると，その違いは歴然である．高山市の都市中心部の飲食店には多くのメディアで紹介されてきたような美味で有名なお店も数多くあり，商店街がシャッター通りと化した普通の地方都市とは大きく様子が異なる．観光客が年間 450 万人（平成 28 年・高山市調査）も訪れる高山市では，単純に 365日で均等に割り算したとすると，一般住民よりも消費意欲が旺盛な観光客が一日当たりで人口の一割を超す 1 万数千人も市域に存在していることになり，高山市における消費の大きな部分を占めている．

図 9-1　多くの観光客で賑わう高山市の三町地区（2008 年）

図 9-2　週末の日中でも寂れた様子の八代市の本町商店街（2017 年）

2．都市における賑わいの場所をつくるために

2-1　都市中心部を整備するための公共事業

　都市とひと言でいっても，その内部は均等になっているわけではない．住宅

第9章　アーバン・ツーリズム　●　239

が立ち並ぶ住宅地もあれば，商店や業務・サービス施設が集積して賑わう商業地区もある．観光客が都市において利用するのは，いわゆる観光施設のほかには，都市がもつ便利な交通機能と，賑わいの場所にある商業施設や宿泊施設などのサービス業施設である場合がほとんどである．

　都市は，商店や業務・サービス施設が集積して賑わう商業地区を核として発展してきた場合がほとんどである．しかし，時代が変わるにつれて，従来からある都市の中心部の商業地区が機能不全を起こすようになる．まず，建物の老朽化や陳腐化である．建築物としての建物は，建築後に時間がたてば当然老朽化する．老朽化した建物は，たとえば新しく登場した機器や情報・通信インフラの導入が困難であったり，安全性における不安が生じたりもしてしまい，価値が下がる．古いまま放置された外観や内装のままの店舗では，客にとって新しい品物やサービスに出会える期待をもってもらうことはできない．法制度や社会的要請の変化によって，建物をそのまま使用し続けることができなくなる場合もある．たとえば，大きな自然災害を受けて安全性への意識が高まり，大規模な改修工事が迫られたりもする．つまり建物が改修されたり建て替えられたりして更新される新陳代謝が起こらなければ，使い勝手の悪い価値の低い建物ばかりになってしまい，街は繁栄から取り残されて賑わいが消えてしまいかねない事態になる．所有者によって建物の必要な改修や建て替えが遅滞なくおこなわれていく状況であるならば，問題は少ない．しかし経済的に大きな負担となるこれらの工事は，かならずしも自発的におこなわれやすいわけでなく，事業者の経営状態が悪かったり景気が思わしくないと停滞しがちとなる．このような問題を改善するためには，行政からの補助金などいろいろなかたちでのインセンティブが必要となってくる．

　また，街を時代の要請に合致した新しい姿に作り変えて近代化するという観点から考えると，個別の建物の所有者が個別に取り組むレベルでは解決できない問題がある．たとえば，自動車がまだあまり普及していなかった時代では，商店街の道路が狭かったり駐車場が少なくてもあまり問題にはならなかった．しかしその後にモータリゼーションが到来すると，狭い道には自動車があふれて危険だし，自動車で走りづらい都市の中心部は，マイカーを手にして自由に行先を選べるモビリティの高い人々から見放されるようになってしまった．また，災害に強く交通安全を重視した安心の街づくりへの意識も高まってきている．このような問題を解決するために道路の道幅を広げたり土地区画を整形し

て街路を走りやすくしたり，十分なオープンスペースを確保するといった整備
をおこなう場合，必要な用地を直接買収して工事をおこなうことは道路管理者
や行政にとって多大な費用負担が発生してしまうので実現へのハードルは高い．
それに対して，土地区画整理法に基づいて実施される公共事業である土地区画
整理事業を通じた実現は，地権者に費用負担を求めないだけでなく，行政側の
支出も少なくて済む優れた手法なので多くの実施実績がある．

　近代的な店舗経営をおこなう上では，売り場面積を広くとって現代の消費者
の多様なニーズに応えるために扱うアイテム数を増やしたり，規模の経済を働
かせて経営効率を向上させることが重要な取り組みである．しかし，昔ながら
の商店街のままでは，土地所有が細分化されているので，土地を集約して建物
の大規模化を進めるのはきわめて難しい．そこで実施されるのが都市再開発法
に基づいて実施される市街地再開発事業である．開発区域のなかの個々の地権
者の不動産は，敷地をひとまとまりにして建設する大きなビルのなかのフロア
として等価交換される．地権者の権利と置換されたフロア以外は保留床とよば
れて売却され，その売却益がビルの建設に必要な工事代金に充当されるという
仕組みである．このため，地権者は費用負担しないにもかかわらず，大規模な
ビルの建設が可能となる．そのビルにはたとえば大型の商業施設やホテルなど
が入り，集客力のある施設として都市中心部の賑わいづくりに貢献することも
可能となる．

　行政側は土地区画整理事業や市街地再開発事業を実施するように地権者を説
得し，事業に対して補助金をだすなどしてその実施を進めている．その結果と
して都市中心部は近代化して魅力的な賑わいの場所となることができるのであ
る．

2-2　都市をとりまく環境の変化

　都市をとりまく環境は時代とともに変化してきている．徒歩や畜力などによ
る移動や輸送に頼っていた近世までの長い時代が終わると，都市は大きな変化
にさらされるようになった．安定して大きな動力を生み出すことができる蒸気
機関を利用した鉄道が登場すると鉄道が交通の中心となり，人や物の移動は鉄
道の駅を起点にしておこなわれるようになった．その結果，従来の都市の中心
だった宿場や店が立ち並ぶ中心街とは別に，鉄道の駅前にも商店や飲食店，運
送業者の事務所などが立地するようになった．そして近代化を遂げていく日本

の国内経済が発展し，鉄道の運ぶ人や物が増大していくにつれて，多くの都市の駅前は市街化されて賑やかな商業地区が形成され始めるようになった．

戦後，それも高度経済成長期になると都市の様子は激変していく．高度経済成長期に好調となった経済のもとで，企業は業務の拡大や工場の拡張・新設を進めたが，その多くは都市部でおこなわれた．人手不足を克服するために企業は雇用条件をこぞって改善し，その結果として農林水産業である第一次産業と，第二次・第三次産業との賃金格差が広がってゆき，それはつまり農山村と都市部との経済格差となった．農山村の労働力はよりよい条件の職場，より高い給料を求めて都市部へと大移動することとなり，都市における過密と農山村における過疎の問題がここに始まった．

とくに大都市においては，流入した労働者人口は郊外に住居を構え，鉄道を利用して都市の中心部まで通勤するようになったので，大都市での鉄道の利用者は短期間のうちに急増していった．利用客が増えていく鉄道駅は集客力のある施設としての役割を高めたことで，鉄道駅周辺の商業地区が発展していくこととなった．その後，1987年の国鉄の分割民営化にいたる経営改革の過程において，不要となった駅構内の土地の売却と活用が多くの都市で模索されるようになったのをきっかけの一つとして，鉄道駅の周辺地区を賑わいの場所として積極的に整備してその活性化をめざすとともに鉄道利用客の増加をも目的として，鉄道事業者と地元自治体との協働による「駅と街づくり」事業がおこなわれるようになった．この結果として，都市の中心が古くからある中心街から鉄道駅周辺地区に移る都市もみられるようになった．

また，高度経済成長期には国民の可処分所得が増加するとともに，信頼性の高い安価な国産大衆車の登場によって本格的なモータリゼーションを迎えることとなった．道路の混雑や長時間移動のせいでマイカーによる通勤が難しい大都市を除き，マイカーという自由度の高い移動手段を手に入れた人々は，時刻や行き先に縛られる鉄道・バス・路面電車といった公共交通機関から離れていった．本章のなかで，都市とは便利な公共交通によって人が集まりやすい場所であり，様々なものが集積していると述べた．しかしマイカーを所有する人々は，公共交通機関の有無に関係なく自分の生活を作り上げることができるので，公共交通機関ででかけるには便利だったが道も狭く駐車場も不十分なためにマイカーででかけるには適さない都市の中心部とは無縁に，都市の外側の郊外で生活を完結させるようになった．広い土地を確保しやすかった都市の郊

外では，幅の広い走りやすい道路に沿って，自動車での来店を前提として広い
駐車場を確保したロードサイド型店舗が連なるようになり，都市の郊外化が進
んでいった．1980年代になると，大規模店が都市の中心部ではなく郊外に出
店する傾向が一層強まるようになり，郊外に立地した大規模店に客足をとられ
た都市中心部の商業地区の賑わいは，多くの都市で失われることにいたった．
乗客が減った公共交通機関は便数が削減されたり廃止されたりするようになり，
客足が遠のいた都市中心部へのアクセスがさらに悪化した場合もある．このよ
うに商業や業務・サービスの集積が薄れて賑わいが消えたり，公共交通機関が
弱体化してきた都市は，交通弱者としての訪問客にとっても頭の痛い問題であ
る．

2-3　コンパクトシティ実現に向けた取り組みと観光面での期待

　前項でふれたようにモータリゼーションが進展した結果，郊外化が進み都市
中心部の賑わいが薄れてゆく都市の状況は，昨今問題意識が高まってきた地球
温暖化問題への観点からも危惧される事態である．地球温暖化を食い止めるた
めには，温室効果ガスを輩出する自動車の利用を抑制することが重要で効果的
な手段の一つと考えられているからである．また，都市中心部に既に構築され
ている様々な社会インフラを補修しつつ有効に活用することをやめてしまい，
郊外に新たに構築していくことは工事に必要な費用だけでみると正当化される
ものかもしれないが，そこで必要となる膨大なエネルギーや温室効果ガスの増
大を考慮すると，注意深い検討が必要ではないかとする考え方もある．
　公共交通機関ではなくてマイカーでの移動を前提にした社会生活の仕組みや
国土の構造になってしまうと，交通弱者にとっては生活を脅かされる事態につ
ながりかねないという心配もある．わが国では高齢化が進展し，マイカーを自
由に運転できない高齢者が今後も一層増加していくことを考えると，マイカー
利用を前提として都市が郊外化していくことは非常に危惧される事態なのであ
る．
　この問題への対策として昨今，「コンパクトシティ」という考えが注目され
ている．これは，生活を送るために必要な様々な施設，たとえば図書館や運動
施設，役場，学校，病院といった公共施設や商店などを郊外に作るのではなく
て都市中心部に集中配置し，あわせて都市中心部に向かう公共交通機関の整備
を進めて，自動車に頼らずに公共交通機関を利用するだけで十分な暮らしが成

図9-3 JR西日本の富山港線時代の終点岩瀬浜駅に停車する普通列車（2001年）

り立つ都市の仕組みをめざそうという考え方である．都市における様々な施設や機能が，郊外に広く薄く拡散してしまうのではなく，都市の中心部にコンパクトに集中させようという発想であり，この施策を通じて，地球温暖化問題の防止や高齢化社会への対応を進めていこうとするものである．

わが国でコンパクトシティに大きな注目が集まるようになったのは，2002年に当選した富山県富山市の市長が公約として掲げ，本格的な取り組みを始めたことによる．富山市の玄関口であるJR西日本の富山駅は，予定される2015年の北陸新幹線の乗り入れに対応するため，駅の大改造をおこなう必要に迫られた．駅構内を整理して在来線を高架上に移転させ，新幹線用の新たな線路とホームの用地を確保しなければならなかったからである．当時のJR富山駅には幹線の北陸本線，岐阜県の飛騨地方を縦貫して岐阜駅へと結ぶ高山本線，そしてローカル路線の富山港線が乗り入れていた．これらのなかで，富山港線は乗客も少なくて大きな赤字をだし続けており，路線の長さも8.0 kmとさほど長くないので影響も限定的であるという理由から，多大な投資をして富山港線の線路を作り変えて新たに作られる高架上の富山駅に接続させるのではなく，この機会に廃止したいとの意向をJR西日本が示した．

これに対して，コンパクトシティの実現をめざす目標のもと，地元の行政や企業が中心となって新たな会社である富山ライトレールを設立し，JR西日本

図 9-4 富山ライトレール線奥田中学校前駅からみた新設の併用軌道と，正面にまっすぐ進んでいく元JR西日本富山港線跡を活用した歩行者専用道（2013年）

から富山港線を引き継いで 2006 年から鉄道経営を始めることにした．ここでのポイントは，従来のように列車は遅くて本数も少ないというのではなく，バリアフリーにも対応して加減速性能にも優れた高性能の次世代型路面電車を高頻度で走らせ，LRT（Light Rail Transit・次世代型路面電車システム）の路線として再生させようとしたことである．この転換に必要だった事業費約 58 億円は各種の補助金や公的な資金があてられ，公設民営で営業をおこなうかたちとなった．富山港線の線路などの基本的な鉄道設備を引き継いで活用する一方で，高さがあって階段を上り下りしなければならないホームは廃止して，足腰の弱い人にも乗り降りが楽になるように低床車両の導入とともに低いホームに改修した．また，路線のうちの富山駅に近い区間は高架化する富山駅の在来線ホームに乗り入れることはしないことから廃止し，その代わりに道路上に線路を敷く併用軌道を新たに 1.1 km 敷いて，沿線の利便性の向上をはかった．あわせて駅を新設したり，途中駅にパーク＆ライド駐車場を整備して自動車からの乗り換えを促したり，路線バス網を再編して駅に接続するかたちでフィーダーバスを走らせるなど，公共交通機関を利用して富山市の中心部にでかけやすいように公共交通網の整備をおこなった．列車の運行も JR 西日本が運営し

図 9-5　夜の富山駅北駅でたくさんの乗客を乗せて発車を待つ富山ライトレール線電車（ポートラム）（2013 年）

ていた最終時点のダイヤでは富山駅発の列車は一日当たり 20 本，最終列車は 21 時 31 分発であったのに対し，富山ライトレールに移管して愛称ポートラムとして開業した時には富山駅発の列車は 66 本，最終列車は二時間弱繰り下がって 23 時 15 分となった．毎時 1 本程度しか走っていなかった列車は，日中毎時 4 本も走るようになり，利便性は劇的に向上して乗客は 1.5 倍程度に増加した．

　このような富山ライトレールの成功を受けて，さらに富山市は中心部の公共交通を充実させる目的で，2009 年には軌道の富山都心線を新たに開業させて，路面電車が走る既存の富山地方鉄道富山市内軌道線の一部と合わせ，新たな低床高性能路面電車が環状運転をおこなう愛称セントラムとして運行を開始した．こちらは富山市が軌道の整備をおこない，民間会社である富山地方鉄道に電車の運行を委託するという，日本で初めて採用されたいわゆる上下分離方式を用いている．さらに今後も，高架上にある新幹線と在来線の富山駅の地上部分を貫通するかたちで，現在は駅の北側に発着している富山ライトレール線と駅の南側を走る富山市内軌道線を新設軌道で結び，電車を直通させる計画を立てているなど，都市中心部への公共交通機関の整備を一層充実させる予定である．

　そして，富山市では公共交通網の整備によってより行きやすくなった都市中

図9-6 富山駅前駅に停車するセントラム電車 (2013年)

心部の総曲輪（そうがわ）通りとその周辺において，市街地再開発事業によるビルを次々に完成させて近代化を推し進め，魅力的な街づくりをめざしてきた．これらの公共投資は民間投資を誘発し，少なからぬ商店が新規開業したりマンションが建設されたりなどの効果をもたらした．このような一連の施策を続けてきた結果として，公共交通機関の沿線や都市中心部の人口が社会増（転出者よりも転入者が多い状態）となり，富山市全体としても社会増となる．都市中心部の地価が周辺地域以上に上昇する，都市中心部の商業施設周辺での歩行者数が増加するなどの効果がみられるようになった[1]．

　この点について，富山市への訪問客（観光客）という視点からみるとどのようなことがいえるだろうか．交通弱者としての訪問客にとって，公共交通機関が充実しており，狭い範囲に必要な施設が集中していて移動の労力が少なくて済む都市中心部は過ごしやすい場所であるという点は，これまでにふれた通りである．コンパクトシティに基づいた都市中心部の整備のなかでは，富山市ガラス美術館の新設，富山城址公園の整備や富山ライトレール線の駅からほど近い場所に位置する歴史的な運河遺構を中心とした富岩運河環水公園（カナルパーク）の整備などにも力が入れられ，都市中心部とその周辺での観光資源の充実もはかられたといえる．北陸新幹線の開業に伴って首都圏から富山市へのアクセスも向上したこともあわせ，コンパクトシティの概念に基づいて街づく

第9章　アーバン・ツーリズム　●　247

図 9-7　宇都宮駅前に掲げられた LRT 建設をよびかける看板（2009 年）

りがおこなわれてきた富山市の中心部は，訪問客（観光客）にとってより魅力が増した．

　しかし，コンパクトシティをめざした富山市の街づくりは，賛成意見ばかりというわけではない．たとえば，富山ライトレール線は JR 西日本が経営していた時代と比べて乗客が増えたといっても，行政からの補助金を除けば黒字を計上するにいたっていないという指摘や，都市中心部でのハコモノ整備が多くおこなわれた結果として，富山市の財政状況は悪化し多くの借金を抱えるにいたってしまったといった批判もみられる．もともとコンパクトシティの考えは，短期的視点でみて都市中心部における投資を回収して利益を獲得することだけに焦点があてられたものではなく，地球温暖化問題解決に向けての貢献や，高齢化社会への対応をめざすといった巨視的で長期的なビジョンに裏打ちされたものであるだけに，取り組みが始まってから十数年でその成功失敗を断じるのは難しいともいえるだろう．

　富山市に触発されて，コンパクトシティづくりをめざす他の都市も登場するようになってきた．青森市はコンパクトシティを前面に掲げた都市計画を実践しているし，札幌市は廃止後既に約 40 年経っていた市電の線路を 2015 年に復活させて，路面電車が環状運転できるようにして利便性の向上を実現した．宇都宮市と堺市では LRT の新設を目指す政策を打ち出したものの，反対意見も

図9-8　西武新宿線中井駅前に整備された新宿区のレンタサイクル(2017年)

あるなかで政治上の争点となっている．

　また，東京の都心やその周辺の区ではレンタサイクルの整備に近年急速に力を入れ，さらにはより広域な範囲で相互に借りた自転車を乗り捨て返却できる仕組みの構築にも取り組んでいる．かつては都市型のレンタサイクル事業を始めたものの利用客数の少なさやコスト難から継続実施を諦めた自治体もあったものだが，近年では交通系ICカードやICTを活用したシステムを構築することで，効率的な運営と利便性の向上をめざすことで経営的に成立させようとしている．レンタサイクルが気軽に使える，しかも多くの場所での乗り捨て返却ができるというのは訪問客にとってとても便利なものであり，都市内の観光目的での利用も大いに期待されるところである．

3．熊本市の都市中心部の変化とその将来

　本節では，熊本県熊本市を例に取り上げ，都市中心部においてこれまでどのような変化があったのか，今後どのような変化が起こるのか，それが訪問客に対してどのような影響をもたらすようになるのか，という点について考えていく．

3-1 熊本市のおかれた状況

　近年の日本における地方分権の潮流のなかで，地方の中核となるような規模の都市の重要性が大きくなってきた．2017年時点で政令指定都市は全国20市，1996年から指定が始まり人口20万人以上を要件とする中核市も全国48市となっている．2000年頃から活発化する平成の大合併によって都市規模が拡大した都市も多く出現し，2000年以降に政令指定都市となった都市にはさいたま市・静岡市・堺市・新潟市・浜松市・岡山市・相模原市・熊本市がある．また，地方での高速道路網の整備が進んだり，東北・九州・北陸の各整備新幹線が地方都市を結んで開業していくなかで，地方の中核となる都市の中心性が高まるとともに，高速道路のインターチェンジ周辺地区や中心駅の周辺地区のもつ役割が大きく変わりつつある都市も存在する．これらの都市のなかで，2011年3月に新幹線が開業し，2012年4月には政令指定都市への昇格も果たしたのが熊本市である．

　熊本市の中心部では，上通や下通一帯の商店街が賑わいを維持しており，デパートも営業している．また，全国の城郭のなかでも屈指の集客力を誇る熊本城や，大名庭園である水前寺成趣園などの有名な観光資源を有し，それらを結ぶかたちで観光客にとってもそれなりに有効活用できるように走る路面電車も運行されている．熊本市の中心部は観光客にとっての主要な目的地であるし，観光客にとって便利な状況が保たれているといえる．熊本市の中心部から少し離れた場所に位置する熊本駅周辺では，新幹線開業をにらんで市街地再開発事業が実施されるとともに，在来線の連続立体交差化事業や市電の電停（路面電車停留場）の整備をはじめとする駅前広場の整備などの諸事業が一体的におこなわれる駅と街づくり事業が進められてきた．これらの事業はまだ実施途中のものも多いが，熊本駅周辺の市街地の景観は徐々に近代的なものになりつつあり，またその重要性も増してきたといえる．従来は，中心部に位置するバスターミナルである熊本交通センターに発着するだけであった都市間高速バスも，2009年以降には熊本駅前に乗り入れを開始している．

　このように，都市としての中心性を高めつつあり，市域の中心駅である熊本駅の役割も高まりつつある熊本市では，都市中心部の様子も今後にわたって変化していくと予想される．

3-2　熊本市における都市の中心の移動

　高野（2004）では全国の人口５万人以上の都市を対象とした悉皆調査をおこ
ない，都市の特徴と都市中心部の構造の変容との関連性を計量分析によって明
らかにした．この分析結果では，その都市においてもっとも繁栄している地点
を意味する「都市の中心」が，従来の中心街から，鉄道開業後に人が集まるよ
うになった駅周辺地区へと移動する傾向が多くの都市でみられる点を指摘した．
また，その進展の様子は，都市の古さと鉄道駅の乗降客数の多さという２つの
要因の影響を受けることも示した．古い都市では，中心街での都市機能の蓄積
がもともと大きかったので，中心街から駅周辺地区への都市機能の流出による
影響は相対的に小さくて済み，中心街が規模を維持している場合も多い．一方
で，多数の通勤通学客が利用するために駅の乗降客数が多い３大都市圏では，
駅周辺地区への都市の中心の移動が促進される．

　また，大型店の立地や市街地再開発事業は，都市中心部の変容に大きな影響
を与えており，これらが駅周辺地区に多数立地している場合には，駅周辺地区
への都市の中心の移動が一層促進される点も，高野（2004）において明らかに
された．大型店の立地は都市の新旧による違いはなかったが，市街地再開発事
業は古い都市であるほど，中心街において事業がおこなわれる傾向がみられる．
大都市圏では，大型店と市街地再開発事業の双方ともに駅周辺地区に多く，非
大都市圏では中心街に多くなるという傾向も示された．

　これらの一般的な傾向を参照しながら，熊本市の都市中心部のこれまで変容
の様子をみてみる．熊本市においては明治・大正期の中心街は呉服町周辺のい
わゆる古町であったが，市内における「都市の中心」を意味する公示地価最高
地価点は下通の中央に立地する商業施設COCOSA（ダイエー熊本下通店跡）
前へと移っている．日本の多くの都市では都市の中心が駅周辺地区へと移動す
るという一般傾向があるにもかかわらず，熊本市の下通は古町からみて熊本駅
とは正反対の方向のしかも３倍も遠い場所に位置しており，多くの都市の傾向
とは逆向きに移動した特異な事例である．これは下通に近接してバスターミナ
ルの熊本交通センターや2014年まで百貨店が立地していた桜町周辺は，かつ
ての城下町時代の武家屋敷街から軍用地へと変わり，その後の軍用地の郊外移
転によって昭和に入って一挙に開発が進んだという点，また，今以上に九州の
中心都市として様々な中枢機能が熊本市に集中していた当時には，勧業館や公会

堂といった公共施設群や大きな中枢管理機能が桜町一帯に立地したことが隣接地である新市街や下通地域一帯の商業化を促進した点，城下町の北側からの入口としては上熊本駅も機能していたために熊本駅前への都市機能の集中が進まず，熊本駅が都市の中心を引き寄せる力が弱かった点，などがその理由と考えられる．

高野（2013）では，そもそも駅と明治・大正期の中心街との距離が離れた都市では，その後の駅周辺地区への都市の中心の移動が起こりにくい点を明らかにしている．都市の中心部がもともと平面的にコンパクトな形態であれば，駅の開業に伴って都市の商業地区が漸進的に駅の方向へ広がりやすいために，都市の中心の移動が早期に起こりやすかった．その逆に，熊本市のように明治・大正期の中心街や城郭がそもそも駅から遠かった都市では，都市の商業地区が漸進的に駅の方向へ広がるのは難しかった．それに加えて，熊本市域の中心駅である熊本駅周辺地区での大型店と市街地再開発事業は現在にいたるまで少ない一方で，中心街での大型店は他の類似都市に比べて多く，現在もその商業の集積は大きなものとなっている．また，駅の乗降客数もさほど多くはなかったこともあって，周辺地区での都市機能の集積が進む要因に乏しいままであった．長らく駅構内横断通路も未整備だったので駅裏側地区（熊本駅新幹線口側）での商業機能の集積もなかった．

3-3　熊本市の中心部における今後の変化

今後の熊本市の都市中心部の変化に大きな役割を果たしていくと予想される大きな事業がある．一つ目が，中心街に隣接した地域においてバスターミナルである熊本交通センターや県民百貨店などの跡地を利用して，2019年夏の完成を予定している桜町地区での市街地再開発事業である．ここでは，今後の都市中心部の賑わいの核となる施設を建設すべく，熊本交通センターの運営母体である九州産業交通が中心となって商業施設やホテルなどを整備し，熊本市も大型集客施設（MICE施設）である熊本城ホールの設置を担うというものである．市内外の路線バスや高速バスなどのほとんどが発着するバスターミナルに，これらの施設が合わさった新たな集客施設は，中心街の賑わい作りに貢献することが期待されるし，市内をめぐる観光客やMICE施設を訪れる訪問客にとっても便利な街づくりが実現されると予想される．

その一方で，熊本駅周辺での在来線の連続立体交差化事業の実施に伴って発生する従来のホームや駅舎の跡地を利用してJR九州が2021年の完成を予定

図 9-9　桜町市街地再開発事業に向けて取り壊しが進む交通センタービル（2016 年）

図 9-10　熊本駅周辺での在来線の連続立体交差事業によって建設されつつある高架線（2016 年）

して駅ビル建設を打ち出している．2015 年 3 月に JR 九州が発表した計画では，従来提示していた開発区域をさらに拡大させ，同社が先行して進めてきた鹿児島中央駅や大分駅の駅ビルと同等かそれ以上の規模の商業施設をめざすとした[2]．鉄道本業での赤字を他の関連事業で積極的にカバーしなければならない JR 九州の経営戦略のなかでは，熊本駅ビルをより大規模なものにして規模の経済を

第 9 章　アーバン・ツーリズム　●　253

図9-11 現駅舎の取り壊しと駅ビル建設を待つ熊本駅（2016年）

働かせ，少しでも多くの収益を確保したいという意図がより鮮明になってきた．そのほかにも，2011年の九州新幹線開業を契機とした駅と街づくり事業の実施により，さらなる都市機能の集積を可能にする環境が整いつつある．駅近くへの国の合同庁舎の移転が2014年に完了し，在来線の連続立体交差化事業が2018年に，周辺の都市計画道路網は2018年前後までに，熊本駅西土地区画整理事業が2020年に完成予定となっている．さらに周辺の整備が進むとともに巨大な商業施設が登場することで，いままで周辺においてあまり集積がなかった商業機能を十分に補うものとなろう．現在まで熊本駅周辺での商業施設は多くなく，駅舎内のお土産売場や飲食店などを中心とした商業スペースや周辺にホテルがあるといった程度でしかなかった．しかし，先に開業した鹿児島中央駅や大分駅の駅ビルの賑わいぶりを考えれば，九州新幹線が開業して熊本市への訪問客にとっての入り口の機能をより強化した熊本駅において熊本駅ビルが登場することは，熊本への訪問客にとって歓迎されるものとなるだけでなく，駅ビルでの買い物自体を目的とした旅行も発生することになるだろう．

　これだけの大規模な施設が今後立て続けに建設されていくとなると，都市中心部の商業地区に大きな影響を与えると考えられる．大型店が周辺の既存の商店と競合することになりそれらの経営難をもたらすのではないか，都市の中心が駅周辺地区へと移動していくことになるのか，都市機能の郊外化にある程度の歯止めをかけることができるようになるのか，県内の他の都市の都市機能の

集積を一層奪うことになるのか，新幹線という高速移動できる公共交通で結ばれた都市として九州全体でみた場合の福岡市や鹿児島市などの競合都市に対して都市機能の集積という点で勝ち抜いていけるのか，観光都市として考えた場合にはこれまでと違った客層や目的の観光客が集まるようになるのではないかといった多層的な視点からその影響を把握し，今後の熊本市の中心部のあり方について考えていく必要がある．

4．おわりに

　都市中心部の商店街の賑わいを維持していくことがなぜ必要なのか，そこに様々なかたちで税金が投入される必然性があるのか．モータリゼーションを迎えた昨今，都市が郊外化していくことは時代の趨勢だし，それに逆らって都市中心部の商業機能の維持をめざすことが果たして必要なのか．というような点について，これまでもいろいろな視点から議論が重ねられてきた．そしてその議論の一つの到達点として，都市中心部をめぐる都市計画のめざすべき方向としてコンパクトシティの概念が登場したのは，先に述べた通りである．

　コンパクトシティとは今後一層の増加が予想される高齢者のような交通弱者にとって，生活しやすい街づくりをめざすものであった．この交通弱者というものに訪問客（観光客）も該当するのだと気づくと，観光における都市の役割が理解される．わが国がこれから観光立国をめざして進むのであるならば，観光という観点からみて今後の都市をどうデザインしていくかという点もまた重要な議題となるのである．

参考文献

高野誠二（2004）日本における都市中心部の構造変容—鉄道駅周辺地区と中心街の関係から—．季刊地理学 56-4：225-240.

高野誠二（2013）類似都市との比較からみた熊本市における都市の中心の移動に関する定量的分析．東海大学経営学部紀要 1：69-74.

注

1）富山市作成資料「コンパクトシティ戦略による富山型都市経営の構築」，2016 年.
https://www.iges.or.jp/files/research/pmo/PDF/20160515/1_1_jp.pdf

2）2015 年 3 月 24 日 熊本日日新聞朝刊「熊本駅ビル，2021 年春開業へ JR 九州が基本構想発表」.

索引

【A】
AI　3

【B】
B to B　2

【C】
Critically Endangered（CR：絶滅危惧 IA
　　類）　91, 93, 94
CSO（市民社会団体）　43
CSR（Corporate Social Responsibility：
　　企業の社会的責任）　32-34, 37, 39,
　　41, 43, 45, 46, 48
CTAB 法　103

【D】
Data Deficient（DD：情報不足）　91
D. F. エイベル　20
DM（Destination Management：ディス
　　ティネーション・マネジメント）
　　175, 191
DMO（Destination Management Organi-
　　zation）　174-177, 183, 184, 190-192,
　　202, 204, 230

【E】
Endangered（ER：絶滅危惧 IB 類）
　　91
EPFI（エクエーター原則／赤道原則採択
　　金融機関：Equator Principles Financial
　　Institution）　37
E.R.G. 理論　137
Extinct（EX：絶滅）　91
Extinct in the Wild（EW：野生絶滅）
　　91

【I】
IMF（国際通貨基金）　196
IoT おもてなしクラウド事業　204
IR 法（特定複合観光施設区域の整備の
　　推進に関する法律）　206, 223
IT 化　4, 28

【J】
J. S. ヘスケット　27
J. S. ミル　39, 40

【K】
KPI（Key Performance Indicator：主要
　　業績評価指標）　184, 192, 204

【L】
LCC　4, 14, 28, 205
LRT（Light Rail Transit：次世代型路面
　　電車システム）　245, 248

【M】
M・フリードマン　46

【N】
Near Threatened（NT：準絶滅危惧）
　　91-94
NGO（非政府団体）　34, 37, 40-45
NPO（非利益団体）　43, 44, 177, 192
NPO 法人花咲盛　90, 107, 108, 110

【P】
PCR　103, 104
PDCA サイクル（PDCA cycle）　184,
　　192, 204
P. Q. ハースト　45

索引 ● 257

【Q】
QC　3, 5, 8

【R】
ROI（資本利益率）　12

【S】
SRI（Socially Responsible Investing：社会的責任投資）　35, 36
SWOT分析　186, 187, 190, 192

【T】
Threatened Local Population（LP：絶滅のおそれのある地域個体群）　91
T型フォード　13, 29

【U】
UNWTO（国連世界観光機関）　196

【V】
Vulnerable（VU：絶滅危惧II類）　91-94, 99

【X】
X理論　138

【Y】
Y理論　138, 139

【あ】
アクションプログラム（アクション・プログラム）　178, 181, 200
アグリビジネス　119, 122, 123
明日の日本を支える観光ビジョン　197, 202, 206, 229
明日の日本を支える観光ビジョン構想会議　202
アソシエーティブ・デモクラシー（結社民主主義）　45

アベノミクス　197, 202, 206

【い】
井桁（スパー）　44
維持可能性　15
意思決定　7, 15, 130, 132-135
一般社団法人・DMOやつしろ（DMOやつしろ）　174-191
イノベーション（技術革新）　27, 28, 200
イメージ　116-119, 122, 135, 148-150, 152, 153, 183, 184, 187, 189, 190
インターナル・マーケティング　2, 27, 28
インバウンド（海外からの旅行者）　17, 177, 208

【う】
売上高　11-13
上側検定法　79

【え】
衛生理論　139
駅　242, 244-247, 250-252, 254
駅周辺地区　242, 251, 252, 254
駅と街づくり　242
園芸採取　94, 96-99
エンゲージメント（改善要求）　36

【お】
オープンスペース　150, 152, 164
オハイオ研究　143

【か】
階層組織　126
外部環境　9, 186, 187, 192
開放システム理論　129, 137
買回り品　236, 237
外来園芸種　102, 104

258

外来種　98, 102
価格政策　8
価格戦略　5, 7, 8
確率分布　66-70, 72-76, 79
確率変数　63, 66-76
片側検定法　79
環境 NGO（民間の非営利団体で環境保
　全活動を実施している団体）　39,
　108
観光客　201
環境と発展に関する世界委員会
　（WCED）　40
環境問題　32, 36, 40
観光客　109, 175, 181-185, 189, 192
観光資源　184, 185, 187, 191, 192, 199,
　203, 208-210, 216-220, 222-224,
　227-230
観光資源管理　209, 220, 229
観光施設　234, 237, 240
観光施設Ⅰ　218
観光施設Ⅱ　218
観光戦略　181, 182, 192
観光地　17, 176, 178, 184, 186, 197,
　203-205, 210, 217-219, 228
観光立国推進会議閣僚会議　201
観光立国推進基本計画　197, 206, 209
観光立国推進基本法　197, 209, 219
看板建築　169, 170, 171
管理放棄　94, 96-98
官僚制　125, 127, 128

【き】
企業　6, 9-12, 14, 15, 23-25, 28, 32-37,
　39, 41-45, 47, 48, 119, 122-124, 126,
　127, 143
企業行動　10, 11, 24
希少種　91, 92, 94, 96-99, 102, 110
希少植物　90, 91, 95, 97, 98, 104-107
期待理論　140, 141

機能別組織　125
規模の経済　241, 253
帰無仮説　78, 79
逆機能　127, 128
キャロル・ムーア　48
供給　3, 6, 14, 15, 17, 21, 29, 95
公共交通機関　162
協働体系　118
京都議定書　38
規律　126, 128
近代和風建築　169, 170

【く】
グローバリゼーション　42
グローバル・コンパクト（GC）　42,
　43
グローバル化　11, 16, 41-43, 200

【け】
経営資源　6, 7, 11, 13, 20, 23, 24
経営組織論　116-118, 121, 122, 126,
　130, 137, 138, 144
経済学原理　40
権限　124, 126, 129, 143
権限の集中　126

【こ】
コア・プロダクト　5, 8
合意形成　44
公共交通機関　205, 234-236, 242, 243,
　245-247
貢献　48, 119-123, 180, 190, 208, 210
広告　9, 13, 17, 175, 181
公正　126
交通　151, 163, 221, 234, 235, 241
交通機能　240
交通弱者　235, 236, 243, 247, 255
行動変数　18
行動論　142, 143

索引 ● 259

高度経済成長期　242
顧客　2, 5, 6, 10, 18, 21, 26, 28, 33, 36, 47, 122, 175, 176, 182, 191, 192
顧客ニーズ　21, 25
顧客満足度（CS）　3, 8, 27
顧客ロイヤルティ　27
国際観光局　216
国際博物館会議（ICOM）　210
国土地理院　153-155, 160, 162
個人的利益の全体的利益への従属　126
コスト・リーダー戦略　23
コトラーの無差別型　21
ゴミ箱モデル　135
コミュニティ投資　36
固有種　90, 91, 94-97, 107, 109
コンソーシアム　229
コンセプト　25, 182, 184-186, 188, 190, 202
コンティンジェンシー理論　143
コンパクトシティ　243, 244, 247, 248, 255
コンプライアンス（法令遵守）　33

【さ】
サービス・イノベーション　27, 28
サービス・プロフィット・チェーン　27
サービス・マーケティング　2-6, 8, 11, 15, 16, 18, 25, 27, 28
サービス・マーケティング・マネジメント・プロセス　7
サービス・マーケティング・ミックス　5-7, 19, 29
サービス・マーケティング環境　7, 9
サービス・マーケティング戦略　6-9, 15, 19, 22, 27
サービス・マーケティング目標　7, 11-13

サービス業　2, 4, 28
最適化基準　132, 135
財務管理　12
在来種　98, 99, 102
作業条件　136, 139
サプライヤー　43, 182
差別化戦略　188
差別型　19, 20
差別化戦略　13, 23, 24
三方よし　33

【し】
シェア　6, 7, 10-13, 23, 36
市街地再開発事業　165, 241, 247, 250-253
指揮の一元性　126
資質論　141, 142
市場細分化　14-17, 19
市場専門型　20, 21
市場ターゲティング　14
市場ポジショニング　7, 14
自然資源　217, 219, 221, 224, 227
自然遷移　94, 96-98
持続可能性　37, 39, 40, 109, 111, 183
下側検定法　79
実行可能性　15
実体理論　136
自動車　197, 235, 236, 240, 243, 245
社会基盤施設（インフラストラクチャー）　161, 166
社会貢献活動　33, 34
社会的責任　32, 33, 35, 37, 42, 46-48
ジャパン・レールパス　205
従業員の安定
従業員の団結　127
従業員満足度（ES）　27, 28
集権　126
住宅地図　161, 166
集中型　19, 20

260

周辺確率分布　72, 74, 76, 79
シュンペータ　27
商業地区　240, 242, 243, 252, 254
商圏人口　237
条件付確率　58, 59, 73, 75, 76
条件適合理論　129
商工地図　161
消費　2-4, 105, , 184, 207
消費者ニーズ　8, 14, 19, 20, 23
食害　96-98, 109
植生図　155, 157
人口動態基準　16-18
人的資源　11, 104, 106, 209
人文観光資源Ⅰ　218
人文観光資源Ⅱ　218
心理的基準　17, 18

【す】
スウェット・ショップ　42
ステイクホルダー（地球環境の代弁者）
　37

【せ】
生産管理　12, 192
生産性　27, 126, 130, 136, 142, 143, 203
生態系　35, 37, 39, 98, 109, 110, 221
製品専門型　20, 21
製品戦略　5-8, 19
生物多様性　37, 39, 90, 98, 221
セールスマン　9
世界遺産　172, 208, 220, 228
積事象　57
赤道原則（エクエーター原則，Equator
　Principles）　36, 37
セグメント　7, 13-15, 17-23
絶滅　39, 221
絶滅危惧要因　96
全市場浸透型（フルカバレッジ）　20,
　21

選択機会　135
選択肢集合　131-133
選択的専門型　20, 21
戦略ビジョン　188, 190

【そ】
創意　127
ソーシャル・スクリーン　36
測定可能性　15
組織　42, 43, 100, 108, , 174-176, 178,
　179, 181, 183, 189, 191, 204
組織運営　183
組織均衡　119
組織構造　123-125, 127, 129
組織行動論　130
組織論　121, 123, 126, 144

【た】
ターゲット　178, 184, 187, 188
滞在交流型観光　185
大日本職業別明細図　161
ダイバーシティ　45, 46
大陸系遺存植物　91, 93, 94
対立仮説　78, 79
単一セグメント集中型　20

【ち】
地域社会　33, 37, 123, 180, 192, 238
地域づくり　174, 177, 178, 180-182,
　185, 191
知覚マップ　24-26
地球温暖化　243
地球環境保護　40
地球サミット　37, 38, 44
地形　153, 157
地形図　150, 153-155, 160, 161, 163,
　166, 224
地質図　157, 158
地図　153-155, 157, 159-161, 163, 164,

索引　●　261

166, 167, 171
地籍図　160, 161, 166
秩序　125, 126
地理的基準　16, 18
地方創生回廊　205
着地型観光　174-177, 182, 184, 192
チャネル　8, 11, 21
チャネル戦略　5, 7, 8

【つ】
ツーボスモデル　124
ツーリズム　182, 191, 216

【て】
定常状態　39, 40
伝統的建築　168, 169

【と】
統一感　151, 152
盗掘　96-98, 103, 104, 106, 111
統計量　63, 75, 76, 80
到達可能性　15
特定複合観光施設　206, 223
都市　148-150, 152, 153, 161, 164, 208
都市機能　251, 252, 254, 255
都市空間　150, 152, 162, 165
都市計画　149, 164, 165, 222, 223
都市中心部　238, 239, 241, 243246-
　252, 254, 255
都市の中心　241, 242, 251, 252, 254
度数分布表　62, 63
土地区画整理事業　241, 254
土地条件図　153, 154, 167
土地利用現況図　155, 164
土地利用図　156
共食い（カニバリゼーション）　26
トリプル・ボトムライン　33
ドリルの穴　8

【な】
内発的動機づけ　140
内部環境　9, 186
内部資源分析　11

【に】
ニーズ　13, 15-17, 19, 20, 22, 26, 203
二項分布　67
日用品　236, 237
日本遺産　172, 203, 223, 228-230
日本国際観光局　216
日本再興戦略（JAPAN is BACK）　200
日本版 DMO（Destination Management
　Organization）　174, 184, 186, 189,
　190, 202

【ね】
ネガティブ・スクリーン　35, 36

【の】
能率　121

【は】
ハザードマップ　165
パリ協定　38
販売促進戦略　7
反復試行　60

【ひ】
ビジット・ジャパン事業　196
非復元試行　60
標準化　2, 3, 24
費用対効果　13
標本共分散　65, 66, 81
標本相関係数　65, 66, 76, 80, 86
標本代表値　63, 75
標本中央値　64, 65
標本標準偏差　65, 76, 77, 80, 81
標本分布　75

262

標本平均値　64, 65

【ふ】
フィランソロピー活動　34
復元試行　60
プロセス理論　136
文化資源　221, 227, 228
分業　123-127, 134
分権　126

【へ】
ヘビー・ユーザ　18
便益　15, 120

【ほ】
報酬　126, 140, 141
放牧　95, 97, 108-111, 228
訪問客（観光客）　234-236, 243,
　247-249, 252, 254, 255
ポジショニング　7, 14, 22, 24, 186, 187
ポジショニング構築　25
ポジティブ・スクリーン　35, 36
北方系植物　92, 93

【ま】
マーケティング　2, 3, 5-8, 12, 13,
　18-23, 25, 28, 175, 178, 202, 230
マーケティング・マネジメント　190
マーケティング・ミックス　5, 14, 19,
　20, 23, 29
マーケット・シェア（市場占有率）
　11, 13, 22-25
マーケット・リサーチ　10, 17
マイクロファイナンス　35
マインド・シェア　22, 24, 25
マクロ外部環境　9, 10
まち・ひと・しごと創生法　200
マネジメント　121, 126, 128, 138, 139,
　175, 177, 178, 190, 191

【み】
ミクロ外部環境　9, 10
ミシガン研究　142

【む】
無差別型　19, 20

【め】
命令の一元性　126, 127
メセナ活動　34
メタファー　116-118, 129

【も】
モチベーション　46, 130, 135-141

【や】
八代よかとこ宣伝隊　174, 178, 189,
　191

【ゆ】
誘因　119-123
有効性　121, 212

【よ】
要因　93, 94, 96, 99
要因　151, 179, 208
余事象　57
欲求階層理論　136, 137

【ら】
ライト・ユーザ　18
ランドオペレーター　178, 182, 192,
　203, 206

【り】
リーダーシップ　130, 141-143
利益管理　12
利益率　12
離散型確率分布　66

索引　● 263

リベラルアーツ（liberal arts）　211

【る】
累積度数分布表　62, 63

【れ】
レーティング（評価・格付け）　35
レクリエーション　209, 210, 211-215,
　217
レジャー　105, 209-215
レッドライニング　35

レッドリスト　91
連続型確率分布　69, 70
レンタサイクル　249

【ろ】
労務管理　12, 212

【わ】
和事象　57
ワンボスモデル　124

著者紹介（執筆順）

浅野	清彦	東海大学名誉教授・大和大学政治経済学部経済経営学科教授
小松	敏弘	東海大学文理融合学部経営学科教授
今田	恒久	東海大学文理融合学部人間情報工学科教授
的場	英行	東海大学文理融合学部経営学科准教授
木佐森健司		東海大学経営学部経営学科講師（所属・役職は出版当時）
渡邊	道治	東海大学名誉教授
鈴木	康夫	東海大学名誉教授・熊本学園大学社会福祉学部福祉環境学科特任准教授
阿部	正喜	東海大学文理融合学部地域社会学科教授
高野	誠二	東海大学文理融合学部地域社会学科准教授

基本経営学

2018年2月25日	第1版第1刷発行	
2022年9月20日	第1版第2刷発行	
著　者	浅野清彦・小松敏弘・今田恒久・的場英行・木佐森健司・渡邊道治・鈴木康夫・阿部正喜・高野誠二	
発行者	村田信一	
発行所	東海大学出版部〒259-1292 神奈川県平塚市北金目4-1-1TEL 0463-58-7811　振替　00100-5-46614URL https://www.u-tokai.ac.jp/network/publishing-department/	
印刷所	港北メディアサービス株式会社	
製本所	港北メディアサービス株式会社	

© Kiyohiko Asano, Toshihiro Komatsu, Tsunehisa Imada, Hideyuki Matoba, Kenji Kisamori, Michiharu Watanabe, Yasuo Suzuki, Masaki Abe and Seiji Takano, 2018

ISBN978-4-486-02155-1

・ JCOPY ＜出版者著作権管理機構 委託出版物＞

本書（誌）の無断複製は著作権法上での例外を除き禁じられています．複製される場合は，そのつど事前に，出版者著作権管理機構（電話03-5244-5088，FAX 03-5244-5089，e-mail: info@jcopy.or.jp）の許諾を得てください．